湛庐CHEERS

与最聪明的人共同进化

HERE COMES EVERYBODY

CHEERS
湛庐

职业的真相

大J 著

浙江科学技术出版社 · 杭州

测一测

扫码加入书架

领取阅读激励

扫码获取全部

测试题及答案，

一起给孩子做更好的职业启蒙

如何引领孩子探索未来职业的无限可能？

- 帮助孩子体验职业时，以下哪种方式相对低效？（单选题）

  A. 玩“模拟咖啡店”桌游

  B. 参观自己的办公环境

  C. 强制参加编程竞赛

  D. 采访不同职业亲友

- 以下哪项是对建筑师最关键却常被忽视的能力？（单选题）

  A. 空间想象力

  B. 跨部门协调能力

  C. 手绘速写技巧

  D. 风水学知识

- 未来教师的必备技能中，最不应该被忽视的是哪项？（单选题）

  A. 心理学危机干预

  B. 人工智能工具使用

  C. 多语言教学能力

  D. 课堂板书设计

扫描左侧二维码查看本书更多测试题

感谢每一份真实的发光

这 10 年来，我采访过不少“大家”，包括世界知名的专家学者。而我真正鼓起勇气“大规模”采访普通人，是在 2022 年。我们开始认真倾听更多人的职业故事——那些看似平凡却充满真实力量的生活切面。

我要由衷地感谢每一位接受我们采访的朋友，本书中收录了 23 位朋友的职业经历，感谢你们的信任与分享。感谢你们不仅坦诚讲述自己的生活、工作与心路历程，还分享了在职场中的成长秘诀、个人选择，以及对世界的理解与判断；更感谢你们无私地授权，与我们一起将这本书的全部版税收益捐赠给公益机构。这是一次温暖而有力的共创。同时，也要感谢每一位填过报名表，愿意接受采访的小伙伴——你们的故事，我们一直记得。

感谢“一小时爸爸”，为孩子们录制了温柔的音频内容。读者可以在书中扫码聆听他温暖的声音，这是属于亲子共读的另一种陪伴。

感谢我的公众号小团队：二肉包妈、陈淑领、郑姣。我们分工合作，完成了采访与写作工作。没有你们，这本书不会如此完整。还要感谢“大 J 小 D”公众号的每一位同事。感谢你们这些年给予我的支持与机会，让我可以坚持做自己热爱的事，持续走在内容创作的路上。

感谢湛庐文化专业、睿智又耐心的编辑团队，为本书提出了无数闪光的建议，也始终尊重本书想要表达的温度与初心。

最后，感谢每一位“大 J 小 D”的读者，感谢你此刻翻开这本书。读者之于写作者，如土壤之于种子。我只是一粒粟米，而你们，孕育出灿烂的丰收。

从好奇到热爱

给孩子柔软而真实的职业启蒙

小 D 4 岁那年，某个周末的早晨，她睡醒后和我说的第一句话是：妈妈，我长大以后要当开垃圾车的司机。这句话让我想起了自己小时候特别想做蛋糕店裱花师傅的理想，也让我第一次意识到，原来对于三四岁的孩子，已经可以进行职业教育了。

4 年前，我对这个问题的处理方法是：鼓励孩子朝着自己的理想努力，与孩子一起去探索工作的意义；不用成人的价值观去评价垃圾车司机这个职业的贵贱；引导孩子通过绘本和观察等方式，去了解垃圾车司机和其他各类职业的工作内容，给她更广阔的视野。

4 年后，我对职业启蒙的思考更深入，我开始意识到，孩子未来的职业选择和发展，如一双看不见的手，深度地影响着每个父母的教育方式。

孩子的未来在哪里

当“分数”不再是唯一准绳

一直以来，我们“鸡娃”背后的逻辑是：只有考试分数高才能考上好大学，只有考上好大学才能找到好工作，只有找到好工作才能挣到足够的钱，让自己过上幸福快乐的生活。

然而，这一逻辑的正确性日益受到人们的质疑。当下，父母面临着前所未有的养育压力：一方面，教育领域高高举起“双减”的旗帜，而早在“双减”政策施行之前，父母大都深有体会，“无止境地‘鸡娃’”背后是父母和孩子“无止境的痛苦”。另一方面，智能时代急速到来，引发了一系列的职业更迭。美国加州大学伯克利分校计算机科学系教授詹姆斯·奥布莱恩（James F. O’Brien）指出，技术学位不再是就业的保障，即使是成绩优异的学生，也会为工作担忧。他预言，这种趋势可能是不可逆转的，影响会愈加广泛，几乎波及所有职业领域。未来，学位和从事的职业高度关联的现实将逐渐消失。

如果“找到一份好工作，有一份好职业”是人生幸福最大的保障，那么，怎样的教育，才能让孩子长大以后可以找到一份好工作呢？要认认真真地回答这个问题，真的是一个系统工程，值得我用一本书来作答。

了解职业

了解自己的孩子

想让孩子以后找到好工作，首先要了解自己的孩子，了解世界上的职业；然后再让孩子与职业进行匹配，看孩子到底适合什么样的工作。了解自己的孩子，是父母一辈子的任务。

本书写作的第一个目的是帮助父母和孩子了解世界上的各种职业。这个目的看似简单，其实颇费工夫，毕竟我们在一生中再怎么跳槽，也只干过几种不同的职业。而现代社会职业种类繁多，已经不止“三百六十行”了。如何深度了解每一种职业的现状？一个切实可行的方法就是走近每个职业的从业者，听听他们的故事。

走近那些在每个岗位上工作的普通人，了解他们的真实情况：

- 他们如何度过每天的职场生活？
- 这份工作中最有价值、最让人快乐的部分是什么？
- 工作中最有压力、最让人难受的地方又在哪里？
- 如果站在“过来人”的视角，面对有意愿踏入该行业的新人，你会告诉他们，哪些能力是这个行业必须具备的呢？
- 如果有一个孩子说“我长大以后要像你一样，当××”，你会怎么帮助他实现这个理想，或者如何劝他放弃呢？

自2022年5月开始，我们陆续邀请各个行业的从业者讲述自己的故事，他们在工作中做出了不错的成绩。社会是不断向前发展的，从过去10年到未来10年，有些职业会从无到有，有些职业会从有到无，每种职业都会经历沉浮起落。所以，除了从业者分享的个人经历，我们还会对各种职业过去10年的发展脉络做简单梳理，对未来10年的发展愿景做粗略预测。

这些都会帮助我们更深入地了解各种职业的真实面貌，并发现适用于各行各业的“通用法则”——有一些能力，是无论干哪个行业都需要具备的。

我们当然能通过逻辑分析，得知哪些能力是必备的，但是从真实经历中得到的体会往往更直观、更深刻。在这本书里，你会看到很多从事不同职业的人和故事。

从职业人的故事了解每个职业的通用法则：

- 那些职业人真正的工作面貌是什么？
- 他们认为从事这个职业最重要的能力是什么？
- 这个职业所需的关键能力在孩子 0 ～ 6 岁时能否观察得到？如何引导和培养孩子？
- 不同职业的从业者在养育孩子这件事上有什么真知灼见和实践智慧？
- 如果父母想要引导孩子以后从事某一职业，应该做些什么（比如引导孩子看哪些纪录片、图书等）？

亚里士多德倡导实践智慧，强调通过经验和行动获得真知。职业启蒙也不应单纯地讲述职业故事，而应通过普通人的职业经历，帮助我们和孩子更深入地了解不同职业所需要的关键能力，并有效培养孩子必须具备的相应素质。

职业的真相

关于书名

起书名花费了我们挺多时间的，推翻好几版后，最终决定用现在的书名。我们都清楚，从采访到最终成书中的故事都不可能是职业的完整“真相”，一篇几千字的稿件写不出任何一个职业的真相，甚至都无法反映采访者全部的职业历程。

但我们也坚信，带着“求真”的心态与真实的职业者对话，带着“认真’的心态完整呈现对话内容，那么我们就离“真相”更近一步了。

我们希望这本书能成为一扇透光的窗——当这缕微光唤起你的好奇，当你愿意推开窗户向外张望，那个真实的职业世界便会自然显现。而真相，最终将存在于你“愿意带孩子一起去探索”的开放心态中。

我的未来有一万个可能

给孩子们的故事

我们分享各行各业从业者的故事的目的，不是让父母给孩子讲道理，而是让孩子从小了解工作的意义，开阔孩子的视野，从而更好地帮助他们进行职业选择。如何把这些故事讲给孩子听？

有些知识点我们能用讲故事的方法，让孩子在听的同时产生兴趣；而另外一些知识点，则需要父母引导不同年龄段的孩子进行阅读。

我采用写作《中文分级阅读课》的方式，在每种职业后都单独写一篇讲给孩子的故事，名为《我的未来有一万个可能》，并单独集成册。

在《我的未来有一万个可能》中，各行各业的从业者分享了他们工作的日常。从医生怎么照顾生病的小朋友，到老师怎样帮助学生学习成长，再到科学家探索世界的奥秘，每个故事都由他们亲自叙述。翻开这本书，就像在和这些有趣的职业达人聊天，可以感受不同职业的乐趣和挑战。同时，我们还把这部分内容制作成音频，扫描二维码，就可以免费收听，方便年龄小的孩子听这些故事。我们会不断更新音频内容，让更多从事不同职业的人，给孩子讲自己的从业故事。

职业启蒙之所以重要，是因为我们绝大多数人一辈子都需要工作。要想让孩子搞清楚“究竟哪种职业最适合自己，怎么干好一份职业，怎么在工作中获得快乐”这些问题，父母需要先进行学习。

亲爱的读者，在和孩子一起阅读本书之前，可以和孩子一起进行一次投票：你和孩子最想从事哪种职业？读完本书后，可以再进行一次投票。职业不分高低贵贱，而且每个人最感兴趣的职业大都不同（图中数据为该项目启动时调研显示的热门职业）。

注：本书受访者基本信息以受访时间为准进行统计。

爸爸妈妈选，你最想从事的职业（多选）

医生	2216 票	22.11%
律师	1708 票	17.04%
教师	2524 票	25.18%
公务员	2003 票	19.98%
计算机工程师	1572 票	15.68%

（其他，自己填）____________________

宝贝选，你最想从事的职业（多选）

电竞选手	830 票　10.22%
运动员 / 航天员	2265 票　27.90%
漫画 / 插画师	1832 票　22.57%
网红 / 明星	839 票　10.34%
警察 / 消防员	2352 票　28.97%

（其他，自己填）________________________________

目 录

职业与生活的平衡

忙而不乱过得舒心

第一章

儿科医生 | 重点中学老师 | 早餐店老板 | 销售人员

在我们成长的过程中，一定有人问过这个问题：“你长大以后想干什么呀？”你曾经的梦想是当医生、老师，还是开一家小店，当一个小老板？有一些职业几乎人人都知道，如医生、教师、早餐店老板和销售人员等，因为它们是社会运行的基础。然而，我们并不完全了解这些身边的职业，正如我们并不真正了解自己一样。

在和本章讲述的四位从业者的访谈中，我一方面感叹自己对行业理解的浅薄，一方面因他们分享的养育智慧而受益良多。

- 儿科医生和我们分享了带孩子看病最高效的方法。医生这个职业的从业者需要投入很多，而最后拼的竟然是这个？
- 重点中学老师说，在孩子接受义务教育时，错过的很多事情其实都可以补回来，但有一件事情一定要在小学阶段启动，并且越早越好，这件事到底是什么呢？
- 早餐店老板说，工作带给了自己最大的体面。这份体面源于什么呢？
- 销售人员说，有人认为干好销售要靠脸皮厚，那肯定是不对的。一个优秀的销售人员，是靠什么赢得客户？

职业不仅是我们生存的“饭碗”，更是我们选择的生活方式。如果不了解各行业从业者的生活情况，包括最基本的，如每个月挣多少钱，加多长时间的班，在工作中体会到怎样的苦与乐，那我们如何让孩子判断要不要选择某种职业呢？

现在的孩子聪明，一肚子知识，个性十足，但他们往往和社会脱节。想让孩子更深入地了解社会，不妨先深入了解一下这几位可爱的职业人，看看他们在多年的工作和生活中，积累了哪些职业方面和养育方面的智慧吧。

01 儿科医生

就算真是天才，到了最后还是拼身体

大 J 对话行业人

陆医生｜从业 13 年儿科医生

- “年轻时脾气火暴”的儿科医生，现年 37 岁；
- 本硕 7 年制医学专业毕业；
- 在上海一家三甲医院接受临床训练 6 年；
- 从业 13 年。

生病的是一个完整的人，他 / 她有期待、有情绪，也有社会关系。医生不应该把患者视为一个零件坏掉的设备。

——陆医生

或许，经历过在午夜的急诊室外抱着孩子哭，才能真正体会当妈妈的不易……要是闺密圈里能有一位儿科医生，随时可以请教，求个心安，那该多幸福！可这份福气，越来越难得——中国的儿科医生资源实在紧缺。

本节的主角陆医生，37 岁，从医 13 年，因掌欣早产儿公益项目与我们结缘。她总能给人一种平静笃定、值得信赖的感觉。找她做过诊疗的妈妈都赞不绝口，夸她专业、温暖，值得信任。但用陆医生自己的话来说："刚开始做医生的那几年，我的脾气可火暴了，那时的我眼里容不得一粒沙子。"

从医，是一条很长很长的路

"年轻的时候，总觉得自己要能力超强，啥毛病都会治。现在发现，其实很多疾病可能并不需要治疗……"陆医生不疾不徐地说。那么，就让我们先来聊聊，这位"年轻时脾气火暴"的儿科医生是怎么炼成的吧。

当医生的首要条件是爱学习

陆医生大学读的是本硕连读 7 年制医学专业，2010 年硕士毕业后进入上海一家三甲医院，开始参与临床培训。培训了多久呢？ 6 年。我默默一算，从小学一年级读到高三，也不过 12 年时间啊。

“18 岁上大学，25 岁毕业，再培训 6 年就 31 岁了。年过 30 才正式成为一名医生。”我感慨道。

“这还是在没有读博的情况下，”陆医生说，“我还真有点后悔，真希望我当年能出国读博士。当医生的首要条件是：爱学习，爱一直学习。因为不管在学校成绩多优秀，真正开始医院临床工作时，你还是不会看病，还得从头学起……”

从医之路如此艰辛而漫长，我不禁想：如果我的孩子要学医，我一定会心疼吧，这也意味着一个家庭培养、支持孩子的时间更长。在现实中，我作为一名家长，当孩子生病时，恨不得每个给我的孩子看病的医生都不断学习、学习再学习，进步、进步再进步，希望他们都是超级学霸、知名专家……人啊，果然转换身份后，立场也全然不同了。

生命的守门人

其实，当医生面临的学习压力和动力，并不只是来自患者家属，穿上白大褂，当了医生，就要直面生死。一想到如果面对一个个生病甚至生命垂危的孩子，却不知道怎么治疗，自己就会倍感压力，拼命去学习。

医院也是个加压舱，主任、带教老师，甚至是经验丰富的护士，几乎时刻都在指正年轻医生们，这里做得不对，那里做得还不到位。新人也很拼命。陆医生说："二十五六岁的时候，每上夜班我都很激动，舍不得下班，尤其是晚上抢救患者后，就更兴奋。如果值夜班时没有患者，没有抢救，我会觉得自己没有学习，没有成长……"小宇宙真是一直处于持续燃烧的状态啊，我有点理解陆医生当年脾气火暴的原因了。

我问她："是什么时候，你真正觉得自己成长为能独立诊治患者的儿科医生了？"

毕业第 4 年，她开始独立值夜班，独立看门急诊。"在独立看门诊之前，我在不同科室的病房轮转了好几年。刚开始值夜班时，我们都是跟着资历较深的医生，老师做，我们看；后来，老师指导，我们诊治；再后来，我开始独立值夜班，老师会在隔壁房间休息，我有问题的时候去找他。"

"大概一个月后，老师对我说我没问题了，可以自己应对。但我并不觉得自己没问题，尤其是在一个人值夜班时，我心里直打鼓，但一轮夜班上下来，碰到各种紧急情况，我都处理得还不错。就是在那个时候，我感觉自己可以出师了。"

"真正觉得自己可以独当一面，应该是 2018 年。那一年，我参加了专科医生的培训，出国进修，在诊疗思维上有了很大的提升。在国内时，我一边工作一边学习，很多东西要靠自己摸索，在国外接触到了非常成熟的诊疗思维体系，感觉把以前学的繁多但比较零散的知识一下子糅合到了一起。"陆医生回忆道。

回国以后，科里认为陆医生可以带组了。带组是什么意思呢？带组就是可以从独立值班上升到言传身教带新人查房了，夜班可以在二线值班。过去她在门急诊值夜班，病房里有一个上级医生，遇到搞不定的情况，她可以打电话求助上级医生。而进修回国之后，陆医生则成为那个上级医生。

陆医生说："当时重症患者很多，门诊、急诊、病房都会有对危重患者的抢救，产科不时有新生儿出生，摊子非常大。值完那个阶段的夜班后，我突然觉得自己可以独当一面了。"

人，都要经历生老病死，伤痛和疾病从来不讲"尊老爱幼"。医生，则是生命的守门人。在毕业第 8 年，学医第 15 个年头，当值完某一个大夜班之后，陆医生开始相信，自己能够守住这道门了。

医生算是一个好职业吗

陆医生 2003 年参加高考，那时"劝人学医，天打雷劈"这句话还未流行。当时她父亲身体不好，多方求医却没检查出病因，看着父亲受罪、全家担心，她萌生了学医的想法，于是文科成绩不错的她，转而选择了学理科。

在社会评价中，医生是一门技术含量高、受人尊重，且能照顾家人的职业，今天如此，未来也会如此。确实，一名合格的、掌握了"看病"这项技术的医生，是不用担心自己失业的。

医生不存在三四十岁就被淘汰的中年危机——他们可能 30 岁刚出道，40 岁才独当一面，五六十岁正是当打之年，60 岁以上是经验丰富的老专家、老医生。如今，儿科医生尤为短缺，只有干不动的儿科医生，很少有想干却找不到工作的儿科医生。

儿科医生的责任与挑战

“我之所以在读硕士时选择了儿科，真的是因为自己喜欢。小朋友的生命力非常旺盛，生病了恢复得很快。当然，有时候病情恶化的速度也很快，但小朋友只要恢复一点点，就不会一副病恹恹的样子……”但陆医生真的没想到，当儿科医生会那么辛苦。

你要是找医生朋友打听，会发现公立医院尤其是三甲医院，排班方式特别复杂。可能有三班倒的，早上 8 点到第二天早上 8 点，24 小时排 3 班；还有在病房 24 小时值班的，白天有同事在，值班期间有空闲可以休息一下。夜班也会分为很多档，比如晚 8 点到早 8 点，晚 10 点到早 8 点……

为什么会那么复杂呢？说直白一点，其实就是因为手头事多，每一个患者都得管，而医生只有几个，只能轮换着值班。虽然门诊有规定的上下班时间，但到了秋冬疾病高发期，医生们会经常加班，陆医生的最高纪录是一天接诊了 130 多个孩子。急诊和病房 24 小时运行，不分节假日，轮到值班的时候，必须坚守在工作岗位。

医生的坚守与压力

新型冠状病毒感染疫情（简称“新冠疫情”）暴发的那 3 年，很多工作都停滞了，医院却更高速地运转着。医生接诊患者已经很忙了，还有科研任务，要写论文、发论文。想要评职称、调级别、涨工资，发表论文必不可少。公立医院是一个严密而庞大的体系，医生不仅要不停地接诊患者，还担负着重要的科研任务，哪一个环节都不能耽误。听到这里，我长长地吐了一口气——我终于懂了，做一名医生，尤其是儿科医生，真是活儿太多，人手太少啊！

失业？不存在，只有实在干不动、不想干了选择辞职，才能停止工作。儿科医生短缺，不是近几年才有的事。按照市场经济的基本规律，需求大，供应少，儿科医生的工资应该水涨船高。但医疗行业不是这样，医疗服务不是“商品”——医生不能只给有钱的人看病。

我国庞大的公立医疗体系，规模惊人的各级医疗保险系统，像螺丝钉一样默默奉献的医护人员，都在努力保障每个公民能够获得基本的医疗服务。当然，这个系统还远远不够完美，对患者来说还不完美，对医生们来说也不完美。

陆医生硕士毕业后到医院工作，工资不高，活儿特别多。新冠疫情暴发前几年，毕业后进入儿科工作的医生一个月工资六七千元，新冠疫情暴发后，工资不升反降……“以我的亲身经历看，当医生想赚大钱，绝不可能，”陆医生说，“但你真练就一身本事，稳稳地赚一份养得起自己的工资是没问题的。成为专家，退休后会被医疗单位争着返聘。”

前不久，国家在医疗领域反腐问题上重拳出击，热搜上频频出现某地三甲医院院长、某领域专家贪腐的新闻，网络中随之出现了无差别地攻击所有医生的言论。对此，陆医生说：“首先，那些能赚大钱的机会真的距离普通一线医生很遥远；其次，医生是不能赚大钱的，赚大钱很可能是不对的。”

人生重来的话，还考医学院吗

我问陆医生：“人生如果能重来的话，你还考医学院吗？还选儿科吗？”

她说，决定都是她自己做的，她不后悔。而且，做一名医生能收获到的职业认同感和自我价值感，是其他工作难以取代的。从业 13 年，救治过多少孩子，陆医生没数过，也数不清。她说，当医生遇到的终生难忘的瞬间难以计数。在她刚回国那年，她遇到一个 28 周早产、出生时体重只有 900 克的宝宝。孩子的父亲听到有人说孩子治不好，就算治好后，也会经历很多坎坷……原本犹豫不决的父亲想要放弃。“这样的事，我以前遇到会难过，也会生气，但只是生闷气。”但那一次，陆医生站了出来，这个孩子的妈妈当时还在 ICU 抢救，她坚决要求等妈妈从 ICU 出来，夫妻俩一起决定。从 ICU 转到普通病房后，妈妈坚决要全力救治孩子。陆医生欣慰地说：“宝宝也很争气，一个体重只有 900 克的宝宝，住院期间经历了一次严重感染，但后来成功出院，健康长大了。”妈妈带着孩子回医院探望了医生们好几次。

> 人活一辈子，到底是为什么呢？
>
> 人生的价值是什么呢？
>
> 除了不得不为了赚钱疲于奔命，在人世间挣扎，我们自己生命的意义到底是什么呢？

活到一定年纪，我们每个人或多或少都会对自己提出这样的问题，假如找不到答案，就会苦闷。而医生们的答案，我猜或许会是这样的：

> 我的价值，是治病救人。每天，我都在努力工作，帮助人们面对疾病、衰老和伤痛，我常常看着患者与死神擦肩而过。面对一个个遭遇不幸的家庭，看着世态炎凉、人间冷暖，很幸运的是，我能治好一些疾病，救回一些人……

偶尔治愈，常常帮助，总是安慰。工作时间久了，年纪大了，遇到的患者多了，年轻时那个脾气火暴、恨不得强行教育每个“不听话的患儿家属”的陆医生，领悟了更多这个职业的价值。医生不应该把患者当作一个零件坏了的设备，生病的是一个完整的人，他 / 她有期待、有情绪、有社会关系。

儿科尤其如此。生病的是孩子，而最需要帮助的却是父母，安慰、鼓励、支持、陪伴——这些是医生该做的，但绝大多数时候，医生们做不到。不是医生不愿意做，也不是不知道怎么做，而是工作量太大了。当你治愈了一个患者，给予患者帮助、安慰与陪伴，看到一个又一个小朋友康复，你会忘记一切的苦，所有的累……

从公立三甲医院转入私立医院

后来，陆医生告别公立三甲医院，成为一家私立医疗机构的儿科医生。听到此，我问："现在工资比以前高了吧？""没高，持平，"她说，"我加入的是平价的私立医院。"

"不用上夜班是最直接的好处；不是不愿意上，是真的熬不了了。"陆医生这样解释道。刚学医的时候，她以为聪明最重要；后来她发现，身体好、能熬得住，才是最重要的。年复一年的超负荷运转，是有代价的——在陆医生 29 岁那年的一天，有外国专家来科室访问，她白天在科室里协助翻译，晚上又要值夜班，抢救病人，继续撑了 14 小时。到第二天早上 8 点时，她觉得脑袋马上要爆炸了……

生平第一次想到：我要死了吗？

后来，她的脑袋真的"开花"了，她眼前一黑，整个人"死机"，瞬间晕倒在地，不知道过了多久才醒过来，发现自己的脑袋磕破了——29 岁的她，生平第一次想到："我要死了吗？"

“除了个人身体情况，如果选择医生这份职业，在三甲公立医院和私立医院之间做选择的话，应该考虑哪些因素？”我问。

陆医生的看法是：若想当医生，要尽量考较好的医学院，读硕士、博士（学位还是很有现实价值的）。毕业第一选择不建议考虑私立医院，一定要去公立三甲医院就职，去学本事。公立三甲医院不仅规模大，医疗体系完善，还有着医疗行业内最优秀的人才团队，有更专业的带教老师。当然，也有各种各样的患者及千奇百怪的病例——即便在各种教科书或文献上对某种病了解了 100 遍，和亲自见过、动手治疗过 100 个患者，是完全不一样的。

在职业规划上，医生分为临床型、研究型和全能型。每家医院都想要全能型的医生，会看病，能攻坚做手术，也能写论文、出成果，争取到科研项目和经费，但全能型人才从来都是少数。有人擅长临床治病（比如陆医生），也有人在实验室游刃有余，诊疗患者时却很紧张。

就算是天才，到了医学领域，最后还是拼身体啊！“我是睡不够 8 小时就特别难受的人。进了医院之后，碰到很多专家，发现他们睡 4 小时就能精神饱满。我曾认认真真读各类书，找办法让自己少睡几小时同时保持精力旺盛。”陆医生感叹道，“当然，如果我们的分诊制度一直跟不上，患者们都集中到公立三甲医院，就算所有的医生不吃不睡，就诊的人还是会排长队。”

在理想状况下，三甲医院应该主攻疑难杂症，而大多数患者患的都是常见病，这些疾病可能不需要动用先进的检查设备、昂贵稀有的药物、厉害的手术专家，反而更需要“常常帮助，总是安慰”。

“我一直都喜欢给孩子们看病，喜欢和人打交道，我愿意做这些，为大多数普通患者治疗常见疾病。但在公立医院，除了体力的透支，还要处理太多诊疗之外的繁杂事务。”陆医生说。

选择转入私立医疗机构的陆医生，相信自己所选择的这条路是回归医疗本原。她现在有时间跟每个带孩子来看病的妈妈认真聊天，一开始她甚至还担心：不少妈妈太爱学习了，对一些知识点比医生都熟，真怕自己被问住。

我问她，在私立医院能晋升职称吗？她说在上海暂时不行。“付出那么多才当上医生，拼搏了十几年，以后却可能没机会得到‘主任医师’这个高级职称，不遗憾吗？”我问。

“这是我自己做出的选择，我不遗憾，也不会后悔。”陆医生坚定地说。前面说过，医生是一个没有中年下岗压力的职业，但正因为职业生涯长，可能更需要一次中年职场的重新抉择。“人人都想要的东西，自己是不是真的也想要呢？努力就能得到吗？得到了以后真的会幸福吗？我经常思考这些问题。在私立医院工作这两年，我很开心，”陆医生说，“但我绝对不会忘记，我如今可以不上夜班，是因为永远有人在上夜班。”

疾病来的时候，不看时间，而无论何时，只要患者需要，在无数公立医院的急诊门诊楼里、病房里、ICU 里，就有很多医护工作者，正 24 小时处于工作状态。

儿科医生给你的带娃看病秘籍

面对深受好评的儿科医生，我当然要向她取经：“孩子难免生病，有什么秘诀可以让看病更顺利，缓解父母的焦虑呢？”

陆医生说，要先弄清楚自己是哪种类型的父母。假如你是需要依赖权威的焦虑型父母，那就直奔三甲医院，医生说什么就是什么，不要再到处上网搜，信息越多，越会加重焦虑。假如能冷静应对，带孩子看病时，觉得医生说的不对，可以找其他医生做“二次诊断”，进行参照衡量。假如你是“学霸”类型，自己查资料看论文，坚信循证医学，那就干脆认准循证的医疗机构或者医生，不用再反复折腾。

我还问到最近很流行的“线上问诊”。陆医生认为，孩子生病了，未必都要跑医院，可以先观察，有条件的话，可以在线上平台进行咨询，一是能够安抚焦虑情绪，二是可以让医生给点建议，例如，何时去医院，挂哪个科室，做哪些检查，不至于茫然地跑医院。

有些疾病，适合线上问诊，例如孩子常见的皮肤问题，到底是湿疹、痱子还是过敏，可以拍个照片或小视频，展示给医生。当然，线上问诊并不能取代医院就诊，该去医院还得去医院。最后，陆医生很想告诉家长们，孩子生病在所难免，但绝大多数时候就是普通疾病。很多家长固有的观念是生病必须吃药，其实治疗并不是只有吃药一种方式。家长持续学习，积累护理经验，在孩子生病时做好充分的照顾和支持，也非常重要。

所有的职业讲给孩子听

医生是做什么的

①扫描二维码，让孩子听职业故事

②通过《我的未来有一万个可能》阅读完整版

02 重点中学老师

小学不培养、初中来不及的习惯

大 J 对话行业人

一笑｜重点中学执教 10 年语文老师

- 直率、热情的重庆姑娘，讲起话来就像冬天里沸腾的小火锅；
- 在重庆市某知名重点中学（初中）任教；
- 从事语文教育工作已 10 年。

决定孩子是否有后劲的，既不是父母的学历，也不是家庭的经济实力，而是家庭氛围和学习习惯。

——一笑老师

我和一笑没见过面，但只通过电话和她聊了几句，就被她的声音打动了。这个重庆姑娘，就像冬天里沸腾的小火锅，热情洋溢，性格直率，讲起话来滔滔不绝，说到开心处，就咯咯咯笑起来，她的活力特别感染人。我不由得感慨：听这样的老师讲课，谁会走神儿啊！

一笑研究生毕业后，任教于重庆市某知名重点中学，2024 年是她从事语文教育的第 10 个年头。她数起自己教过的学生，像是在介绍自己的家人，亲切地称呼他们为“弟弟、妹妹”，常挂在嘴上的词就是“好乖”“好乖的”。听起来，真的是幸福指数很高的一位老师，老师这一职业，真的幸福感特别强。

没有“996”，没有中年危机，每年还有快乐寒暑假，就足够让行外人羡慕了。

不过，通过与一笑的交谈，具体了解老师的工作日常之后，我发现老师这一职业跟很多人想象中的“舒坦”差得太远了。

老师的一天，特别特别长

让我惊讶的是，一笑说，老师的工作时间特别长。在山城重庆，每天早上 7 点，有些人刚刚起床，老师就已经在学校里带孩子早读了；到了晚上 10 点，很多人准备睡觉，刚下晚自习的老师还在赶回家的路上。

“早上 7 点到晚上 10 点？每天不就上两三节课吗？”我惊讶地问。

“是啊，每天基本上是 2 ～ 4 节课，”一笑说，“但有些工作时间其实你是看不到的，比如早读、晚自习的三个半小时，而这只是在教室里的时间。下了课，喝口水，还没跟同事聊上两句，抬头又被堆成山的作业困住了。语文老师还要批改几个班的试卷，除了每道题要一个字一个字地去看，还有 100 篇作文等着你读。有时候在学校改不完就带回家改，忙到凌晨一两点是常有的事。”

除了上课、改作业，学校其他的事也特别多，比如备课，各种评比、开会、比赛等。

还真是“一天都见不着自己的孩子”

一笑现在虽然不是班主任，但每周也有两三天要工作到晚自习结束，如果是班主任，那就每天如此，还真是“一天都见不着自己的孩子”。一笑的女儿 4 岁，一笑每周上晚自习的那几天，女儿一定要等到她下班了才肯睡，从女儿出生到现在都是如此。时常，女儿听到一笑开门的声音，就扒着床栏大哭：“妈妈，抱抱我，妈妈，抱抱我……”一笑听了特别心疼。

“如果没有寒暑假那两三个月的假期的话，很多老师还真可能撑不下去。”一笑说，“每到学期末，几乎没有老师的嗓子是好的。”和很多人想的不同，老师在寒暑假也不能完全脱离学校的工作，还有不少和工作相关的任务要做。如参加培训，完成学校布置的假期任务，开学必须交两个星期的教案等。每年 9 月份，学校会有新老师入职，因此在 7 ～ 8 月的时候，有教学经验的老师要去给新老师培训、磨课。

真是不容易啊。我问一笑：“你刚当老师时有心理落差吗？为自己的选择后悔过吗？”

“没有，”一笑很认真地说，“我家三代都从事老师这一职业，我从小在老师堆里长大，老师的工作性质我太清楚了。除了当老师，我从来没有想过从事其他工作。”另外，她的初中语文老师也影响了她的职业选择。

我想做这样的老师

年少最易多愁善感，少年时的一笑给老师写过一封信，信纸上写满了自己的烦恼。在老师的回信里，有两句诗，一笑到现在还深深记得：“牢骚太盛防肠断，风物长宜放眼量。”她说，后来每次遇到不愉快的事，她都会想起这两句诗，“风物长宜放眼量”，把心胸打开一点，可能就没有什么想不开的事情了。

“对于老师的价值，我不敢说是传道、授业、解惑，因为我在课堂上讲的知识，他们可能考完试转头就忘了。但如果在学生成长的过程中，有一句话、一个肯定，能在细微的地方影响到他们，给他们以后的人生带去积极的帮助，我就觉得作为老师已经成功了。我想做的就是这样的老师。”一笑说。

孩子没有好坏之分，只是与别人不同

我问她，如今做了老师，在带过的学生中，有没有让她深受触动、印象深刻的孩子。一笑说，每一个都很难忘。

让我意外的是，在她分享的故事里，有好多都是让大部分老师头疼的“后进生”。（对，因为一笑有 10 年的教龄，即便是在尖子生云集的重点中学教书，也遇到过让人头疼的孩子。）这个一上课就睡觉，那个常年学习存在很大困难，还有爱惹事的学生，每次打架都有他。说到这些孩子，挂在一笑嘴边的还是那些话：“好乖”“好乖的”。

“要是我碰到这些学生，早气得七窍生烟了，怎么到你这里，都变成‘好乖’了？”我问。

电话那头传来一阵笑声：“一些孩子可能成绩不好，但他们善良、开朗、真诚，又有谁能说他们不是好孩子呢？比如，那个爱打架的孩子，最讲义气，老师对他好一分，他恨不得拿出十分来回报。那个学习存在困难的孩子，在画画方面却极具天赋。在课堂上学习叶圣陶的《苏州园林》时，我让学生在课下根据课文内容画一幅画，很多孩子都应付了事，只有他极认真地画了一大幅苏州园林的俯视立体效果图。还有那个上课睡觉的孩子，对班级的事比谁都热心，每天都是最后一个走，关灯、关门之类的事都是他做。”

总能找出孩子身上的闪光点

即便在成绩很差的学生身上，一笑也总能找出这样那样的闪光点，这些闪光点对她来说就像珍宝一样，她小心翼翼地呵护着。

那个讲义气的孩子跟一笑关系最好，毕业的时候抱着一笑大哭。一笑帮着那个画画有天赋的孩子说服家长，放弃上普通高中，走艺考路线，后来他考入了世界排名第二的艺术院校。有一次，学校要选一个爱心公益代表，班上孩子投票，那个热心的孩子和另一个学习成绩优异的孩子票数一样，但是每个班只有一个名额，场面僵持在那里。

一笑对那个热心的孩子说："我还有一票呀，我投给你！"因为她知道，除了这个奖项，学习成绩优异的孩子还有很多荣誉可以拿，比如"三好学生"，而那个热心的孩子，这个奖项也许是他在这个学校能取得的唯一奖项了。当一笑把全部选票都给那个热心的孩子做纪念的时候，孩子给她深深地鞠了一躬。

当老师必须具备的能力

一笑说："我一直认为，当老师必须具备的能力就是爱孩子。有些人可能天生无法与孩子共情，觉得孩子遇到的都是鸡毛蒜皮的事，不用刻意去关注。但正因为我是老师，每天都要和那些鸡毛蒜皮的事打交道，更要正确地去看待那些小事在孩子们心中的分量。"

"很简单的道理对不对？但很多人都做不到，哪怕是孩子的家长。"一笑叹了口气。她遇到过各种各样的家长，有的家长还在给上初中的孩子喂饭，有的家长追着给孩子垫汗巾……问他们为什么这样做，他们说，孩子只要管好学习就行，其他都不重要。一笑说，还有家长对孩子的情绪视若无睹，对学习问题甩手不管，问他们原因，家长说“那都是装的”“长大会好的”。

每当这种时候，一笑觉得既生气又无奈。

每年开家长会，一笑都会对家长说这两句话：

- 父母都会爱孩子，但爱的方式要正确。父母之爱子，则为之计长远，很多东西在你给孩子前，要想一想对孩子是不是真正有益。
- 和处于青春期的孩子沟通，有的时候你怎么说比说什么更重要。比如你说话的方式，你的语气，你有没有设身处地地为孩子着想。

说到这里，一笑补充道：“很多家长觉得孩子到了青春期特别叛逆，其实家长应该想想，在孩子青春期之前，和家长就没有矛盾吗？也有，只是那个时候孩子还小，能力有限，没有办法反抗家长。所谓青春期爆发的矛盾，其实在很早之前就埋下了种子。”

培养出“好学生”的秘诀

“到底什么样的家庭，才能培养出一个成绩优异的学生呢？”我问。

电话那头传来一笑爽朗的笑声。她说，她们学校的“家长学校”经常会请优秀学生的家长分享养育孩子的经验，她有时候也会过去听，想知道怎么教育出这些孩子。

“在重点中学，优秀的孩子很多，那些特别优秀的孩子，不只成绩好，还很有教养，兴趣广，善于社交，各方面都表现得不错。”一笑说。有一个孩子妈妈分享的教育经验让一笑印象尤为深刻。那位妈妈说，其实她并没有给孩子报什么兴趣班，只是从一年级开始，她就引导孩子做两件事：第一，保持对知识的渴求；第二，尊重老师。

一笑很认可这位妈妈的话：“我觉得她说的特别好，孩子只要把这两点做好了，成绩就不可能差。当然，孩子做到这两点的前提是，家长要打心底里认可这两点，并以身作则，而不只是嘴上说说。”我也认真地点了点头。

怎么判断一个孩子的家庭氛围和学习态度？一笑说，她有一个小方法，特别好用。每年迎接七年级新生时，她都会给孩子布置一项作业，读七年级语文的课外阅读书目——鲁迅的《朝花夕拾》。她会跟家长说：“这本书有一定难度，孩子不太容易理解文章内容，建议亲子共读，一个星期读一篇，家长和孩子一起写读后感。我对读后感写作不做过多要求，也不评判文章质量。如果家长读不懂某篇文章，可以写自己陪着孩子把这一篇文章读完了，并签个名字。”

一笑说，通过交上来的作业，她会看到各种各样的家长。有的家长会专门抽出一些时间陪着孩子一起读，孩子读不懂的地方，家长会上网查资料，读完和孩子一起讨论。通过这些就能看出，这些家长对孩子的学习非常重视。有的家长虽然能力有限，也会很认真地陪伴孩子阅读，会在读后感中写道：“王老师，虽然我没读懂，但是我会陪着孩子读。”对这样的家长也可以放心，初中三年，在教育孩子方面，他们是和老师站在一起的，会积极支持老师的工作。但是有一些家长只是在孩子的读后感后签个名字，甚至有些家长连名字也懒得签，这些家庭培养出来的孩子，即使七年级刚入学时学习跟得上，但到了八、九年级，他们的成绩大都不会很优秀，因为家长对他们的学习持一种放任自流的态度。

一个星期抽出两个小时陪孩子读一篇文章，这个要求其实对家长来说一点儿都不难，家长即使再忙，应该也抽得出这点时间。但有些家长就是不愿意陪着孩子阅读，这就说明这些家长压根儿没有把孩子的学习当回事儿。

在教育孩子这件事上，很多人认为父母的经济条件和受教育程度是孩子的起跑线，而一笑说："决定一个孩子是否有后劲的，既不是父母的学历，也不是家庭的经济实力，而是家庭氛围和学习习惯。"

这件事小学不做、初中来不及?

我问一笑："作为一位初中语文老师，在学习方面，你对小学生有什么建议呢？比如某种能力在小学时不培养，初中再培养就很费力。"

一笑的回答是："阅读能力。"

"很多孩子的小学成绩和初中成绩之所以出现断层，问题大都在于阅读方面。小学考查的内容更多地来自课本，学生记住老师在课堂上讲的内容，就能考好。但是初中却不是这样，尤其是阅读类试题，阅读材料不再是课文，大多数是课外的。要让孩子在考场上快速理解文章作者所表达的思想，需要孩子长期的阅读积累。

"阅读不仅对语文这个学科很重要，对数学、历史、政治甚至英语都很重要。最基本的是，如果理解能力不行，怎么提炼题目的关键信息呢？”

而到了初中，往往没有时间去培养孩子的阅读能力。当然，应试有应试的方法，但阅读素养不是一朝一夕培养出来的，而是建立在孩子的阅读积累之上。如何培养孩子的阅读能力呢？一笑说：“我反对功利性阅读。孩子上初中后，很多家长会问，‘王老师，我买的书孩子都不爱读，怎么让他自觉地爱上阅读呢？’

“培养孩子阅读兴趣的关键，是让阅读成为享受，不能让阅读成为孩子的任务。尤其对于刚接触阅读的孩子，非要让他们从中读出什么道理，认得几个字，那他们一定会讨厌阅读。对于孩子不喜欢的读物，若是非要逼着他们读，就会抹杀他们的阅读兴趣。”

一笑告诉我，对于阅读，选择的阅读材料一定得先有趣，再有利，这个顺序不能颠倒。在孩子小的时候，可以先让他们读自己喜欢读的内容，如果阅读基础搭建得很好，孩子喜欢读书，那么再水到渠成地引入那些对学习有用的书。等孩子的理解能力进一步提升，再趁机引入一些阅读技巧，这样到了初中，孩子做阅读理解类试题和进行写作时就会比较轻松。

“让孩子读自己喜欢的书？”我有点担心，“如果孩子只喜欢看杂书，怎么办呢？”

“现在网络这么发达，你觉得不让孩子看杂书，他们就永远不去接触那些杂书吗？肯定不是，对不对？”一笑补充道，“家长培养孩子阅读兴趣的关键，就是有一个良好的开始。孩子不是到了初中才想去看垃圾读物。在阅读过程中，没有好的开始，孩子的审美水平一直处于原始阶段，他们就只能看那些垃圾读物。所以，在培养孩子的阅读兴趣时，要帮助他们筛选自己喜欢的书，再逐渐提升他们的阅读素养。”

在阅读审美的培养上，一笑的观点和我们采访的一位时尚主编的审美观点是一致的——孩子的审美一定是往上走的。一个看过金庸作品的孩子，再去看网络武侠小说，绝对能分辨出作品质量高下；一个读过《红楼梦》的孩子，再去看那些网络言情小说，就会读不下去。

“这就像一片土壤，如果种不出鲜花，肯定是因为它早就长满了杂草，”一笑说，“读书也一样，不应该只让一种东西占据孩子的大脑，而应给他们更多更好的选择。”

老师教自己的孩子，有什么不同

那老师在教育自己的孩子时，是不是更得心应手呢？”我问一笑。

“相对于一些家长，我虽然在指导孩子的学习方面更有经验，但是在日常生活中，好为人师并不是什么好习惯。”一笑说，“当了10年的老师，副作用就是在生活中忍不住犯职业病。有时候我在做事或者打电话时，女儿黏着我，我会说：‘好，从现在开始，请安静，不要讲话了！’在路上看到调皮的孩子，或者在做坏事的孩子，我会脱口而出：‘哎，你是哪个班的？！’甚至跟‘队友’聊天时，也会被提醒：‘我不是你们班的孩子，不要用这样的语气和我说话！’”

“生活中的很多事情毕竟不是考试题目，大多数没有对错之分，我也没有资格要求别人一定要按照某种方式做事。”一笑说。

对于如何培养自己的女儿，一笑的观点是顺其自然：“因为女儿是早产儿，对我来说，没有什么比女儿的身体健康更重要。至于未来，孩子会有她自己的人生路要走，任何人都代替不了，我们尊重她的选择就好。”

所有的职业讲给孩子听

老师是做什么的

①扫描二维码，让孩子听职业故事
②通过《我的未来有一万个可能》阅读完整版

03 早餐店老板

有 10 分的力，用 12 分生活

大 J 对话行业人

范范 | 初中毕业的早餐店老板

- 16 岁初中毕业，成了工厂刺绣工人；
- 2008 年创业，开了两家早餐店，靠自己的双手买了一套房，养活 3 个孩子；
- 凌晨三四点起床，每天工作 12 小时以上；
- 365 天几乎没有假期。

真正的自由并不存在，重要的是内心自由。

——早餐店老板范范

范范说，她特别激动，这是她有生以来第一次接受采访，但她的工作很普通，她不知道和大家聊什么。范范 16 岁初中毕业，后来进入广东的某一个工厂，在用电脑绣花的生产线上工作，每 12 小时倒一次早晚班，干了 2 年多，撑不下去了。

父亲对她说，哪怕去摆个摊子卖豆浆，也比在工厂工作轻松。2008 年，北京举办奥运会，年末，范范推着一辆现磨豆浆车卖起了早餐。两年后，范范结婚，和丈夫一起在广东一座人口稠密的三线小城市，租了两间相距不远的门面，做起了早餐生意。

爱一份工作的理由

范范爱这份工作。虽然她没有亲口对我说“我爱我的工作”，但在一个多小时的采访中，我感受到了工作让她迸发了力量，获得了宁静和快乐。我有些意外，我身边发自内心地爱自己的工作的人并不是很多。何况在菜市场开早餐店，这份工作“一眼就能望到头”，绝对谈不上名利双收，她怎么会如此热爱呢？

每天的工作内容重复，特别枯燥、辛苦：凌晨三四点起床，披星戴月，到店后全是要做的体力活儿，和面、烧水、磨豆子、蒸馒头、煮粥、架锅炸油条……早晨6点多，范范已经忙碌两三个小时了，上学的孩子们和工地的民工是早餐店的第一批顾客。

顾客高峰期从早上6点持续到上午10点左右，她又继续忙碌了4个小时，过了上午10点，才能歇一会儿。洗洗刷刷之后，往往到了下午1点多。吃完午餐，她回家补觉，下午4点接3个孩子放学，陪孩子做功课，做晚饭。范范的丈夫在晚饭后还要回到店里忙碌两三个小时，为第二天的生意做准备。

这是范范夫妇日常生活的一天，这样的生活日复一日。一年365天，除了过年几天短暂的休息，这两间位于菜市场的小门面从不停业。3个孩子都在店里长大。10多年来，除了过年，“90后”妈妈范范几乎没有离开过这家店。听到这里，我忍不住感叹，这份工作听起来真的好辛苦啊。但范范爱这份工作。范范小时候的梦想就是当厨师，她说这暴露了她的“吃货”本色。现在看到各种做美食的视频时，她都会忍不住跟着视频学做。我忽然受到触动，梦想往往不是很远大、很遥远、很美好吗？可范范的梦想却简简单单，就像一日三餐。

范范之所以爱她的工作，是因为这份工作是她的梦想吗？在给我的邮件里，她这样写道：这份工作说不上有什么大的价值，但对我个人来说，它最大的价值是给了我体面的生活。

自食其力，是最大的体面

范范偶尔会遇到带着优越感、看不起菜市场摊贩和早餐店店主的人，但她从来没有因此轻视自己的工作。她说："有人可能看不起早餐店的工作，觉得辛苦又不赚钱。但是任何一份职业，都有它的辛苦所在，只是我们不知道而已。我在菜市场开早餐店，常看见扫垃圾的环卫工。一定会有人认为，环卫工的工作又脏又累，很不体面。还有一些七八十岁还在捡瓶子、卖废品的老人，也会有人觉得，这么大年纪还在干活儿，一定是儿女不孝顺……但是从我的角度看，其实他们想要的只是自食其力，能做一点就做一点。"

我被"自食其力"这四个字触动了。我问范范："你会觉得自己的工作不够体面，不像科学家、艺术家、企业家那样，有能让自己的孩子感觉骄傲的光环吗？"

"我从来没有这种想法，我的父母很普通，我从小到大都没有因为父母的普通而感到自卑。我自始至终都觉得，靠着自己付出的劳动一点点积累财富，撑起一个家，是值得骄傲的事。对于别人的眼光，我完全不介意。"

范范生活的这座城市虽然不大，但是人口稠密，经济发达，当地普通工薪族的月薪有五六千元。范范的早餐店其中一个由她和婆婆两个人负责，每个月大概能挣一万元左右；另一个店面由丈夫负责，月收入也是一万元左右，这个扎根于菜市场的家庭，每个月的收入略高于普通的工薪家庭。

18 岁时，刚摆摊的时候，范范也有点儿不好意思，但结婚有孩子后，所有的顾虑都烟消云散。这份收入不仅能支撑起一个家庭，还能让范范和丈夫照顾双方的父母。时间相对自由，生活稳定。自食其力，是工作带给一个人的最大的体面。

真要说羡慕，范范说，她还真的羡慕过一对年轻人。好多年前，一对残疾人情侣拉着音箱，一边唱歌一边慢慢走过菜市场，女孩失去了一条腿，男孩失去了一个胳膊，但他们的歌声非常动听。他们尽情地唱着歌，你一句我一句，一路昂首挺胸，没有乞讨的卑微，没有悲惨的故事，那悠扬动听的歌声，让范范忍不住从店里追出来听。

“他们虽然被一些人看作乞丐，但是他们没有因为自己有缺陷而自卑，他们仿佛不是为了博得别人的同情才尽情地歌唱，而是在用自己的歌声愉悦别人。我被他们身上那种自信感动得眼眶发热，觉得他们跟歌唱演员没有什么不同，都是凭自己的歌声挣钱。”

是的，都是自食其力的人，有什么不同呢？

这份工作值得骄傲吗

范范告诉我：“广东经常会遭遇台风天气。雨下得很急很大，一些地方会出现内涝。虽然这种天气街上没有什么人，但是菜市场上卖青菜、鸡鸭鱼肉、水果的小商小贩们没有一个休息的。”

“之所以在恶劣天气坚守工作岗位，是因为大家热爱自己的工作，有奉献精神吗？”我问。

“我倒不这样觉得。也许大家的货都是提前备好的，不营业会浪费很多食材，营业了多少能卖出去一些。每个摊位的背后都有一个家庭，父母的工作撑起了孩子的未来，这是生活的现实。如果非要赋予我们的工作一些意义，我觉得最大的意义是责任，是对生活的热爱，先顾好自己才能行有余力，先守护好小家才能国泰民安。”听完范范的这段话，我瞬间为自己刚才的想法汗颜。

“可是那么大的雨，会有人来买菜吗？”我问。范范说：“会的，潮汕地区都是大家庭，家庭成员多，每家往往老老少少十几口人，一天三顿饭，特别是赶上初一、十五时，人们有祭祀的风俗，对新鲜食材的消耗量非常大。所以即使是恶劣天气，人们也要买菜。”对于范范和整个菜市场的摊贩来说，工作就是生活。

工作优先，然后是孩子，人是没有真正的自由的

“我是那种把工作放在第一位的人，在任何事情面前，都是工作优先。我没有那种所有事情都想顾好，结果所有事情都做不好的状态。家里的事、孩子的事等我工作完再去慢慢解决。像育儿专家提倡的高质量陪伴孩子，我也会做，只不过是等工作忙完，有精力了，再去陪伴孩子。学校上午 9 点多要开家长会，我早晨还是会开门营业，忙到快 9 点钟，再赶去学校。哪怕是大年三十的早上，我也会开门营业，很少舍得给自己放假。我对孩子、丈夫以及其他家人，都毫不迟疑地表达自己对待工作的态度，他们都知道这一点，也都接受。”范范这样表达自己的工作态度。

“可是自己做小生意，不就是图个自由吗？”我问。“人是没有真正的自由的。”范范说，“要说自由，那是内心的自由，内心觉得不受别人的约束。想不受别人管束，自己就要自发地去做好。以前在工厂打工的时候，老板让做我才做，老板不让做就混日子。而我们现在经营早餐店，真的是虽有 10 分力，却在用 12 分的力做事情。不管每天睁开眼睛要做的事情多辛苦、多琐碎，只要是自己想做的，我就一定会做好。这就是现在的我，拥有内心的自由。”

这座小城菜市场上的摊贩，都和范范一样，过着虽有 10 分力，却用 12 分力去做事的生活。这里的孩子，每天看着自己的父母，用 12 分的力在生活。

“隔壁的菜贩比我们还辛苦，每天半夜去运菜，天没亮就开始准备，从早晨忙到中午，从下午三四点忙到晚上七八点。家里的孩子自己学习，学习完帮父母干活儿。放学帮忙，节假日也帮忙。我真的觉得，孩子看着父母在很努力很上进地工作，自己也会很懂事，会努力上进，这种状态真的很好。”

至于在职业生涯中如何做选择，范范似乎没有什么经验可以分享。生活并没有给她多少选项，但在仅有的几个选项面前，范范都靠本心做出选择。选择做小生意而不是在工厂打工；选择一年 365 天，十年如一日地坚守在早餐店里；选择保证品质的原料，而不是为了节省成本在豆浆、馒头里添加糖精、甜蜜素……范范说：“我在这里卖了十几年早餐，来吃早餐的大都是老顾客，味道有一点儿变化，他们都能吃出来。来买早餐的很多都是孩子，为了多挣点儿钱，给孩子吃含甜蜜素的食物，我的良心过不去。”

其实，做出选择并不困难，难的是做出选择之后坚持到底，并积极地承担后果。范范今年 30 多岁，前几年查出强直性脊柱炎，现在又查出肩膀和腰背劳损，还有足底筋膜炎等，小毛病很多，这些小毛病不是一两天导致的，也无法靠短暂的休息调理好。

范范害怕过、抱怨过，30 多岁就一身毛病，不是这里疼就是那里痛，老了怎么办？但最终范范和自己和解了，心态放平后，一切都看开了。她说：“我不再把这些毛病当作疾病，而是选择和它们和平共处，累的时候就少做一点，身体轻松一些，不那么疼痛了。心态放平后，就找到了平衡。”

“以前经济条件不好，为了改善生活条件，只能拼命工作。现在有存款了，房子也买了，还会把工作放在第一位吗？”采访快要结束的时候，我问范范。

“会！”她毫不迟疑地回答。“我这段时间正在考驾照，这两年计划买车，现在孩子长大了，我想有空时多带他们出去转转。前几天你约我星期五采访，但星期五不行，我要考科目三……”

虽然相隔几千公里，我似乎又看到范范的笑容。

所有的职业讲给孩子听

早餐店老板是做什么的

①扫描二维码，让孩子听职业故事
②通过《我的未来有一万个可能》阅读完整版

04 销售人员

教会孩子朝着自己最想去的方向，义无反顾地努力

大 J 对话行业人

汤圆｜销售行业摸爬滚打 18 年

- 41 岁，河北人，拥有 18 年销售经验；
- 2005 年进入电力设备销售行业；
- 7 年后升为销售总经理，独立带销售团队。

永远多走一步，不是为了取悦他人，而是为了成就自己。

——销售汤圆

提到销售，我们的脑海中常蹦出好多负面的标签：打推销（骚扰）电话，底薪低，工作累……要不是找不到合适的工作，谁愿意去当销售呢？

但我们也知道：销售工作做得好，往往能赚大钱，同样是工作，谁不想更快地实现财富自由呢。销售岗位大多门槛低，对学历、年龄没有过高的要求。社会需求量大，不只保险行业、房地产行业、网络直播，任何一个行业都需要销售。

41 岁的汤圆，做过工业产品销售、家装产品销售，在销售行业摸爬滚打了 18 年，算是我采访对象中在同一个行业干得最久的一位。

汤圆笃定地告诉我，销售是一份虽辛苦却又很幸福的职业。“只要愿意干，就能一直干到老。不用害怕转行，虽然转行后接触的客户群体不同，但工作的内容都是与人打交道，只是换了产品、服务而已。”

销售的辛苦、幸福与误解

我问汤圆："2005 年大学毕业时，应该比现在的就业机会多很多，为什么选择做销售呢？"电话那头，汤圆并没有因为我的"鲁莽无知"而感到被冒犯，她的言语之间带着一种北方人的爽朗："我太能理解你的疑问了，我在这个行业工作这么多年，听到了很多次同样的质疑。销售工作门槛很低，涉及的行业很广。我不太想搞科研，就误打误撞干起了销售。"

汤圆生活的保定市有不少生产电力设备的厂家，她毕业后去了其中一家公司应聘，没想到，意外地选择了一个在当时竞争压力不大，工作内容也不枯燥的销售岗位。

"咦？这样一个好工作，当时为什么选择的人不多呢？"我问。"我们行业销售的产品，人们在生活中用不上，大家也就不大留意。再加上当时信息比较闭塞，所以选择干这行的人很少。"汤圆解释道。

从业者少，再加上她有一定的专业背景，这份销售工作让她拿到了比保定市平均收入高出两三倍的工资。这个距离人们生活很远的销售岗位，工作内容是什么呢？简单来说，就是向新建项目、电厂、电站等提供符合技术参数的电气产品和设备。

"工作性质和我们日常接触的房地产行业、保险行业等行业的销售一样吗？"我问。"本质上都是一样的。都是靠自己的专业素质和综合素养去发掘客户并满足客户的需求，维系一段合作关系。只不过由于工业品销售金额高、合同周期长，所以在沟通深度、客户的信任度上要求更高一些。"

"那具体到日常工作，你和其他行业的销售人员在工作内容上有什么区别吗？也需要打电话、发传单、喝酒应酬吗？”我充满疑问。

汤圆继续解释道：“当然有共通的地方，比如也需要给客户打电话和登门拜访客户。但也有不同的地方，一方面我们的客户群体很精准，他们对产品有长期的需求，所以了解产品信息、对各个厂家的产品进行对比，也属于客户工作的一部分。对我们来说，给客户打电话算不上骚扰，我们也没那么大的心理压力。另一方面，销售人员有时比客户更专业，我们需要向客户推荐满足技术要求、预算要求的产品及产品组合。

“另外，我们签订的合同，销售金额通常很高（一般涉及上亿资金），合作周期长达 3 ～ 5 年。在日常工作中，有很大一部分时间用于挖掘项目信息，为项目顺利推进提供方案。这个过程其实很不容易。举一个例子，有一个想购买配件的客户，已经有了意向产品或者意向厂家，如果销售人员想把这个客户发展为自己的客户，就需要尽快找到客户的关注点、竞争对手与客户意向的矛盾点，再找准自己的产品与客户核心诉求的切入点。这其中，最难的是得到客户的信任。销售人员需要把客户决策人、参与者等不同层面人员的诉求一一摸清楚，让他们的意见上下统一，得到他们的认可和支持。没有摸清楚客户的各个决策人之间的关系和客户的需求，或者说没有取得客户的信任，项目就无法推进。”

我采访到的竟然是谈千万、上亿生意的销售人员！我继续追问：“一个普通的销售员要谈成上亿元的项目会经历哪些困难呢？”

汤圆说：“拿下大项目不能只靠自己一个人，而要整合自己所在企业的资源，要靠团队协作；当然，企业也不会让新员工接手这类大项目，会先对新员工进行业务培训。最重要的是自己要足够勤奋，要能熟悉各种产品标准、产品型号、产品特性参数等。”

刚开始，汤圆只是一名普通的电话销售人员，她回忆道：“工作的前两年，我每天的工作就是给客户打电话，虽然工作内容看似简单，我却学到了不少专业知识，常发现和某个客户交流的内容刚好可以用在另一个客户那里，那种惊喜，真的让人很难忘。”

汤圆接着说道：“两年之后，因为我在工作中表现很好，勤奋踏实，经理就尝试带着我去见客户，为我提供了旁听、学习的机会。后来，我升为区域经理，开始负责西北、华北地区的销售业务。又干了 7 年后，我升为销售总经理助理，自己独立带销售团队，帮助区域经理协调公司资源，最终完成销售工作。”后来，因为家庭变故和二胎的降临，汤圆选择在职场生涯的高峰期辞职，但因为之前积累了很多客户资源，她依然可以靠着自己的人脉签订单，继续与原公司合作，进入半自由职业状态。

销售是份好工作的多个理由

和汤圆刚入行时不同，现在销售工业品的销售人员逐年上升，进入销售行业的高学历年轻人越来越多，“985”院校毕业的硕士研究生去做房地产销售工作的新闻，时常在网上引人围观。有人说，因为就业环境不好，找不到工作才去当销售；也有人说，做销售更容易突破薪资的“天花板”。总之，大众对销售工作的看法一直很矛盾。

我问汤圆：“你认为销售是一份好工作吗？”

汤圆给我的答案很肯定。如果以时薪来评价自己的工作，做销售的确是一份好工作。比如，汤圆的工作时间很自由，还有双休，这对身处三四线城市的汤圆来说，真的很不错。另外，好的销售并不怕失业。在行业里深耕越久，越有可能积累丰厚的人脉资源。而且大部分行业都离不开销售，越是企业效益不好的时候，越需要销售人员冲在前面。然而，汤圆之所以觉得销售是份好工作，有两个更重要的理由：

- 第一，通过专业知识获得别人的信任，满足客户的技术要求，享受签订合同所带来的成就感。
- 第二，和各行各业的人打交道，得到丰富的人生体验，这种工作方式特别适合喜欢挑战、爱“折腾”的人。

汤圆回忆起自己当区域经理的那些年，结识了各行各业的技术顶尖人物和企业高层，这大大提升了她的视野和格局，让她对人生中的很多事情看得很通透。正是这些经历，让她在遭遇一次次失败和被拒绝之后，养成了什么都不怕的心态。

汤圆给我讲了一个故事。2019 年，她处于职业巅峰期（当上销售总经理助理），但这一年，二胎出生、父亲去世，给了她很大的冲击。在工作岗位上忙碌了十几年的她，决定开始一场人生的断舍离——从公司辞职，放弃继续晋升的机会，换了一份较轻松、不用出差的工作。

人到中年，一切重新开始，只能拿销售领域中较低的工资，做出这样的决定，确实需要很大的勇气。我问汤圆：“你是怎么接受这种收入断崖式下降的现实的呢？”

她平静地说：“干这行时间久了，就很有底气，我相信自己只是换个行业，换个东西卖给客户。虽然需要从头开始学习和积累新的专业知识，但如何与人打交道的底层逻辑是不变的。至于收入，目前肯定是无法与过去相比，那我就多关注自己收获了哪些东西。比如，我现在终于不用出差了，每次回家都能感受到孩子对我的强烈需求感，我很幸福。”

销售的尽头是什么

“很多人觉得，销售就是靠一张嘴，把黑的说成白的，脸皮要足够厚，对客户死缠烂打。难道销售都是这样赚钱的吗？”我忍不住再次说出心中的疑惑。我遇到过房产中介，不管我如何拒绝，他们还是一次次地打电话推销。

“习惯被拒绝，这是做销售工作的第一步。但认为干好销售工作得靠脸皮厚，肯定是不对的，一个业绩突出的销售人员，面对客户肯定是不卑不亢的。”汤圆说。她在销售行业工作 18 年，主要有以下几条工作经验。

少说多听

很多人认为做销售工作一定要吹嘘自己的产品，其实要想做好销售工作，应该养成认真倾听的习惯，多听客户的反馈，挖掘客户最核心、最关键的需求，消除客户的顾虑。只有解决客户最关心的问题，双方才能达成合作意愿。如果认识不到这一点，只是滔滔不绝地向客户推销产品，则会事倍功半。

用真诚获取信任

“真诚，不计较一时得失，对提升能力、开阔眼界尤为重要。”汤圆说。

“为什么真诚能开阔自己的眼界呢？”我好奇地问。“我所说的真诚，换句话说，不仅需要说到做到，还需要多做一步。我与客户沟通时虽然话不多，但是保证说到做到。若在一些技术上不能满足客户的要求，我一定会提前说清楚，不让客户有心理落差，这就是真诚。比如，我答应客户今天下午发技术参数，就一定按时发过去；我答应上午 8:30 见客户，在 8:30 之前肯定到他的办公室。就是因为做好了这些小事，我才给客户留下‘靠谱、踏实’的印象，逐步与客户建立起信任。我刚踏入销售行业时，就是靠着真诚逐步成长起来的。”汤圆说。

有耐心、有目标感

十几年过去了，当年和汤圆一起做销售的同事大部分都转行了。到底什么样的销售人员能坚持下来并赚到钱呢？汤圆对此很有心得：“一般能坚持 3 年时间以上，就能在销售行业留下来。我认为，在任何行业都需要保持耐心，至少沉淀 3 年时间，耐得住寂寞，多学习、多吸收，多做、多想、多问。相信自己迟早能实现目标，有坚定的态度、清晰的思路，持续积累人脉资源。

“另外，业绩好的销售人员，基本上目标感都很强，会制订目标、拆解目标，并落实目标。怎么制订目标呢？可以制订一个自己努力能触得到的、尽量高的数字目标，也可以找一个自己想成为的人做参照。

“工作中能做多细致，就做多细致。尽量多去做，客户要求 1，最好能做到 1.1，永远多做一步，这不是做给老板和上级看的，要相信最终受益者是自己。

“遇到困难的时候，要向积极的方面考虑，你越努力、越“折腾”，就会得到越多的资源和老板更大的支持。当然，如果心态好而行动力差，也是致命的缺点。要学会分解目标，一步一步地完成一个个小目标，才能更轻松地实现最终的目标，这是做好销售工作的核心。

“总结一下，就是：眼光放远，心态放平，情绪稳定，行动不止。”说到这里，汤圆突然想起了自己的父母，她说：“我很感谢父母，从小到大，他们支持我做的任何决定，只要我认定的事情，他们就不会阻挠。他们常告诉我：‘困难是用来克服的。’”

教育孩子，最看重的只有这一条

汤圆有两个孩子，儿子上初中，女儿还在上幼儿园，“阅人无数”的她，希望孩子以后从事什么职业呢？培养孩子时，她特别看重哪些品质的培养呢？

汤圆的儿子对数学、生物很感兴趣，平时爱钻研乐高，喜欢编程，还喜欢美食。女儿则和儿子完全不一样，在各方面都很“佛系”。

面对两个性格和爱好很不一样的孩子，汤圆只传递了这样一个理念：“我希望他们心胸开阔，想清楚自己想要的生活，并朝着自己想要的生活义无反顾地努力。这样才能每天都怀着积极的心态生活，即使处于最糟糕的境地，只要自己内核稳定，一切都好说。”

所有的职业讲给孩子听

销售人员是做什么的

①扫描二维码，让孩子听职业故事
②通过《我的未来有一万个可能》阅读完整版

生活实践里的朴素智慧

带孩子了解一个职业，其实最重要的就是去了解这个职业每天所接触的是哪些人，是哪种状态的人，会接触哪些人性的美好，遭遇哪些人性的缺陷。在这 4 个故事和本书的其他故事中，主人公都说："我喜欢这个行业。"我们都希望自己和我们的孩子能够从事自己喜欢的职业，但喜欢一个职业的表现是什么呢？喜欢一个职业，并不只是喜欢职业带给我们的利益，还应是喜欢用这个职业特定的方式解决人们的问题，并且在这个过程中能够理解和接受这些问题给人带来的麻烦和负面情绪。

陆医生
陪孩子找到自己生命的意义

- 如果我的孩子要学医，我一定会心疼吧，这也意味着一个家庭培养、支持孩子的时间更长。
- 刚学医的时候，她以为聪明最重要，后来她发现，身体好、能熬得住，才是最重要的。
- 医生不应该把患者当作一个零件坏了的设备，生病的是一个完整的人。

一笑老师
看到并尊重孩子独特的闪光点

- 如果在学生成长的过程中，有一句话、一个肯定，能在细微的地方影响到他们，给他们以后的人生带去积极的帮助，我就觉得作为教师已经成功了。
- 一些孩子可能成绩不好，但他们善良、开朗、真诚，又有谁能说他们不是好孩子呢？
- 即便在成绩很差的学生身上，也总能找出这样那样的闪光点。我们应像发现了珍宝一样，小心翼翼地去呵护。

早餐店老板范范
自食其力，是最大的体面

- 我会告诉孩子，这份工作对我来说，最大的价值就是给了我体面的生活；自食其力，是工作带给一个人的最大的体面。
- 广东经常有台风天，一些地方会内涝，但菜市场的摊贩们从来不会休息，一家老小要吃饭，所以有 10 分力，要用 12 分力去生活；在菜摊边长大的孩子们，每天看着父母用 12 分的力在生活。

销售人员汤圆
永远多做一步

- 要想获得信任，工作中能做多细致，就做多细致，客户要求 1，最好能做到 1.1，永远多做一步，这不是做给老板和上级看的，要相信最终受益者是自己。

- 成功的销售，不是靠吹嘘自己的产品，而是要认真倾听，挖掘对方真正的需求，消除对方的顾虑，解决客户最关心的问题，才能达成合作意愿。

- 我希望我的孩子朝着自己最想去的方向，义无反顾地努力，每天怀着最积极的心态，即使处于最糟糕的境地，只要自己内核稳定，一切都好说。

个性与职业契合

每个孩子都是独一无二的

第二章

心理咨询师 | 摄影师 | 咖啡馆老板 | 空中乘务员 | 高考志愿规划师

如今，我们不难看到，有的人明明读了好大学，毕业后却当起了“啃老族”；有的人明明拥有体面的工作，却觉得上班很痛苦，一心想逃离；而有的人学习并不好，却很早找到了适合自己发展的方向，过上了自己喜欢的生活。当我们拼命抓孩子的成绩，却不一定能保障孩子拥有一个美好的未来时，我们难免疑惑：在教育孩子方面，到底如何做才是正确的呢？

- 心理咨询师说，人生是一场马拉松，孩子 18 岁之前的养育会为孩子奠定一生发展的基础。这份基础究竟意味着什么？
- 摄影师说，踏实过好每一个当下，因为每一个当下，都是为自己的简历打工，都是在提升自己的价值。他坚持的这一理念背后，藏着怎样的智慧呢？
- 咖啡馆老板说，保护好孩子的灵气，只要他们乐观、健康，就会积极过好生活。她相信，只要用心，办法总比困难多。这种乐观的力量源自哪里？
- 空中乘务员说，人生很长，而工作占据了很大一部分，如果不能从事自己喜欢的工作，生活实在太乏味了。这种工作态度的背后，反映了怎样的价值观？
- 高考志愿规划师说，父母不能替孩子走路，但可以让他们看到不同专业和职业的真实情况，从而明确自己的人生规划。她的这一建议，背后蕴含着怎样的教育理念？

我们总认为孩子只有学习成绩好，将来才会有好的选择。本章中这几位从业者的故事却告诉我们：所谓好的选择，跟一个人的起点、成绩并没有太大关系。

而一个清楚地知道自己未来想从事哪种职业的孩子，自然会为实现自己的梦想而努力学习；一个生活体验丰富的孩子，才能够认识自己的特点，找到适合自己的职业。

05 心理咨询师

容纳和转化孩子的各种情绪和感受

大 J 对话行业人

李楠 | 心理咨询师新手

- 心理学硕士毕业；
- 在外企工作了六七年，重新做回与专业相关的工作——心理咨询师；
- 正式做心理咨询师之前，先参加系统培训，并积累经验、接受督导；
- 比起常人，心理咨询师会接触到更多“人生的至暗时刻”。

来访者的生命力和勇气也在反过来滋养心理咨询师，为我带来新的生命体验和成长。

——心理咨询师李楠

说到心理咨询师，你的第一印象是什么？是倚靠在大躺椅上，能读心、会算命的世外高人？是陪人聊天，“灌鸡汤”就能赚钱的江湖骗子？又或者是就像打通人的任督二脉，让人大彻大悟的神医？如果一个人跟伴侣闹矛盾了，或者事业发展不顺利，是不是心理咨询师就可以帮他 / 她解决婚姻危机或职场危机？

当我把这一大堆问题抛给心理咨询师李楠，她很平淡地回了我一个“否认三连”：“我们没有读心术，也不做心理治疗，心理咨询师从来不解决现实中的具体问题。如果有一个自称心理咨询师的人跟你说，他 / 她能帮你挽回恋人，为你解决职场困境，那你很可能遇到了真正的江湖骗子。”

不治病只“谈话”的职业

我们常常把心理咨询师、心理治疗师、精神科医生都叫作心理医生，但李楠说，这三种职业的工作性质区别很大。

- 精神科医生。主要在医院的精神科工作，是有医学背景的执业医师，负责精神诊断和治疗，治疗方法以药物为主。比如，面对一些抑郁症或焦虑症患者，只有精神科医生有权进行药物治疗。
- 心理治疗师。在医院里对患者进行心理治疗，更多的是为患有心理疾病的人进行认知、情感和行为方面的治疗。
- 心理咨询师。通常在社会上的心理咨询机构、学校、企事业单位和社区基层单位等工作，侧重于提供心理咨询和支持，服务大众，通常处理一般心理问题，如职业发展、亲密关系、如何应对压力等。

心理咨询师是不能从事精神障碍的诊断和治疗的，也没有给来访者开药物的权力。他们更多的是运用心理学知识，通过谈话的方式，帮助来访者进行自我认识和自我接纳，促进来访者的自我疗愈。如果心理咨询师在和来访者谈话中，评估对方有抑郁、焦虑等倾向，会建议他 / 她去精神科就诊，在服用药物的前提下，再进行辅助心理咨询。

“《中华人民共和国精神卫生法》规定，心理咨询师使用‘治疗’这个词，是违法的。”李楠说。

“心理咨询师不治病，我明白了；但不解决具体问题，我不理解。没问题谁找心理咨询师，如果有问题却解决不了，那还找心理咨询师干吗？”我充满疑问。

“心理咨询当然有助于解决问题，只不过在心理咨询中，我们做的是面向人们内心和行为的工作，解决不了任何外部的现实困境。”李楠顿了顿，解释道，“换句话说，就是要不要离婚、要不要分手、要不要辞职，怎么拿下心仪的工作录取通知……这些问题我们确实不能直接给出答案。”

“那心理咨询到底有什么用呢？”李楠说，“心理咨询师就像一面镜子，在进行心理咨询时，帮助来访者看清楚真实的自己——自己的需求到底是什么，内心的冲突是什么，也就是回归自己的内心。在向内求索的过程中，来访者面临的现实问题依然存在，但他们会有更多的勇气去面对现实中的问题和做出自我改变。”

想看开点不是非得砸钱

“听起来好像就是让人看开点。那我找别人聊也可以，为什么还要花钱找咨询师聊呢？”我接着问。

“这是个好问题，”电话那头，李楠笑了笑，“如果和亲人、朋友聊天就能让人开心、舒服、想明白，可以不找心理咨询师进行心理咨询。但是，向心理咨询师咨询更有优势。首先，跟心理咨询师聊天，可以真正做自己。在咨询室里，来访者不用顾虑心理咨询师的看法，可以痛快地倾吐心声，更用不着担心心理咨询师会怎么评判自己。一个合格的心理咨询师，有能力接纳来访者最真实的一面。来访者不用害怕袒露自己的秘密，因为保密是心理咨询师最基本的职业操守。同时，心理咨询师也会努力创造安全的环境，帮助来访者更舒服地直面自己的秘密。这是我们在各种各样的人际关系当中，很难找到的一种特殊的关系。

“其次，大概只有在心理咨询师这里，来访者才能得到真正全然无条件的倾听和陪伴。比如，去找闺密吐槽自己的老公，闺密可能会跟你一起骂：‘哎呀，男人就没有一个好东西！’去跟隔壁热心阿姨倾诉‘家人整天逼我结婚’，隔壁阿姨也许会开导你：‘早点儿结婚好，家人也不容易。’而心理咨询师不会站队，不会评判，只会耐心地、客观地听你诉说，想办法去理解你，并通过适当的提问启发你看清自己内心最真实的想法。这也是心理咨询师工作中特别重要的一个原则。”

那心理咨询工作到底是怎么开展的呢？

李楠说，一段咨询关系，可以总结为四步。

- 第一步：评估。一般前几次咨询主要是完成这一步，心理咨询师通过倾听的方式搜集相关信息，初步了解来访者需要哪些帮助。
- 第二步：确定咨询目标。明确要解决的问题是什么，这个阶段可能很长也可能很短。所以，开始前心理咨询师会先和来访者明确可能要花多长时间、多少费用，然后签订咨询协议。
- 第三步：进行咨询。心理咨询师根据自己对来访者的评估以及双方确定的咨询目标，运用自己的专业技能，引导和陪伴来访者一步一步实现咨询目标。
- 第四步：结束咨询。来访者困惑得到解决，或者咨询师评估后，认为已经达成咨询目标，咨询师会提议结束这次咨询，同时也会带来访者回顾咨询的历程，进行总结和复盘，帮助来访者带着收获与力量面对自己的生活。

李楠进一步解释：“在这个过程中，心理咨询师所做的，说得通俗点，可能就是让人‘看开点’。只不过看开的前提是充分经历和体验那些让人一直‘看不开’的事，而不是只简单地说一句‘看开点，没什么大事’。这个过程可能很漫长，对来访者来说，需要耐心和勇气，但只有通过这样的历程，一个人才能真正学会与过去无法释怀的事物和平共处。这个过程同时也是帮助来访者找回人生掌控感，当来访者知道自己在面临问题的时候有许多选择，内心就会更自由。少了一些被迫和‘不得不去做’的体验，人就更能为自己的选择负责任，幸福感就会更高。”

听到这里，我突然觉得，心理咨询师跟来访者的关系，就像父母与孩子的关系一样，如同有经验的父母带着孩子做了一次深度的复盘，引导他 / 她一点点还原事实，深刻体会自己的感受和经验，内化为适合自己解决问题的方法，并投入生活中不断成长。

我上网查了查价格，心理咨询费用一小时几百元甚至上千元，也许一个月的工资还不够与咨询师聊一天。对此，李楠坦然地说：“是的，心理咨询的确需要不少金钱的投入，所以说它是奢侈品也没错，价格确实很容易把人劝退。”

成为心理咨询师需要做哪些准备

我忍不住说：“与其花钱找心理咨询师咨询，倒不如自己成为心理咨询师。收入高，工作时间自由，挣钱的同时还能解决自己的人生烦恼，多好啊！”

没想到，李楠接下来的几句话彻底击碎了我的想法：“正规的心理咨询师在工作的前几年想赚钱很困难。心理咨询师虽然收入高，但学习成本的投入也非常高，尤其是最初入行的几年，靠心理咨询获得的收入基本无法养活自己。心理咨询师是一个需要长期学习和持续投入资金的职业。”

首先，培训经历是心理咨询师从业的一个硬指标，心理学的知识体系非常广博，和其他领域一样都在不断发展，心理咨询师需要不断地学习。这些长期的系统培训，学费都是几万元起步。心理咨询师工作之外的时间也常常会被学习填满。其次，心理咨询师经常需要花高额费用去接受督导（请有督导资质的心理咨询师对自己的心理咨询过程做出指导），这也是从业的一个硬指标，是每个心理咨询师必须经历的学习阶段。

而且，心理咨询师不只是给来访者做心理咨询，自己也得定期花钱去做心理咨询。专业的心理动力学学派（李楠自己就是动力学学派）和精神分析学派咨询师必须有定期的个人体验（即心理咨询师本人作为来访者，去向自己的心理咨询师做心理咨询，一般至少每周一次），这些都是不小的开销。

“所以，正规、靠谱的心理咨询师在工作前几年基本上是不赚钱的。就拿我自己来说，工作 3 年后，收入才有一些结余。我是心理学硕士毕业尚且投入大量学习成本，如果没有专业的学习经历，学习成本会更高。所以，如果非专业人士想转行做心理咨询师，恐怕得备更多的存款。”李楠诚恳地说。

心理咨询师的工作并没有你想象中那么自由

在我们看来，相对于其他朝九晚五的工作，心理咨询师的工作的确自由一些，每天接待多少来访者，完全由自己决定。但心理咨询师也是不自由的——他们必须在固定时间段接受来访者的咨询。心理咨询之所以设置在每周的固定时间、固定地点进行，是有心理学意义的。对于一些在生活中没有安全感的来访者来说，心理咨询师的按时出现、稳定在场非常重要。

为了维持心理咨询的稳定性，心理咨询师绝对不会无缘无故爽约，除了生病等一些确实无法按约定时间工作的情况，不管刮风下雨，只要与来访者约定了时间，就一定会按时出现在心理咨询室。

心理咨询师生活中是不是“从来不生气？”

“心理咨询师是不是从来没有烦恼？”我好奇地问。电话那头传来李楠爽朗的笑声：“哈哈，心理咨询师也是人，生活里该有的烦恼一样不会少。生活中，我也会跟家人吵架，也会因育儿问题焦虑，只不过我更容易觉察自己的焦虑。与周围的人有矛盾时，我会及时从矛盾中抽离出来，客观地分析问题，情绪可能比很多人更稳定。”

从别人的“至暗时刻”寻找自己的光和亮

我忍不住说：“作为心理咨询师，如果对自己的情绪管理没有特别的好处，还要每天接受来访者的情绪垃圾，这份工作也没有想象中的那么容易赚钱啊！”对此，李楠很认真地告诉我：“心理咨询师接受的并不是他人的情绪垃圾。每个人的成长经历都不是一帆风顺的，或多或少都会有一些缺憾，而这些经历都是非常真实而宝贵的情感体验。

“陪着来访者深入他 / 她的内心，和他 / 她一起经历害怕和无助，而我却什么都做不了的时候，虽然感觉很难受，但我仍然愿意陪着他们去面对，陪着他们去看到、理解和接纳自己。”

心理咨询室的办公桌上永远会放着一包纸巾。帮助来访者就像帮助一个小孩，来访者在完成心理咨询后心灵收获了一次成长，会带着重新成长的自己继续前行。说到这里，李楠分享了她的一个心理咨询师朋友的来访者说的一段话：

“我每次来心理咨询室附近的面包店买面包，都会想到你，想到我会不会遇到你。你是我的第一个心理咨询师，在之后的生命中我一定会常常想起你，在困难的时候想到你曾经跟我说的一些话。谢谢你。”

这段话让李楠深受触动，她说：“一段咨询关系，在我看来是一段重新养育的过程，心理咨询师在以这样一种特别的方式进入别人的生命，这是其他职业无法带给我的体验。”

心理咨询并不是单向的关系，对于李楠来说，来访者身上的那种生命力，也反过来滋养着她。心理咨询师参与那么多来访者的人生经历，会比常人接触更多“人生的至暗时刻”。对此，李楠说：“有时候你很难想象竟有人成长于那样的环境，但他们一样过得很好，一样能不断成长，这种力量和勇气让我更加体验到生命的无限可能。这些体验是花钱买不来的。”

我轻轻地点了点头：“原来不只是心理咨询师向来访者赋能，在与来访者的心灵互动中，来访者也会向心理咨询师赋能，这真是一份很有意义的工作。”

如何找到靠谱的心理咨询师

“我一直有个疑问，心理咨询师应该对专业技能要求很高，从业资格规范严格，为什么准入门槛却特别模糊？在网上搜索‘心理咨询师’，会跳出来一大堆‘0基础入门’‘6个月拿证’‘副业过万不是梦’等关键词句。如果准入门槛这么低，能轻易相信心理咨询师吗？”

李楠说："你看到的正是这个行业的现状，鱼龙混杂，缺乏统一的入行标准。以前的准入门槛很高，需要考取国家二级心理咨询师资格证、国家三级心理咨询师资格证，但考取资格证并不等于就是一个合格的心理咨询师。这个资格证对能不能帮助来访者没有太大意义，反倒让那些想赚快钱的人有机可乘，打着各种心理咨询的幌子，在网上做情感咨询，风生水起。不专业的心理咨询师，不仅不能真正减轻来访者的痛苦，反而会为他们带去伤害。

"2017年，国家人力资源和社会保障部取消了心理咨询师职业资格认证。因为目前没有一个明确的准入门槛，各个机构组织鱼龙混杂，就有了那些虚假宣传。所谓的心理咨询师证书其实都是'山寨'的，只是为了骗钱。"

正规的平台会对执业心理咨询师进行资质审核，不只审核资格证，还审核其他必备执业条件，咨询师如果不满足条件，是无法执业的。比如，李楠虽然是心理学硕士研究生毕业，但毕业后在外企工作了六七年，才转做心理咨询师。在入行前，她同样要先进行系统的培训，积累一定的个人经验，接受督导，最后才有资质在平台执业。

行业混乱的现象只是暂时的，对未来的发展，李楠充满信心，因为相关部门已经在着手研究新的执业标准。相信随着制度的完善，心理咨询师这个行业的门槛会随之提高，系统的专业教育经历（比如取得相关学位）可能成为一个硬性要求，之前拿到资格证的心理咨询师，如果没有经过系统规范的专业学习，就无法再继续从业。

如何找到靠谱的心理咨询师呢？

李楠说，不管是线上形式还是线下形式，正规的心理咨询机构都会对心理咨询师的从业资质进行审核，审核内容会放在心理咨询师的简历中。选择时可以看一看心理咨询师出具的背景资料，将其作为判断依据，比如：

- 受训背景（是否有两年以上的长期专业受训经历）
- 专业经历（比如学历、学位）
- 个人体验（尤其是心理动力学学派和精神分析学派的心理咨询师，要持续每周进行个人体验）
- 个人督导（每周至少一次）、团体督导等

心理咨询师的养育秘诀

最后，我问李楠：“作为心理咨询师，你和孩子相处时是不是岁月静好？有没有养育孩子的秘诀？”

李楠说：“对自身和他人的情绪拥有较强的觉察能力是心理咨询师的基本功。在做妈妈之后，我的确能够较好地与孩子共情。与孩子共情的好处是孩子比较愿意表达自己的感受。在我的记忆中，孩子从小到大几乎没有情绪崩溃的经历，对父母的依恋属于安全型依恋。”

“要说沟通秘诀，”李楠笑了笑，“我有一句话送给大家：父母最重要的功能是容器，能容纳和转化孩子的各种情绪和感受。但是，当父母过于焦虑的时候，已经容纳不下自己的情绪，是无法去容纳孩子的情绪的。所以，孩子情绪稳定的前提，是父母能充分觉察和容纳自己的情绪。”

“我非常希望因为焦虑而拼命‘鸡娃’的父母能看到这句话，”李楠说，“人生是一场马拉松，这场马拉松不是到孩子 18 岁上了大学就结束了。孩子 18 岁之前的父母养育会给孩子奠定一生的心理基础。所以，给孩子一个

放松、情绪被充分容纳的成长环境，其实比好成绩更重要。”

听到这里，我坦白地说：“道理我明白，但大部分父母毕竟不是心理咨询师，别说容纳孩子的情绪，觉察和容纳自己的情绪就很难。”对此，李楠给大家提供了三种方法：

- 冥想。冥想是和自己的感受联结的非常好的方式，练习冥想，能够帮我们更好地觉察自己的各种感受。
- 规律生活、健康饮食，保持读书和运动的习惯。用心关注当下的小事，也是和身体感受的联结，是和自己对话的较好方式。
- 每天晚上睡觉前写每日反思。不能写成生活的流水账，而要写今天最触动自己的是什么，为什么受触动，写一些自己的思考，坚持写下去也会有变化。

这三种方法让我意识到，其实我们每个人都可以做自己的“无条件倾听者”。

所有的职业讲给孩子听

心理咨询师是做什么的

①扫描二维码，让孩子听职业故事
②通过《我的未来有一万个可能》阅读完整版

06 摄影师

培养孩子的终极目的，是和他分开

大 J 对话行业人

小路｜初中学历、日收入过万元的摄影师

- 23 岁第一次接触摄影，已从事摄影工作 15 年；
- 入行的原因是找不到其他工作；
- 0 起点，0 背景，0 资源，如今日收入过万元。

除了提升摄影技术，摄影师还要学会做人，平等尊重每一个人才能赢得好人缘和更多的合作机会。

——摄影师小路

从小在山上放牛，靠家里卖猪交学费的小路，应该从没想到自己有一天会成为日收入过万元的摄影师。

小路初中学历，20 岁才第一次进城，如今能接到日薪上万元的订单，档期满满，完全是靠着学摄影开辟了一条人生的成功之路。他的经历简直像是小说中虚构的故事情节。

在采访小路的过程中，我除了想了解他开挂的人生，更想解决的疑问是：那些“不是读书的料”的孩子，怎么才能学习一门手艺，让自己过上幸福的生活？

放牛娃成为摄影师，是没得选的选择

2007 年，23 岁的小路第一次走入摄影工作室接触摄影，到现在他已入行 10 多年。如今看来，成为摄影师可谓他生命中最重要的、最正确的选择，但他说他最初选择成为摄影师的唯一原因却是找不到其他工作。

小路出生于浙江衢州的一个农村，那里至今还没有修水泥路，一到雨天路上满是泥泞。读书时，他常听父亲说："把学费全部交上就没钱买农药了，你去和老师说说，咱先交一部分，等把家里的猪卖了再交剩下的学费吧……"小路后来觉得自己不是读书的料，于是没有参加中考，去了一所职业学校就读，也没读完就出去打工赚钱了。

因为一直生活在山里，他完全不了解山外面的世界。他唯一能想到的，就是像镇上的理发师一样，学一门手艺养活自己。开始打工时，他在工厂当过流水线工人，在饭店做过传菜员，维修过打印机，在街上发过传单，但干的时间都不长久。那时候的他，没有人生目标。

一天，小路在街头闲逛时，被一张贴在婚纱摄影店门前的招聘启事吸引。那家婚纱摄影店正在招聘摄影师助理，不需要专业背景和从业经验，当时他正在待业，于是就抱着"反正找不到工作，就试试吧"的念头走了进去。没想到，面试通过，顺利入职。这个连照相机都没摸过的门外汉就这样开始了摄影之路。

8 年扎根

想学一门手艺养活自己的人很多。刚入行时，0 起点、0 背景、0 资源，大多数先从助理（或学徒）干起，一边学一边挣钱，即带薪实习。摄影师助理的工作听上去不错，其实是给摄影师当"苦力"，身体累，心也累，而且收入非常低，只能维持基本的生活开支。小路说："我不是聪明的人，学什么都很慢，反应也慢，不擅长跟人面对面打交道。"所以，在助理阶段，他每天都默默地干着很脏很累、没有人愿意干的活儿。

摄影对光线要求很严格，室内拍摄时，要提前布置场景和灯光；室外拍摄时，则要争分夺秒地把握住好的光线。摄影师上班时间很早，助理则需要更早到达场地，搭建拍摄场景、准备拍摄的器材和道具，辅助摄影师拍摄、刷无影墙（通过布景和打光，营造想要实现的光线效果）。干完这些，还要帮客户打杂，比如订餐、熨衣服。拍摄结束，助理还要清理场地，把大大小小的器材归类，并对场地进行清洁。

不是真正喜欢摄影的人，大多在做助理的阶段，即打杂的阶段就转行了。我问他："是什么让你坚持下来的呢？"他回忆道："虽然当时工资低，只能住在一个月房租四五百块钱的平房，但是我感觉自己很喜欢这个行业，就没有想过放弃。可能受父母的影响，我觉得身体苦点儿没什么。"他一直记得小时候跟父亲去插秧，面对一大块农田，他问父亲："这么大一块田，什么时候才能插完啊！"父亲对他说："插一株少一株，慢慢地就插满了。"正是这句话，支撑着他坚定地走下去。

小路就这样咬着牙，扛过了边打杂边学习的时光，积累了一些摄影经验。虽说助理并不算真正意义上的摄影师，工作很累，但比去培训学校学习花费低，还可以更快地上手。因为在打杂的过程中，助理除了能熟悉器材，懂得专业相机的实用方法，还能亲身参与整个拍摄项目，熟悉工作的流程。在闲暇时，几个助理可以一起练习打光和拍摄，或找朋友、家人去户外采景，为以后的摄影工作打基础。

助理阶段虽然很辛苦很漫长，却是入行必经的阶段。小路说，如果想快速成长，学到本事，一定要记住两件事：

- 把助理阶段当作学习的机会，而不是把自己当作“廉价劳动力”。平时要勤快做事、认真学习，不要在乎付出多回报少。
- 下班后，多看好作品和经典电影，提升审美能力。

踏踏实实干了几年后，年纪已经不小的小路勇敢地辞去这份助理工作，想成为一名真正的摄影师。一番折腾后，他找到了合适的工作，每个月的工资从几千元涨到了一万多元，生活条件比之前好了很多。本以为自己会一直干下去，但有一天，他发现每天拍的都是同样的内容，工作很乏味，也学不到新的东西，就想打破现状，再出去闯闯。当然，这时他有了一些积蓄，所以有了跳槽的底气。

辞职后，他从杭州前往上海，在微博上联系到一位水平高超的摄影老师，为了把照片拍得更好，在没有工资的情况下，他给那位摄影老师做助理，继续深入学习摄影技术。

那一年是 2015 年，小路已年过 30 岁，在摄影行业折腾了 8 年时间，在学习完基础的摄影技术后，终于遇到了真正改变他命运的摄影老师。这位老师在三个方面影响了他，让他受益终身。

学会做人

无论是对客户，还是对助理，这位老师都能照顾到每一个人的情绪和感受，小路说：“老师不会因为我是一个小助理而看不起我，也不会因为对方是客户而刻意讨好他们。”这种平等待人和尊重别人的态度，对小路影响很大，帮助他在日后的工作中积累好人缘。

明白什么是真正的专业素养

这位老师让小路知道，作为一个摄影师，除了能拍出好照片，还要帮客户做好服务，真正的专业素养，不仅体现在技术和艺术表达上，更体现在让客户信任、安心的服务上。这让小路建立起自信，认为自己不再只是一个按快门的“拍照师傅”，而是一个值得被尊重的摄影师。他不再仅追求拍出好照片，而是努力成为一个既专业又值得信赖的摄影师。

找准适合自己的发展城市和客户群体

学了一年时间，这位老师对小路说：“电商行业现在发展得比较好，你还是回杭州做电商摄影。”这个建议对他影响最大，为他指明了人生奋斗的方向。就这样，30 多岁的他结束了沪漂，回到杭州，第三次从头开始。

作为自由摄影师，在起始阶段最难的事情就是找客户。他和大多数找工作的人一样，在网上找兼职工作。他虽然不善言辞，但为了主动争取工作机会，常硬着头皮给一个个服装公司和摄影公司打电话，问对方需不需要兼职摄影师。

谈起那段时光，小路觉得虽然战胜“社恐”的心理很难，但更难的是驱除心理上的迷茫。未来是未知的，他不知道自己能不能被客户认可，更不知道未来的发展情况如何。到杭州的第一个月他只接到三四个单子，但只要有客户找他拍照，不管价格多低，他都认真对待。

他没钱买专业单反相机，就找同行的朋友借，从前期构思到拍摄、后期修图，每一项工作他都要求自己做到最好，往往因此花费很多时间和精力，加上租相机的费用，甚至可能赔本，但只要有单子，他就觉得充满希望。

在做了大半年的自由摄影师后，因为拍得不错，加上脾气好、沟通有耐心，小路接到的单子越来越大，客户品质也越来越高。有一次，他遇到了一位漂亮、人气很高的模特，对方对他的作品很满意，便把他推荐给了其他电商客户。此后，他命运的齿轮开始快速转动，更多的人给小路推荐客户，这些人除了模特和模特经纪人、化妆师、搭配师等合作过的伙伴，还有素不相识的人，甚至还有送快递的小哥。

终于，他熬到了不需要自己寻找客户的阶段，也有能力请专业的修图师做后期修图，交片效率更高，质量也越来越好，商单价格逐渐上涨到一天上万元。自此，打一天工只为了能“吃到一顿饭”的小路，成长为日入万元的自由摄影师。

摄影师之路，只会拍照远远不够

“不少摄影行业之外的人很羡慕摄影师的工作，认为你们工作时间自由，工作内容很有意思，每天按快门、拍照片，收入可观，事实上真是这样吗？”我问小路。

针对这个问题，小路觉得，能拍出自己喜欢的作品，得到客户和工作伙伴的认可，是一件让人开心的事情，但这都是经历千锤百炼后才会有的收获。从摄影助理成长为摄影师，需要耐心，需要实践，需要坚持，也需要机遇。

“收费高的摄影师到底技术厉害在哪里呢？毕竟我们有时候通过照片根本看不出来。”我很疑惑。小路说：“一个好的摄影师，除了具备较高的审美能力、独特的拍摄风格，还要有统筹整个拍摄项目的能力，一个人就是一支队伍。每次商拍都如同一个项目，前期要做很多功课。比如，如果客户属于服装行业，要结合当下时尚潮流和客户需求，整合拥有的资源，做出最佳的拍摄方案；要找拍摄场景，沟通并确定模特、化妆师、搭配师，这就要求协调资源和时间的能力；在拍摄当天，要和合作伙伴配合好，保证拍摄工作顺利完成；运用自己的拍摄技术把客户的衣服拍得好看、高级，以促进衣服的销售。总而言之，除了做事靠谱、善于沟通、言而有信，后期服务也要跟上。

“怎么让自己收入更高呢？即使工作经验丰富，业务熟练，也需要不停地学习，每天都要看好的作品，提升审美能力。比如看经典的摄影教材，看跨领域的书籍和电影作品，参观各种艺术展览等。”

说到学习，小路有一个窍门，他不喜欢研究器材，而是喜欢研究摄影师的作品。比如看到一个自己喜欢的摄影作品，他会去解构和模仿。“像绘画一样，刚开始主要是大量地模仿自己喜欢的摄影作品，再慢慢地拍出具有自己风格的作品。”

当然，最重要的是实践。拍摄是一个体力活儿，为了找最佳的拍摄角度，他经常爬高上低。无论多累，他都会认真对待每一次拍摄机会，他明白，只有不断提升作品质量，才会接触到更优质的客户，争取更多的合作机会。

普通人入行的机会在哪里

小路能成为日入过万元的摄影师，无疑是处于电商极速发展的风口。“现在 AI 技术发达，可以画图、拍照，普通人进入摄影行业，发展机会还多吗？”我忍不住问他。

小路不懂什么是“风口”，对 AI 也不是特别了解，他告诉我：“电商行业竞争十分激烈，现在虽然拿起手机和照相机就可以拍照，踏入摄影行业的门槛似乎也降低了，但从平时的工作经验来看，水平较高的摄影师依然很抢手，工作非常忙碌。

“无论是相机还是 AI 软件，都只是辅助人拍摄的工具，无法取代人的情感，摄影其实是一门手艺。摄影师不必太在意外界的声音，低头做好自己的工作就可以。‘鲜花盛开，蝴蝶自来。’至于要不要把摄影师当作事业来发展，需要问问自己，在收入不高、前景未知的情况下，能不能靠着热爱坚持下去。

“确定要进入摄影行业时，不用急着换工作，可以先搜集自己感兴趣的摄影作品，观察总结打动自己的细节，多练习拍摄，提升摄影技术；不用着急买摄影器材，前几个月可以用手机拍，如果几个月后还愿意坚持，可以找一份摄影助理的工作，踏踏实实地学。工作闲暇时，可以利用工作室的设备练习拍摄，然后把自己比较满意的作品整理成作品集，放到自己经营的自媒体账号上，增加自己被客户发现的机会。但要有吃苦的心理准备，因为摄影助理的工资大都很低，需要自己贴补生活费用以及买相机的费用。”

“AI 时代，摄影师的客户会减少吗？你会有失业的危机感吗？”我有些担忧。小路说，他并不担心这些问题，他只想认真完成眼前的每一场拍摄，并不断地学习。

放牛娃的教育策略，很酷

关于摄影师这份职业，小路写了很多，其中最后一句话是：“我热爱摄影，因为它让一个放牛娃完成了生命的蜕变。”小路有一个女儿，他作为一个“没读过多少书”的爸爸，有什么育儿策略呢？我好奇地问他：“如果女儿学习不好，和你一样读不了高中、大学，你能接受吗？”

他很肯定地说：“肯定不能啊！不过我希望以后大学的专业更丰富，这些专业不一定都是学术方向的，也可以是技能方向的。比如，国外现在有不少著名的摄影学院和摄影系，任教老师都是非常优秀的摄影师，拍摄的照片类型非常丰富，但目前在国内，优秀的摄影师很少去高校任教，大多数是商业摄影师，他们很少写书、制作课程。

“但无论做什么，都需要有文化基础，这对以后从事任何工作都很有帮助。关于女儿的学习，我和爱人的观点是：与分数相比，兴趣更重要。能发现自己的兴趣，在学校打好文化基础，走向社会后，把兴趣变成一份终身热爱的职业，也很好！”

所有的职业讲给孩子听

摄影师是做什么的

①扫描二维码，让孩子听职业故事
②通过《我的未来有一万个可能》阅读完整版

07 咖啡馆老板

保护好孩子的灵气

大 J 对话行业人

苗苗 | 从医学专业转行的咖啡馆老板

- 长沙黑石咖啡馆老板；
- 8 年间，她的咖啡馆从繁华街区开到乡下；
- 大众眼里高开低走、入不敷出的创业路。

每杯咖啡都是一种创作，咖啡对我来说是一种表达，我永远不会感到厌倦。

——咖啡馆老板苗苗

一家有格调、没钱赚的咖啡馆如何生存

在采访苗苗之前，我在网络上翻看这家隐藏在村中的咖啡馆的介绍，分享者大多是从城里老店一路追随到乡下的熟客。照片里的咖啡馆，掩映在乡间的植物和村屋之间，不看店名，真无法分辨那里有一家独特的咖啡馆。

咖啡馆内部是一个宽敞的仓库式大通间，里面有古朴的红砖、粗犷极简的水泥墙、随处陈列的皮具（都由苗苗的先生阿勺手工制作）、工业风吧台、中古风桌椅，明暗适宜的自然光线，衬得环境十分静谧。透过大片玻璃窗往外看，有葡萄藤、橄榄树、咖啡苗，还有一大片我说不出名字的绿植，深深浅浅的绿高低掩映。只是看图片就让我觉得，在这里消磨时间绝对是一种享受！

面对这么一家有格调的咖啡馆，不由得让人联想，它的主人应该非常有

趣吧！电话那头的苗苗声音甜美，语速很快，但在生活中应该是个十足的慢性子。咖啡馆的营业时间很随性，有时候上午八九点，有时候下午才开门。能这么任性，靠的是“豆香不怕巷子深”的底气。苗苗说：“来咖啡馆的乡下顾客很少，大多是平时经常联系的顾客，都是这些年开咖啡馆积攒下来的老熟客。”

苗苗家就在咖啡馆附近，顾客快到时，会和苗苗短信沟通，苗苗一两分钟就能到店里。她每天的工作，主要是烘焙咖啡豆、调试磨豆机，根据当日的天气状况，如温度、湿度等，调整咖啡的品种，以及对咖啡豆的研磨量、萃取时间、萃取出来的咖啡液体的重量等进行调整。

在一个经验丰富的咖啡师手里，咖啡仿佛被施了魔法，展现出不同的风味、层次。等这些基本工作搞定后，苗苗就打扫一下卫生，帮先生阿勺打包皮具订单（咖啡馆同时也是阿勺的皮具工作室），等待顾客上门。在如今各种创意咖啡“内卷”的潮流中，这家咖啡馆的品类竟简单得有些任性。咖啡馆主要售卖手冲咖啡，与各大品牌争相推出各种花式品类的现状格格不入。

听起来太完美的事儿，肯定没那么美好

“工作如此自由，如此快乐！这不就是打工人的终极理想、打工人的诗与远方吗？”我羡慕地说。

苗苗的一句话把我拉回了现实，她轻描淡写地说：“其实，咖啡馆现在已经入不敷出了，之所以能开到现在，大多数时候是靠先生的皮具订单支撑着。”

“看来开咖啡馆这种浪漫的职业，只适合作为梦想，并不能随意作为终

身事业啊！从毕业开店到现在，你坚持了 8 年，即使入不敷出，也坚持开下去，家底得有多厚，才能够这样任性？”我笑着问她。

“没有什么家底。”苗苗笑了笑，“我们就是普通家庭。刚开始开咖啡馆时，我们跟父母借了 10 万元，开在朋友的店里，不然也开不起来。”

曾经的黑石咖啡馆开在繁华街区。那时候，精品咖啡馆还不像现在这般普遍。两人在咖啡馆打工时就已经在当地咖啡圈里积累了不小的名气，所以自己开咖啡馆很顺利，规模也越来越大。

“假如你现在大学毕业，还会选择开咖啡馆吗？”我忍不住问。苗苗说：“我会考虑一下，现在咖啡馆的市场竞争太激烈了。”

2017 年到 2019 年，是生意最好的时候。咖啡馆刚开业时，苗苗和先生负债 50 多万元，但他们仅用一年时间就收回了成本，偿还了债务。虽然新冠疫情对咖啡馆影响也很大，但因为以前靠着口碑积累了不少客户，咖啡馆至少能维持下去。把咖啡馆搬到乡下那一年，生意最差。咖啡馆的主要收入来源有：顾客到店消费；线上购买；皮具订单。搬到乡下后，到店的顾客比开在城市时少了一大半。

苗苗说：“我们都比较‘佛系’，没有具体算过账。从刚开始开咖啡馆到现在，生意好的时候，两个人的收入加起来一个月有几万元，生意差的时候（也就是现在），两个人的收入加起来不到 2 万元，因为有了宝宝，生活开支比较大，所以一直处于入不敷出的状态，基本上是在吃老本啦！”

“都说做生意，特别是开店铺时，‘选址定生死’，放弃城里的黄金位置，把咖啡馆搬到乡下，是为什么呢？”我不太理解。苗苗笑了笑，说：“当时城里的店铺房租到期时，我正好生了宝宝，而且那时身体一直不太好，就决定把咖啡馆搬到乡下老家，给自己规划几年的休息时间，同时也有更多的时间陪伴孩子。”

苗苗没有那么担忧：“其实销量不好的背后，也有我们刻意放缓节奏的原因。我觉得这些问题都可以解决，算是给自己的‘gap year’（间隔年，概念来自国外，指年轻人在升学或毕业之后、工作之前，做一次长期旅行，体验与自己生活环境不同的生活方式），等我们调整好了，再出发就会比较轻松。”

把咖啡馆经营成自己的生活方式

“那结束 gap year 之后，会把咖啡馆搬回城里吗？”我问。“不，我会把它搬到距离城市更远的地方去。”苗苗的回答着实让我惊讶。家底不殷实，还要养育孩子，到底哪里来的勇气这样做呢？苗苗解释道：“开咖啡馆，是我给自己的生活找的出路。”

更让我惊讶的是，苗苗曾经是一名医学生。“多少年的苦读才换来医生这份在大部分人看来比较体面的工作，说放弃就放弃，你的父母能理解吗？”我很疑惑。

“我的父母当然不支持，但也拗不过我。我一旦做决定，就不会轻易改变。”苗苗说。她也不是没有迷茫过，在医院实习那一年，她发现自己并不是真的喜欢医生这一职业，她的身体也受不了高强度的工作节奏。她便找自己的老师聊天，诉说心中的迷茫。老师对她说，医生的工作强度很大，如果身体条件不允许，想要转行就尽早，不要拖到几年之后再做出决定，她认真地听取了老师的建议。

机缘巧合，她从医院辞职后，去了一家咖啡馆，喝到了店长阿勺（当时彼此并不相识）递过来的一杯咖啡。苗苗说："那是我第一次觉得咖啡原来还可以这么好喝，入口有花果香，富有层次感，虽然很苦，但还是有甜度的。"

于是，原本就热爱咖啡的她，便投入咖啡行业，选择在这家店里边打工边学习。虽每月拿着 1 000 元的工资，却自得其乐。只是老板没想到，这个学徒在干了一年半时间后，把他最得力的店长带走了。那段时间的考察和学习，再加上先生在技术上的支持，是苗苗刚开始开咖啡馆的底气。

"做喜欢的事儿，就能一直快乐吗？开咖啡馆需要日复一日地面对很多琐碎的事情，会不会感到厌倦呢？"我问。

苗苗这样回答："不会啊，每天的工作并不是机械地重复，磨制咖啡对我来说就是一种表达，是富有创造性的事情，怎么会厌倦呢？我对每天的工作都充满期待。每种咖啡豆的研磨方法都不一样，比如我怎么去烘这支豆子，想要它呈现什么样的风味。我会结合客人的要求，用不同的手法、不同的水温、不同的粉水比、不同的器具去冲调咖啡。同样的，我们对皮具的设计，也是一种创作。我脑袋里有太多的想法要去实践，只怕时间不够用。工作真是太有趣了！"

听着苗苗兴致勃勃地聊着自己的工作，我的脑海中呈现出他们工作的场景：在吧台前，苗苗温柔而专注地研磨咖啡豆；在一旁的皮具工作区，苗苗的先生正埋头做着精细的手工活。一人一张桌子，一边是渗过滤纸滴落的咖啡，一边是穿梭在皮具上的一针一线，他们沉浸在充满享受的忙碌中。原来让人乐此不疲的兴趣，才是他们勇于坚持的底气。

敢于在竞争激烈的营业环境和较大的生活压力下，沉淀下来做自己想做的事情，的确让人佩服。但我还是心存疑问：“你们真的不在意赚钱多少吗？不赚钱拿什么养活情怀？怎么养育孩子？真的不怕咖啡馆在某一天倒闭吗？”

苗苗却说：“我们开咖啡馆从来不是为了情怀，而是为了生活，开咖啡馆就是我们的生活方式。”

和大多数善于与顾客交流的咖啡师不同，苗苗夫妻俩都是内向的人，当顾客来咖啡馆时，他们除了问顾客对咖啡的喜好，不会再进行过多的交谈。要是遇到拖着行李箱来咖啡馆博取流量的“网红”，他们的不开心会直接挂在脸上。为此，店里还专门立了一块告示牌：谢绝一切摆拍。一点儿也不担心因此把其他客人劝退。就这样，他们不刻意讨好谁，只做自己，即便被说高冷，也不在乎。

“黑石咖啡”的名字，来自漫画《NANA》里的 Black Stones（黑砾队）。“我一直希望能做自己，不随波逐流，所以就以漫画里面朋克乐队的名字作为店名。”苗苗说。既然开咖啡馆，那肯定是为了赚钱，但赚钱这件要紧事，在苗苗这儿倒好像是件顺带做的事儿。

她说，咖啡馆也曾遇到契合的顾客，建立了奇妙的缘分。有一个北京的朋友，路过他们的咖啡馆，看到门口他们自己设计的标志，惊喜地说：“哦！我知道你们为什么叫黑石！”也有从其他城市过来旅行、来她的咖啡馆喝咖啡的顾客，每当家中咖啡库存告急，就会想到她，在微信里和她沟通，购买咖啡。还有一些老顾客，总会在某个天气好的下午，跨越城区，只为喝上一杯现做的手冲咖啡。

这大概就是开咖啡馆最奇妙的事情吧。这些认同感就像小小的微光，聚在一起，虽然没办法把一家小咖啡馆捧红捧火，却能让它持续发光发热。也许这才是他们不怕失业的底气。

对苗苗来说，这家咖啡馆开在哪里已经不重要了。下一步，她会慢慢转移到线上，或者把咖啡馆搬到距离城市更远的乡下。她说："我理想中的生活，就是生活跟工作和谐统一。工作就是我的生活，我不可能把它们分割开来。所以，我觉得如果以后能够搬到距离城市更远的乡下，能一直在工作中享受生活，就挺好。"

不走寻常路的养育之道

我忍不住问："现在之所以岁月静好，可能是因为孩子还小，等孩子上了小学，你难道不会焦虑吗？"对此，苗苗却说："我对孩子的未来没有任何期待，如果她学业压力太大，我可能会考虑让她退学。"

苗苗作为一个过来人，放弃了对学历的执念，反而过得更开心了。因此，她不会觉得考上大学就无后顾之忧，或者学历比别人低，生活就会比别人差。她说："我比较反骨，世俗的价值观和评判标准，束缚不了我。"

那什么才是最重要的呢？苗苗认为，最重要的是心灵上那种舒缓的状态。目前她自己就处于这样的状态，咖啡馆生意不景气，她也不着急。她认为人生就是这么起起伏伏，有困难想办法去解决就好。她相信手艺人不怕没饭吃。

她也并不担心孩子的未来。她希望自己能保护好孩子的灵气，不要让它被社会上一些没有意义的事物消磨掉，她对此十分有信心。她认为，只要孩子乐观、健康，就能积极努力地过好生活。遇到困难只要勇于面对，办法总会比困难多。

真想当老板，不妨先去打份工

咖啡行业很火热是真的，苗苗的故事也是真的，但一些段子中说的“三大创业杀手：花店、书店、咖啡店”，未必不是真的。苗苗算是最早一批开咖啡馆的人，干了这么多年，算是见证了咖啡行业的兴衰。我问她：“现在如果有人想开一家咖啡馆，你会给出什么建议呢？”

苗苗几乎想都没想就回答我：“现在个人咖啡馆很难生存，基本上是‘九死一生’。没有家底的，真的不要轻易开咖啡馆。首先，地段选择非常重要，但要开在一个好位置，租金会高得让人睡不好觉。其次，现在的咖啡行业竞争太激烈了，没有任何客户积累的个人小馆，很难拼得过一些大型的品牌连锁店。”

“假如，有人说自己就是热爱咖啡，就是想开咖啡馆呢？”我问。

苗苗的忠告是：“别相信什么‘10天速成班’，真想当老板，先去咖啡馆打份工吧。”一拍脑袋就开咖啡馆，是很难存活下去的。开咖啡馆会遇到各种各样的问题，咖啡原料、设备维修、产品损耗、出品的质量问题，以及如何获取客流量……这些都是需要提前积累经验。这不是说在咖啡馆干一个月就可以了，而是需要长期考察，才能知道开一家咖啡馆需要做的所有前期准备。

苗苗说：“我们当时也是在圈内积累了一些人脉和经验，才敢自己去开咖啡馆的。”

在我看来，苗苗家的黑石咖啡能在大浪淘沙中走出最适合自己的路，倒不像是苗苗创业成功，更像是她自我的回归、舒展。

正像她说的："我在这里，你们来认识我就好了。"

所有的职业讲给孩子听

咖啡馆老板是做什么的

①扫描二维码，让孩子听职业故事
②通过《我的未来有一万个可能》阅读完整版

08 空中乘务员

工作之余，有时间去停下来思考人生

大 J 对话行业人

毛豆妈｜飞了 11 年的“老空乘”

- 当过跆拳道教练、机器人编程老师，学过会计、翻译；
- 有一身技能，走过不少沟沟坎坎；
- 原以为这辈子会一直飞到退休，2022 年却被公司强制解聘！

在每一次旅行途中观察和了解他人，对我来说是一份宝贵的收获。

——空中乘务员毛豆妈

我们为什么带孩子出门旅游？当然是为了一边玩一边开阔眼界！但到风景区去看人山人海，就叫开阔眼界吗？其实，从带着行李出门的那一瞬间，孩子就在开阔眼界：孩子会看到出租车司机，看到高铁和飞机，看到一路上的风景和一路上的人。

计划采访空中乘务员后，我想到的是，当我们带着孩子坐上飞机的时候，孩子会不会好奇，飞机上微笑着来回穿梭的空中乘务员（以下简称“空乘”）身后，有着怎样的故事。

在航空公司工作的普通员工生活状况如何呢？为此，我联系上了此前一直飞国际航线的毛豆妈，她是一名飞了 11 年的经验丰富的“老空乘”。“我以为自己会一直飞到退休，但去年公司把我们都解聘了。”毛豆妈说这些话的时候，语气非常平静。

毛豆妈做过跆拳道教练、机器人编程老师，学过会计、翻译，虽有一身技能，却也走过不少沟沟坎坎。毛豆妈说："我正在参加研究生考试，为以后的人生发展做准备。如果考上研究生，我可以体验不一样的生活。如果落榜了，有机会我还是想继续飞。"

和毛豆妈刚聊几句，我就知道她的经历很励志，应该把她的故事讲给孩子听，让孩子明白在每一次旅途中，观察和了解他人，也是宝贵的收获。

空中乘务员为什么需要研究生学历

空乘这一职业真的那么吸引人吗？能一直干到退休吗？很多年轻女孩向往这一职业，觉得它体面、高薪，还可以到世界各地旅游。在国内，空乘几乎是"高颜值"的代称。我甚至在网上看到过某教授的公开发言：中国空乘为什么要求研究生学历？培养人才到天上端茶送水？有必要吗？视频评论区有很多人附和这一发言，认为说得太对了。

可见，在大众心目中，空乘漂亮，干的是端茶送水的工作，不过是服务人员，研究生学历则只是给漂亮的面容"贴层金"。但是，毛豆妈用两句话就击破了固有观念。

"我并没有多漂亮，身高 1.65 米，身材有点壮，但像我这样的空乘并不少见。每个航空公司都非常重视对空乘人员的培训，为此常花费大量时间和金钱。"培训内容主要是安全和急救知识，其次是为乘客提供餐饮、送毛毯等服务培训。

很多航空公司，特别是国内的航空公司，在招聘空乘时会对外表有要求。国内刚有飞机的时候，机票相当昂贵，大家对空乘的颜值期待比较高，结果就为这一职业加了“滤镜”。

毛豆妈曾就职的航空公司对学历和专业背景并没有太大的限制，对有医学、外语、心理学、教育学教育背景或相关工作背景的应聘人员会优先录用。一个航班里聚集了世界各地的乘客，必须具备一定的应急、应变及外语沟通能力。

至于外表，除了要求五官端正和无文身，对身高也有硬性要求，这是为了保证在飞机上做好安全工作。比如，保证每一个行李舱都被扣好，或者遇到紧急情况时有能力开展应急措施等。

安全，才是民航的生命线！飞机在万米高空，一旦出事，就是大事。万一飞机需要紧急迫降，保护乘客的平安，不仅要靠机长的经验判断，还要靠一支训练有素的空乘队伍的配合，比如，如何迅速撤离、逃生。遇到紧急情况，空乘要有稳定的情绪和强大的心理素质，能保持冷静，让乘客积极配合，进行撤离。国际航线飞行时间长，要扛得住长年累月的长时间空中飞行和频繁倒时差，如果身体素质不好，就很难坚持下来。

毛豆妈当过跆拳道教练，熟悉英文和韩语，才有机会拿到这张飞往蓝天的通行证。应聘空乘时，面试通过之后，就能顺利上机飞行了吗？不，三四轮筛选面试、复试及体检只是第一关。

每一名空乘上机前都要经历上百、上千小时的专业培训，没通过培训的人，会被淘汰。

培训内容有哪些呢？有理论课，比如机型知识和运行规则；有急救课，比如怎么做心肺复苏、如何使用除颤仪（AED），以及包扎伤口、测血压等，还有机上分娩等一些突发情况的处理；牢记应急设备，如氧气瓶、灭火瓶、防护式呼吸装置的使用方法，应急定位发射器和信号弹的检查方法、使用方法和注意事项。掌握安全设备的使用方法尤为重要，学起来也很困难。另外，还有如何正确开关机门，如何应对陆地迫降、水上迫降，会游泳（可以带人），失压、失火、机组失能情况下如何指挥乘客应急撤离；背熟各种应急口令；客舱服务，即一个空乘日常要做的事情——起飞前的设备检查、迎宾服务，起飞以后的服务，落地以后的服务等。

在经历面试和专业训练、上机实习之后，毛豆妈才正式走进机舱，成为一名空乘。在刚开始工作时，她在飞行中经历过一次意外。

那年，她 24 岁。当飞机即将降落在印尼某一城市时，遇到了极其恶劣的天气，机长通知大家做好迫降准备，但反复试了几次都没降落成功，飞机一次次下降，有时突然下降后又猛地升起来，比坐过山车还颠簸。

客舱中的乘客、空乘都在尖叫、号哭，有人甚至写好了遗书。毛豆妈身边的乘务长也对她说："如果这次安全落地，一定辞职，回老家陪一陪妈妈。"身为空乘，在飞机遭遇飞行问题时，首要任务就是稳住每一名乘客，安抚乘客的情绪，让乘客不离开座位，正确地使用救生用品，虽然空乘自身也在经受生死考验。

还好，最后飞机平稳着陆，有惊无险。飞机停稳之后，全体乘客站起来鼓掌欢呼，乘务人员泪流满面地抱在一起。机长走出驾驶舱，亲自送每一名乘客下飞机。

"提起这件事，我到现在依然印象深刻。虽然心有余悸，但也真切地感受到自己在飞机上的价值和重要性。"毛豆妈说。

空中乘务员的一天

对飞国际航班的毛豆妈来说，上大早班、晚上不知道在哪个国家过夜，都是常有的事。一般飞机起飞前 4 个小时，就要开始做准备工作：如果是早班飞机，半夜就开始化妆，打车到机场，开会；背口令和安全须知，并一遍遍地复习，不允许出丝毫差错。

飞行前，空乘要提前了解当天飞行的飞机机型，不同的飞机，安全门的位置及操作方式并不一样，急救箱、AED、紧急用品的位置也不一样，要熟记自己所在服务区域的安全设备及使用方法。空乘还要提前了解飞机上的乘客情况，如有没有需要婴儿挂篮的婴幼儿，有没有需要帮助的残障人士，是否需要提前准备轮椅，有没有特殊用餐人员。空乘对这些都要做到心里有数，做好基础工作，否则一旦遇到意外情况或者纠纷，就会影响服务质量和航空公司的声誉。

飞机起飞后，空乘正式开始空中工作。比如，飞机从仁川飞往纽约，需要飞行十几个小时。在这十几个小时中，空乘要给几百名乘客倒无数次水，送 3 次餐，服务过程中要始终保持微笑，尽量满足乘客的需求，时刻关注机长、乘务长发布的信息，随时准备应对突发事件。在距离地面一万多米的空中，空乘要在飞机狭窄的走廊里来来回回走十几个小时。

一位空乘只有下了飞机，才能稍微放松：第一，安全落地，真好；第二，终于可以下班，不用再时刻紧绷着神经。但这个放松，并不像休假或去旅游观光时的休闲，而是需要补足睡眠，倒时差、养精神，等待下一场长途飞行。

我问毛豆妈："从事空乘这份职业，必须具备什么素养呢？" 她毫不犹豫地回答："自律，一定要自制力强。空乘的生活受工作影响较大，因此要学会自身建立秩序。工作时，生活很难做到规律，没有合适的时间与朋友聚会。别人休假，我还在忙，就连同事、舍友，我有时候一个月也见不到她们。

"休息时，要保持良好的作息习惯，坚持健身、控制饮食，做好身材管理，强身健体。这种自律，不只为了美，更是为了拥有稳定的情绪和较好的身体素质。对一个空乘来说，自律是很重要的职业素养。"

"空乘工作那么辛苦，一个月能拿多少工资呢？真的如很多人认为的那样，你们都天天用最贵的保养品、天天背名牌包吗？"我忍不住说出自己的疑惑。

毛豆妈说："其实我们大多数人在不工作时都素面朝天，常穿运动服、平底鞋，追求舒适朴素。我们的工资并没有传闻中的那么高，但只要坚持工作，一名空乘的工资足够养活自己，生活还是挺滋润的。

"一名空乘的工资主要由几部分组成：基本工资、小时费、其他补贴。飞行时长越长，工资越多，多劳多得。每个月少则一万元，多则两万元，公司会提供各类福利补贴，住宿免费，如果不浪费，是可以存一部分钱的。至于小时费，只有当飞机起飞时，才开始算。"

值得一吃的青春饭

过去几年，很多国际航班因新冠疫情停飞。在工作停摆的那段时间里，毛豆妈并没有转行，而是一边承担起更多的育儿责任，一边考研，等待行业复苏，继续飞行。

我问她："是什么让你对空乘工作这么执着？"她的回答很干脆："当然是好处多嘛！"

这份工作对她来说有哪些好处呢？首先，这份工作能让她平衡工作和家庭。从怀孕起，她就可以休产假，直到孩子1岁；航班会提前一个月排好，没排班的日子，就是她的假期。每个月有7天假期，有孩子的空乘，就有了可以集中陪孩子的时间，也可以在假期中和朋友们聚一聚。

其次，工作之余，她有时间慢下来思考以后的人生规划。毛豆妈在飞机上见过很多人，工作占据了他们太多的时间，他们甚至忘记了工作其实是为了生活。"人生很长，而工作时间占据了人生很大的一部分，如果从事自己不喜欢的工作，生活实在太乏味了。我觉得自己很幸运，找到了自己热爱并擅长的工作。所以，我想一直飞下去。"毛豆妈说。

"你真的可以一直飞下去吗？空乘不是吃'青春饭'的工作吗？"我有些好奇。

她又开始"辟谣"："当然可以一直飞下去。吃不吃'青春饭'，要看自己的选择。大部分航空公司对空乘是没有年龄限制的，只要想飞、能飞，就可以飞到退休的那一天。随着工作资历加深，航空公司会为空乘提供不同的晋升、转岗空间。

"很多人说在飞机上看不到太多年长的空乘，其实是因为随着资历加深，普通空乘会升为乘务长，升级到头等舱工作。所以，空乘工作在本质上和其他行业并没有太大区别。空乘的经验越丰富，阅历越多，代表着工作能力越强，心理素质越好，也会因此变得更'吃香'。"

在毛豆妈看来，这份工作值得年轻女孩体验。首先，空乘的工作发展方向明朗。虽然飞行辛苦，但每年求职的人数却不减，很多年轻人会把这份工作当作跳板，去学习，去看世界，所以空乘的竞争很激烈。许多人说未来是服务业的天下，以空乘为代表的高端服务，很可能会成为服务业中的标杆。而空乘所具备的沟通技能、安全服务的专业技术，是很难被替代的。

其次，随着全球化发展的深入，航空出行的需求会进一步扩大，空乘人员的需求量也很大。最重要的是这份工作比较锻炼个人能力。

自律带来的良好形象，较强的守时观念，强大的心理承受力，在紧急情况下保持情绪稳定和组织人们有序行动的经验，是空乘可以带走的本事。毛豆妈的同事们，有的在飞行之余抽空读书，飞往目的地后考察并申请学校，最后考进常春藤学校，继续进修；有的在工作之余学习国外先进的美容整形技术，离职后在国内开美容店；也有热衷教育的同事，把国外较好的教育理念引进国内，开办学校或留学机构；还有做企业礼仪培训、应急救援志愿者或讲师的……他们离开航空公司以后，在各行各业都做得非常出色。

正是因为做了空乘，毛豆妈结交了很多优秀的人。与同事和乘客的交流，让这个来自东北的乖乖女更加渴望去了解外面的世界，人生目标更加清晰，也更加努力上进。所以，三十多岁的毛豆妈下定决心考研，边飞边学，即使被解聘，仍然有信心继续前进。

毛豆妈说她去过很多地方，见了很多人，之所以选择考心理学研究生，是希望能更好地教育孩子，让他们未来有能力多为社会做一些贡献。采访结束后不久，我收到了毛豆妈考上研究生的好消息。

祝愿心在高空、脚踏实地，浪漫且务实的毛豆妈，越来越好。

所有的职业讲给孩子听

空中乘务员是做什么的

①扫描二维码，让孩子听职业故事
②通过《我的未来有一万个可能》阅读完整版

09 高考志愿规划师

学会接纳孩子的平凡

大 J 对话行业人

朱老师｜一年只接 30 单的高考志愿规划师

- 一年只接待 30 多位家长咨询的高考志愿规划师；
- 如大海捞针一般，从 700 多个专业中选取合适的专业，帮助孩子稳妥地填写高考志愿。

志愿填报的最终选择权在家长和孩子手中，规划师只是帮助他们看到更多可能性。

——高考志愿规划师朱老师

每年高考前后这段时间，是高考志愿规划师生意最好的时候。填报志愿时，向高考志愿规划师做咨询的费用少则几千元，多则几万元，而家长们排队预约。预约晚了，即使交钱也不一定约得上——比如朱老师，一年只接待30多位家长的咨询。也许很多人认为这个职业不错，收费高、客户多，一年只有高考前后这段时间忙碌，真是“一年不开张，开张吃一年”。

果真如此吗？

志愿填报，不只是为了“上岸”

“志愿填报是每个高考考生的头等大事，高考志愿规划师这份工作很容易赚钱吧？”我在刚开始采访时就说出心中的疑问。

“其实没有你想的那么简单。”电话那头的朱老师声音温柔冷静，不疾不徐，给人一种拨云见日般通透的感觉。

“我们当时高考后填报志愿，可能只有 6 ～ 12 个选择方向，现在新高考改革后，不同省份的志愿填报数量达到了 40 个、96 个甚至 112 个。以上还只是普通批志愿，另外还有提前批、强基计划、特殊类型等，这些都要提早做准备。”朱老师说。听到这里，我已经头大了。平时让我从众多食物、衣服中挑选自己想吃的、想穿的都很难，何况填报高考志愿，这关乎孩子的前途，对家长来说真是天大的难题！

我们都是从学生时代过来的，都经历过当年填报高考志愿、面对众多专业时的迷茫。经济学和金融学有什么区别，信息工程和电子信息工程有什么不同？到底选哪个专业才能离我们的目标更近一些？对于很多不清楚自己人生目标的学生来说，要从 700 多个专业里找到适合自己的专业，简直是大海捞针，无从下手。

朱老师告诉我，如何选择专业是现在大部分学生都会面临的一道坎儿。如果听家长的，孩子大多会选择时下所谓热门、毕业后工作体面、能获得高薪的专业，但当进入大学后，孩子往往会发现所学的专业并不是那么理想，甚至根本不适合自己。

向老师求助也没有太大帮助，学校老师更多的是钻研本职教学工作，对不断变化的高考志愿填报规则以及当下行业的发展并没有太多研究，因此常无法给出具体的建议。

当然，只要家长肯花心思认真研究，完全可以帮助孩子完成志愿填报，但研究的过程大都是“摸着石头过河”，谁都希望有个“明白人”能把填报志愿的关键点讲清楚。

而高考志愿规划师就是这样的“明白人”：他们对高考志愿填报规则、院校层次、专业方向、高考政策、录取规则、就业发展情况等所有内容都有深入的研究，能够从海量信息中筛选出对学生有用的信息，给出比较可靠的录取目标分析，帮助学生稳妥地填报志愿。

一般来说，高考志愿的咨询时间跨度通常为每年的 1 月到 7 月，在不同的时间阶段，高考志愿规划师有不同的工作安排。具体工作流程是：

- 了解基础信息。通过家长填写的资料了解学生的基本情况及诉求，约时间面谈。
- 第一次面谈，进一步了解孩子的情况。比如，孩子的兴趣、性格、能力、职业倾向、自身条件，以及家庭规划，综合这些情况，为孩子匹配合适的专业方向。
- 准备资料，等待模拟考试成绩。第一次面谈结束，让家长准备面谈中提到的相关资料，用于对学生进行综合评估，确定目标院校，接下来就是等模拟考试成绩。同时，关注孩子的学习状态，疏导学生的学习压力。
- 模拟考试成绩出来后，圈定目标院校范围。一模、二模后分别进行第二次、第三次面谈，根据学生的模拟考试成绩和在全市的排名，以及往年的高考录取情况，初步确定目标院校的范围。
- 完成综评院校申请和对所报志愿进行排序。4 月份，核对院校的申请手续和填报流程，协助学生提交综评院校的申请材料；5 月中下旬关注初审结果。
- 高考结束志愿填报。为家长和孩子解释高考志愿填报规则，根据孩子的高考成绩排名，以及前期确定的院校和专业给出最终填报方案。直到孩子被成功录取，工作才告一段落。

“怎样才算是填对志愿呢？是一分都不浪费吗？”我说出心中的困惑。

“其实我们不只是看分数，更重要的是看位次（也就是考生成绩在省内的排名），”朱老师说，“比如，一本的录取分数线每年不一样，但录取的位次是相对稳定的。我们做不到百分之百保证学生被某所院校的某个专业录取，而是尽量在规避风险的同时争取让学生被理想的院校和专业录取。”

相比于怎么把分数的价值最大化，朱老师提到更多的是“规划”两个字，她说：“我不希望仅仅是帮他们填好一份志愿。”正规的高考志愿规划师，不只是向家长和孩子提供一份高考志愿填报方案，而是在填报志愿之前，结合学生的性格、能力、职业倾向、家庭规划、行业发展趋势，从职业规划的角度给学生量身定制人生发展路线。“也就是说，不仅仅是为了让学生高考‘上岸’，连以后考研、留学、就业的方向都会考虑进去。”朱老师说。

“‘职业规划’这个词包含的内容很多，很多父母和孩子并不明白，你们通过几次面谈就能给他们说清楚吗？”我问。

“在咨询的过程中，我们往往会与家长、学生开展几次面谈，目的就是引导他们明白自己到底想要什么。在面谈中经常会发生各种各样的冲突。比如前期的 2 ～ 3 次面谈，孩子专心备考，并不参与，这个阶段的冲突集中爆发于父母之间，有为到底去哪个城市上大学意见不统一的，也有为将来的职业发展方向，如当老师还是做医生发生争执的。

“这时候，我就做一件事——明确家长的需求，帮助他们‘落地’。比如，在了解家长的出发点之后，我就会有针对性地把这些目标院校所在城市的经济发展情况，所选专业的就业前景，院校的保研率、考研率，每个专业的学习内容，在院校的生活状态，是否匹配孩子未来的职业生涯发展方向等，清晰直白地给家长讲清楚。

“前期的对话并不是为了确定到底报什么院校，而是讨论并确定院校和专业范围，具体还是要等高考结束后，结合孩子的想法，确定院校和专业。后期，孩子参与面谈，这时候我常会发现他们对自己未来想要学什么专业、从事什么工作的认识是模糊的，在选择上更多的是出于单纯的喜欢或者不喜欢，这个阶段要解决的就是让孩子了解不同专业、职业的真实情况，明确自己的人生规划。

“比如说孩子想学法学专业，毕业后想当律师，我会告诉他法学专业学习的课程及内容是什么，读了法学并不等于就能成为律师（还必须通过司法考试）、考试的难度、法学当前的就业情况，以及当律师的真实工作状态。如果孩子只能去一个非常普通的院校学习法学，这对其未来的职业发展帮助并不大，我也会为他分析这些情况。

“做这些并不是要劝退孩子，而是讲清楚这个专业及就业方向有哪些方面是和孩子想象的不一样的，让孩子知道选择后要面对什么，避免因为理想和现实差距太大而后悔。但不管怎么做规划，我们只是提供建议，而不是代替孩子和家长去做决定，最终的选择权还是在他们手里。”朱老师说。

听到这里，我不由得问：“如果将来你的孩子想要为自己梦想的专业拼搏，而这个梦想的专业在你看来非常不切实际，你会怎么做呢？”

朱老师说：“我是比较理性的人，我更清楚父母是不能代替孩子去走他们的人生路的。如果我女儿想要为了梦想拼搏，那么我希望她不是盲目地去拼，而是有计划、有目标地去拼。比如时间期限，比如她自己能否接受沉没成本，能否接受失败，这些都是他们需要考量的。作为父母，最重要的是给他们提出建议，完善他们的计划。”

我点了点头，这一行之所以这么火爆，正是因为家长或孩子缺少职业规划意识。

其实，职业规划看似高远，却往往体现在日常生活的一些细节中。比如，关注孩子热爱的事物，就能挖掘出他们的一技之长，探索将来可能发展的方向；关注身边亲朋好友的学业和工作，就能获得可靠的专业、就业信息。家长在生活中要有这些意识，这样才能帮助孩子，让他们在未来的人生之路上走得更笃定。

规划别人的人生，自己需要哪些硬实力

我忍不住问她：“每年所有的工作都集中在 1 ～ 7 月份，那下半年是不是可以休息了？这工作太惬意了！我也想去考高考志愿规划师的资格证了。”

朱老师接下来的话立即给我浇了盆冷水：“首先，国家有关部门从未有‘高考志愿规划师’这一职业资格考试，这行暂时不需要证书。其次，做高考升学规划需要大量的学习和长期的经验积累，不存在快速入门、轻松入行的说法。这一行对专业性要求很高，从业者要具备对海量信息的学习能力、对政策的把握能力、应对冲突的沟通能力。两三个月速成的高考志愿规划师，自己还没摸清门道，怎么给别人提建议？”

“那面对鱼龙混杂的咨询市场，家长要怎么避坑呢？”我接着问。

“选择一个在行业内有 5 ～ 6 年发展经历的机构，了解规划师的从业经

验、过往的规划案例，都是辨别规划师是否靠谱的方法。”

“而且，我们在每年的下半年并不只是休息，而要学很多东西。”朱老师苦笑道，“高校招生政策每年都在变，新兴的职业、产业不断出现，行业发展现状和发展前景、国际发展趋势也在不断变化。规划师要与时俱进、不断学习，更新知识库。所以，下半年的工作基本上就是紧锣密鼓地学习。除此之外，我们也会到一些学校做相关讲座。”

学会接纳孩子的平凡

最后，我问朱老师：“干这一行，对孩子的学业规划经验丰富，是不是意味着你对自己孩子的学业就不焦虑了？”

“不焦虑倒不敢说，只不过在择校升学这方面比较有经验，能为孩子提出更合理的建议。我身边的朋友经常会向我求助，我会从专业的角度给出一些方案。干这一行让我收获更多的，反倒是在自己的家庭教育上。

“干这一行经常会遇到学生和家长发生冲突。其实在这些冲突背后，不难看到在家庭中他们之间的相处模式，亲子之间在沟通方面存在的问题。我听到家长说的最多的一句话，就是：‘朱老师，你跟孩子沟通一下吧，我们说的孩子不听，他更愿意跟你说。’孩子信任我们，其实是因为我们更善于观察和理解孩子，更容易发现他们身上的一些闪光点。

“那为什么父母做不到这些呢？因为很多父母都在不断失望的过程中接受孩子的平凡。我见过太多的家长，总是说孩子小时候多么优秀，现在又多么普通……父母对孩子的期望太高，就会一直处于一个失望并且不断接纳孩子平凡的过程，看到的大都是孩子的缺点。

“工作的经历让我在教育自己女儿的时候有了一些新的思考。我不如一开始就接纳孩子的平凡，她的性格、她的情绪……正向也好、负向也好，我都接纳。如此，当下她的任何一个状态都是在慢慢成长。放眼宇宙和历史长河，其实我们每一个人都非常渺小，所以，我对自己的孩子并没有过高的期望，比如要求她当医生、考公务员或者有一个稳定的工作。也许我的孩子20多年后从事的职业目前还未诞生。”

“那么，平凡的底线到底是什么呢？”我请教道。

她说：“我希望她能够有一技之长，能够自己养活自己。这些技能可以是插花，可以是烘焙，也可以是做手工艺品，但她一定要有养活自己的本领。闲暇时能够与三两好友相聚，忙碌时能有自己的方向与目标，这就是我最满意的状态。”

朱老师说，这就是接触到不同的家庭对她的影响。她一直在思考，什么样的家庭教育方式适合她的孩子，她想成为什么样的家长，但这都是不断探寻的过程，而有一点是确定的，就是倾听孩子、尊重孩子。

所有的职业讲给孩子听

高考志愿规划师是做什么的

①扫描二维码，让孩子听职业故事
②通过《我的未来有一万个可能》阅读完整版

赚钱背后的真相

每个孩子都是独一无二的，这种独特性正是他们在职业选择中的优势。个性化的兴趣、特长和情感体验，使他们具备与众不同的潜力。尊重和接纳孩子的个性，能够帮助他们在众多职业中找到真正适合自己的发展方向。无论是开拓创新，还是脚踏实地，每一种选择都因他们的独特个性而闪光。选择某种职业的意义，不只在于社会的认可，更在于孩子能够从中获得满足感和成就感。引导孩子发现自己的特点，接纳自己的全部，才能让他们在人生的职业道路上走得更自信、更从容。

心理咨询师李楠
情绪稳定的父母才能带来情绪稳定的孩子

- 心理咨询师就像一面镜子，帮助来访者看清楚真实的自己：你的需求到底是什么，你内心的冲突是什么。
- 每个人的成长经历都不是一帆风顺的，或多或少都会有一些缺憾，而这些都是非常真实而宝贵的情感体验。
- 看开的前提是充分经历和体验那些让你一直“看不开”的事，而不是简单说一句“看开点，没什么大事”。

摄影师小路
审美能力和独特风格是决定摄影师价值的关键

- 想当摄影师，先问问自己在收入不高、前景未知的情况下，还能不能靠着热爱坚持下去，然后先从大量模仿开始学习。
- 想成为赚钱的摄影师，除了要掌握拍照这门技术，还要能精准把握时代的审美趋势，有独立统筹整个拍摄项目的能力，做事靠谱，善于沟通，言而有信，后期服务也要跟上。
- 我相信读书对任何工作都有帮助，但我不执着于考了多少分数，而是认为兴趣更重要。发现兴趣，打好知识基础，运用策略把兴趣变成一份终身热爱的职业也很好。

咖啡馆老板苗苗
大众标准绑架不了我，学历和社会评价并非最重要的

- 如果有人也想开店，我会告诉他："别相信什么'10天速成班'，想当老板前先去咖啡馆打份工吧！"
- 我的经营策略就是时刻保持自己的个性，这也许没法让自己大富大贵，却能让小店吸引气场相合的人，这才是我不怕倒闭的底气。
- 我对孩子的未来没有过高期待，只希望保护好孩子的灵气，希望她不被社会的价值观和标准绑架。

空中乘务员毛豆妈
空乘，不是一份传说中的“青春饭”

- 空中乘务员不是花瓶，自律带来的良好形象、严谨的作息、强大的心理承受力、稳定的情绪和强大的组织力都是可以带走的本事。

- 空乘也并非吃“青春饭”，只要愿意、身体好，是可以一直干下去的工作。

- 人一定要多走走多看看，去了解外面的世界，才能让人生的目标更加清晰。

高考志愿规划师朱老师
志愿规划不仅仅是为了“上岸”

- 如果孩子想要为了梦想拼搏，那么我希望他不是盲目地去拼，而是有计划、有目标地去拼。

- 自己能否接受沉没成本，能否接受自己的失败，这是孩子需要考量的。而作为父母，我们最重要的是给他们提供建议，完善他们的计划。

- 与其一直关注孩子的缺点，不如一开始就接纳孩子的简单与平凡，他的性格、他的情绪……正向也好、负向也好，我都接纳。如此，当下他的任何一个状态都是在慢慢成长。

终身学习与成长

职业能力和素质无限提升

第三章

会计师 | 职业经理人 | 药物科研经理 | 建筑师 | 猎头

我们养育孩子，供孩子读书，陪孩子写作业，倾尽所有积蓄买学区房，表面上看是为了让孩子读一所好大学，其实是想让孩子毕业后有一份好工作，有一份好薪水。我们的目光常局限于孩子“大学毕业后能进哪个公司”，却忽略了一个人的职业道路其实很长，而“职业成长性”越来越重要。

每一个人生阶段，对于我们和孩子来说，都是一个全新的关卡。如何在进入一个新关卡后，不断调整自己，一直走上升路径呢？他们的故事或许会带给我们一些启发。

- 会计师说，财务工作从表面上看是在跟数字打交道，核心却不在于此。从事财务工作的关键究竟是什么？
- 职业经理人说，如果选择的是管理路线而非专业路线，那就要尽可能多抓住机会拓展自己，成为“一专多能”的人才。这种能力的关键到底是什么呢？
- 药物科研经理说，在这个行业跳槽很正常，但项目合作的时间有限，与人坦诚合作比竞争更重要。这种行业文化的核心究竟是什么呢？
- 建筑师说，做这行最大的收获不是钱，而是创造性、可持续性和成就感这三件事。他的职业坚持背后，隐藏着怎样的追求呢？
- 高端猎头说，每份工作都在为简历加分，每一条价值不菲的印记，才是职业生涯的意义所在。怎么做才能让简历真正闪耀呢？

我们常对孩子说：“你要努力啊，努力才能进步，不努力就会被社会淘汰。”但一个人真正想要往前走，而且能一辈子坚持往前走的动力，多半不是缘于身后追赶的“老虎”，而是缘于在前行中看到了不一样的风景和不一样的自己。

10 会计师

分数是继承不了的，培养孩子可以后天习得的品质

大 J 对话行业人

Faye ｜有 15 年从业经验的会计师

- 本科就读于上海外国语大学学习英语与法律，获南加州大学会计学硕士学位；
- 毕业后进入四大会计师事务所之一，工作了 11 年；
- 后从会计师事务所离职，孵化创业公司；
- 现于某顶级跨国公司担任管理上市公司财报的总监。

榜样的力量胜过千言万语，父母是孩子最好的榜样。

——会计师 Faye

下决心要写会计师这个职业时，我心里很没底，因为我连工资里的五险一金和个税金额都算不清楚。

但采访对象 Faye 的简历激发了我的兴趣：15 年从业经验，南加州大学会计学硕士学位，毕业后进入四大会计师事务所之一工作，工作 11 年后孵化创业公司，而今在《财富》200 强的顶级跨国公司担任管理上市公司财报的总监。

一方面，Faye 的职业道路让人好奇，想了解她的成功经历；另一方面，说起财务、会计，我们总是凭直觉认为它们是好专业，但当孩子问他们是否适合从事这些职业时，我们又无法给出具体的建议。

下面就了解一下 Faye 的故事吧。

跨国公司的财报季，追着太阳奔跑

10 月是财报季，是 Faye 工作最繁忙的时候。作为一家大型跨国企业、《财富》200 强上市公司的财报团队的负责人，每到财报季，她就要负责将全球所有分公司、分支机构的财务数据汇总到一起，由自己的团队形成一份完整的财务报告，发送给美国证监会，同步向全球市场公开。此时，Faye 和她的团队成员成了追逐太阳的人。每天早上 7 点，Faye 打开电脑，与印度分公司的会计部门一起召开网络会议，跟进他们的结算情况。如果分公司的同事遇到一些复杂的交易，不知道如何做账，就会向 Faye 和她的团队成员咨询。

与印度分公司的网络会议结束后，就轮到了中欧的斯洛伐克分公司；与中欧的斯洛伐克分公司的网络会议结束后，就轮到了西欧的阿姆斯特丹分公司；再往后还有美国东部，以及阿根廷、巴西、加拿大……晚上 8 点与日本分公司的网络会议结束后，Faye 感觉自己几乎要虚脱了。财报季的头几天，她每天都绕着地球不断地开会，确保 10 月份第一个星期结束后，所有分公司的数据都能汇总到自己的团队。

所有数据都搜集到一起后，Faye 和团队成员就开始做财务报表。随后是与各分公司的沟通，比如通报各分公司负责人或公关部门，这一季度的财务数据是否满足华尔街的预期。其他部门会撰写新闻稿，总结公司这一个季度的经营状况，发送给华尔街。

对于那些将要对外披露的数据，公司各部门要反复核验。她和团队成员还会为 CFO 准备好一些关键数据，并预想各类华尔街分析员可能会在财报发布会上提出的问题，以作为 CFO 发言的材料。当这一切都完成后，到了美国证监会规定的上市公司财报发布的时间时，Faye 会坐在电脑前，深吸一口气，按下邮箱中的确认发送按钮。“就拿我们上一个财报季度举例吧，”Faye说，“我按下鼠标后，在电脑前坐着的那30分钟，我们公司的股票持续上涨。”

全世界有无数双眼睛、无数个投资机构、数十亿的资金，会随着每一个季度上市公司财报的披露而改变投资方向——这些变化有时像温柔的波浪，有时则怒涛汹涌，可能推出一位新的世界首富，也可能触发一场惨烈的金融危机。

会计，不只是管账这么简单

“哇，你的工作太酷了，像好莱坞金融大片，但能做到像你这样的会计师，应该很少吧。我一直以为会计师的工作就是每天算账，只要跟数字打交道就行了，完全没有想到你要跟那么多人打交道啊！”

“严格说来，会计就是管账的。”Faye回答。非专业人员或者各类小公司，经常用“财务”这个词称呼公司里所有跟“钱和账”有关的工作人员，实际上，无论多小的公司都必须做账，即使财务外包，也需要会计来做账，因为各级监管机构会查账。

我们生活在一个高度成熟的、法制化的商业社会。要开公司，就要严格地遵守法律法规和商业规范。会计需要把公司发生交易行为的每一个步骤，都按照通行的会计准则记录下来，做成表格和数据，形成账目和财报。公司有没有营利，有没有交税，查账后一目了然。

Faye每天绕着地球开网络会议，跟遍布全世界的分公司要财务数据，就是为了做账。作为一家上市公司的会计，她要确保公司账目符合美国证监会的要求，经得起全球投资人的审视。而公司中的会计，每天也都在做同样的事，追着我们要发票、合同等，也是为了记录公司的交易数据，确保各级监管部门，如工商部门、税务部门等查账的时候，账目不会出现问题。

小公司交易简单，做账相对简单；公司规模越大，交易越复杂，账目也就越复杂。除了需要管账，公司还需要做预算编制、财务分析、税务规划等工作，不过这些不属于会计的工作，而属于财务的范畴。但在许多公司中，财务和会计的工作职责很难被分得一清二楚。

大致说来，会计有两条职业发展道路：

- 第一，进入公司，做公司内部的会计工作。
- 第二，进入以四大会计师事务所为代表的乙方公司，为其他公司提供审计和咨询服务，也就是帮忙查账，以及针对复杂交易如何做账给出专业建议。

但不管走哪条职业发展道路，想得到好的发展，必须有较强的沟通能力。Faye 是“80 后”，本科就读于上海外国语大学，学习英语和法律，后来随着留学大潮去了美国。在南加州大学读硕士时，她选择了自己较感兴趣的会计专业。毕业后，她先后进入四大会计师事务所中的毕马威和安永共工作了 11 年。

她说，刚开始工作时就是打杂，给部门里所有的人、不同的项目做助手；几乎每天都加班，凌晨 12 点或 1 点打车回家是常态。在狠狠加班一年多时间后，毕马威遭遇金融海啸，丢了几个大客户，Faye 被裁员。

Faye 说，要是在一个多月内找不到新工作，她就会因为签证到期不得不离开美国。她咬牙坚持海投简历，不放过任何一个机会，多番辗转后，她看到了安永纽约分公司的招聘信息。“也许是面试我的那个合伙人看到了我对这份工作的渴望和对会计师这个职业的执念，我顺利通过了面试，在金融海啸的余波尚未平息时，我幸运地拿到了安永的offer。”

从加利福尼亚州搬到纽约，Faye的会计师之路得以继续，和上一份工作一样，她仍要给整个审计部门的工作人员当助理，仍旧在所有项目中打杂，每天凌晨12点或1点离开办公室。在新人阶段，很多人因为长时间加班太辛苦，在工作一两年之后选择跳槽去甲方公司做公司财务，也有一部分人为了在四大会计师事务所学习的机会咬牙坚持了下来。Faye属于后者。

新入职的会计都要学会看懂账目，明白自己的工作内容到底有哪些，把从通用会计准则中学到的知识，一一运用到现实的账目中。在四大会计师事务所工作和在甲方公司工作的区别是，在四大会计师事务所工作，需要看各种公司的账目，而在某个甲方公司工作，则大多数只能看自己公司的账目。

新人想要快速成长，秘诀都是一样的。Faye说：“别人扔给我的工作，我都能保质保量地完成。我通常还会多考虑一些问题，帮别人把下一步要做的工作做好。”

处于新人阶段时，Faye的主要沟通对象是自己的同事和上司，她说：“遇到不懂的地方，我先自己努力地去解决，不能随便拿一个明明可以自己解决的问题去请教别人。当拼尽全力还是搞不明白时，我再去请教同事或上司，他们都很乐意帮我。”

独当一面，你需要具备这些能力

上司和同事发现Faye做事很勤快，交给她的事情她不仅能高效完成，还会比要求的做得更好，慢慢就有同事问：“你愿不愿意跟我一起做我手头的项目？”当有了一些选择权的时候，Faye 开始思考自己未来深耕的领域。最终，她选择了科技与媒体领域。当时正值 2010 年前后，以移动互联为代表的新技术催生了很多新媒体，例如 2009 年我国出现了微博，2011 年微信面世。

“假如你在甲方公司，肯定要深耕公司所在的领域。”要深入了解这个行业，学习该领域特有的行业语言，知道这个行业有哪些交易，哪些地方难度较大，大家是怎么解决问题的。

规则是死的，人是活的。通用会计准则中那些复杂的规定，在非财务人员眼里，比数学卷子还可怕。要让公司其他人员了解会计准则，会计师必须成为会计准则的“翻译”和帮助他人理解的“桥梁”：会计师要清楚地向同事解释会计准则，比如，工作中怎么与客户谈协议、怎么签合同，怎么进货、怎么出货，怎么开发票、怎么收发票……

同一笔生意，按通用会计准则，可能有多种方法来做账。简单来说，这几种做账方法可能要缴的税金金额不一样，但又不能简单地以为，能少缴税的做账方法就是最好的，因为它可能存在很多潜在的问题。对每一笔交易做账时，会计师要先做出四种方案，由管理层、决策层分析每种方案的利弊，等敲定了方案，还要把执行方案清晰明白地传达给业务部门的执行人员。

想要成为优秀的财会人员，必须具备很好的沟通能力。假如把公司比喻为一辆正在行驶的汽车，财会人员所扮演的角色可以分为 3 种类型：

- 第一种像汽车后视镜，向管理层总结已经发生的事情。
- 第二种像汽车仪表盘，把现在的情况展现给管理层。

- 第三种像导航，从某一业务的开始介入，为顺利完成该业务寻找一条最合理的路径，既要满足业务需求，又要符合会计准则，还能达到税筹最优化，这就需要拥有较高的专业能力和沟通能力。

再具体一点，在很多人看来，公司的财会人员总是对业务部门说这个不行、那个不对，似乎在开车的过程中，财会人员是专门“踩刹车”的。但真正经验丰富的财会人员，不能只“踩刹车”，尤其不应该“急刹车”，而应该预判道路的情况，不能只对业务部门说不可以，而应告诉业务部门，怎么做才可以，并能做得更好。

Faye 说，她能够从一个个审计项目中，通过账目及与对方会计人员的沟通，看到、感受到、想象到那家公司的财会人员是如何工作的，她一方面学习客户的工作经验，一方面指出客户存在的问题，并提出建议。

她之所以在新人阶段获得飞速的成长，得益于安永作为四大会计师事务所之一的平台与自身的努力。当升任经理，可以独当一面带团队时，她接到的第一个大客户就是在传媒界赫赫有名的默多克的新闻集团。

她一个身材娇小的中国女经理，带着手下 7 个身高 1.8 米以上的小伙子开始工作了。她说当时心里有点紧张，担心自己作为一个外国人管不住土生土长的美国团队成员。于是她用心发掘每位团队成员身上的闪光点，把他们用在最能发挥自身特长的领域，比如有人擅长在盘点存货时发现财务纰漏，有人擅长与客户沟通，拉近工作距离。她凭借专业素养，让团队成员都认可并接纳了她这位经理。

新闻集团这个项目，她前后跟进了五六年，看着它重组，抛弃传统的纸媒，并购新的数字媒体、新科技公司，完成数字化转型。一个接一个大项目，让 Faye 的能力和职位迅速提升，并达到了她所认为的“天花板”。

在安永的第 10 年，Faye 觉察到自己的进步速度放慢了，如果再进一步晋升，成为公司合伙人，她就需要更多地打入美国客户的社交圈，比如与他们一起去看棒球赛、打高尔夫，而她说：“我对这些简直一无所知，我也学不会。”

从安永离职后，Faye 第一次当“甲方”的尝试是失败的。她在一个 SaaS（软件服务）公司做了近两年的会计总监，和很多同行一样，她有着自己孵化一个“独角兽”，并把它带大，成功上市的梦想。但在一年半高强度、没日没夜的辛苦工作后，她终于认识到这个“独角兽”是一个养不大的“怪胎”。作为手握财务数据的人，她看到了公司产品的退货率和研发的投入产出比，以及管理层处理危机的消极态度。

同时，高强度的工作让她难免忽略家庭。在她加班开视频会议时，她 4 岁多的女儿跑到屏幕前说：“你们是坏人，你们把妈妈还给我！”在女儿过 5 岁生日的前两天，Faye 选择了裸辞，一家三口去海边度过了一个长长的假期。

她开始重新梳理自己的职业规划，而后在新闻上看到一个拥有百年历史的著名科技公司将拆分旗下某项业务。该公司正在招聘有大型集团分拆财务经验的工作人员，Faye 凭借在安永积累的企业拆分、重组、上市的经验，应聘成功。在随后的两三年里，Faye 带着团队顺利完成了对该公司的业务拆分，公司成功上市后，她在新的上市公司任职，成为财报团队的总监。

然后就有了每个财报季追着太阳满世界开网络会议的 Faye。

会计学，是个好专业吗

Faye 的职业生涯无疑是成功的。

我问 Faye："学会计专业毕业后真的很容易找工作，工作稳定又能挣钱吗？怎么判断一个普通的孩子适不适合做会计师呢？"Faye 说，世界上没有旱涝保收的工作。会计师这个职业，有 3 个明显特点。

门槛并不高，成长之路却很长

如果把会计学看作一门技术，其实学会通用会计准则中那些做账规则和运算方法，就能考证。本科院校、专科院校，甚至技校都开设会计专业，入职后再进行培训（四大会计师事务所在国内就经常招收各大名校的理工类毕业生，入职后培训）。学会计专业可以考取会计证，甚至很多人自学 3 个月就能拿到证。

一流企业往往招聘名牌大学毕业生，普通院校毕业生入职一流企业的竞争力较低，但入职中小企业并不难。刚入职时，收入一般是当地平均工资水平，但随着工作年限的增加和能力的提升，收入会不断上涨，但不会涨太多。要想大幅度进步，不能只在会计技能和方法上钻研。向内，要不停地熟悉公司业务，深度了解公司，以及公司所处行业的经营策略；向外，要对竞争公司、所属行业、地区经济、国家政策乃至全球经济形势进行观察和学习。

Faye 说，她每天一定会做的事，就是了解华尔街的各类经济分析，关注各类前沿经济、金融研究报告，还有其他上市企业的财报……"这些其实都是公开的信息，国内外每一个读会计专业的学生都能找到。真希望上大学时就有人告诉我，这些信息是多么重要。”

还有一点需要明白，财务部门是公司的辅助部门，就算一路走到财务总监的位置，与公司同级别的人员，如技术总监、销售总监等，进行横向对比，Faye 的年薪要少很多。

看起来是和数字打交道，核心却是与人沟通，目的是研究逻辑和策略

家中有女孩子的家庭，很多父母会说，一个小姑娘，虽然交际能力弱些，但只要心细，算账时不出差错，最适合的工作就是做会计，每天只和数字打交道，应酬很少……但 Faye 一直强调，想当一个出色的会计师，就得当好会计准则的“翻译”和帮助他人理解、运用会计准则的“桥梁”。而且，会计绝不只是做账，而是要清楚账目背后，即现实交易存在的各种逻辑。

从梳理这些逻辑下手，才能把账做顺。通俗地讲，“生意做顺了，账才能做顺”。如果不愿意学习业务的逻辑和策略，只想当个不动脑子、每天“划水”的会计师，就要面临随时失业的风险，比如被 AI 取代。

要时刻警惕做假账的风险

略有些社会经验的人，都知道只要有会计师做账，就会有假账。在江湖传闻中，很多会计师最大的“作用”，就是替老板做假账、背黑锅……

从事会计师这一职业确实存在风险。Faye 在会计师事务所做的审计工作，主要工作内容就是审查账目和财报是否合规合法，披露交易符不符合通

用会计准则。

因此，当成为一家《财富》200强上市公司的财报负责人时，Faye非常清楚，什么样的财报才是达标的，才能通过美国证监会的严格审查。

无论是在中国还是在美国，甚至世界上的任何一个国家，上市公司财报作假，都是天大的事，但即便审计监察如此严格，假账却仍然存在。“原则上说，在规模越大的公司工作，制度会越完善，会计师的职业风险会相对低一些。业务能力强的会计部门可以给整个公司树立标杆，打造透明、合法、高效的公司文化。”Faye说。

很多小公司要求会计师做五花八门的假账，这种情况确实普遍存在。但做假账就像说谎话，想要不被戳穿，一句谎话需要用上百句谎话来圆。想要把假账做成真的，很困难。

做一次两次甚至十次百次假账没有出事，并不是监管部门查不出来，而是没有功夫查，但所有账务数据都会被永远保留，一旦被查就会真相大白。评估公司风险和收益，本来就是会计师的基本功，作为一名会计师，要牢记这一点，以正确评估职业风险。

接受自己的女儿是个普通孩子

如果把上市公司的财务报告比作一份考卷，每个财报季，Faye要交的这份考卷有上百页，连一个标点符号都不能出错。她告诉我，曾有竞争公司因为两年多之前的财报被美国证监会查出问题并发质询函，公司股价立马下跌。虽然会计师工作时必须严谨，但这并不意味着会计师本人一定古板、无趣。

Faye 和先生的爱情故事似乎比青春偶像剧更浪漫——他俩是初中同学，互为知己。大学时，Faye 的先生就读于北京大学，Faye 就读于上海外国语大学，大学毕业后两人一起去美国留学深造，后在纽约成家，生了一个可爱的女儿。

在 Faye 看来，爱情就是双方聊得来："女儿睡了以后，我们经常会聊到深夜。先生会给我推荐他最近读到的好书，或者谈谈对宏观经济的深度分析。我们还会聊下一次度假想去的国家，想看的博物馆藏品。"

"你的生活如此幸福美满，工作顺风顺水，是不是没有一点儿烦恼？"我问。

她大笑，说："当然会有烦恼。比如，接受女儿是个普通孩子，没有继承爸爸在数学方面的优点。成绩是继承不了的，我们希望能培养她可以后天习得的品质，比如持之以恒的毅力，做事时能多想一步、多做一步。"

所有的职业讲给孩子听

会计师是做什么的

①扫描二维码，让孩子听职业故事
②通过《我的未来有一万个可能》阅读完整版

11 职业经理人

帮孩子探索自我，发现自己的兴趣

大 J 对话行业人

KK ｜年薪 400 万的职业经理人

- 电子商务专业毕业的“80 后”；
- 先后在两家世界 500 强外企升任副总裁；
- 之后加入一家新消费品品牌公司，担任公司总经理、品牌操盘手，成功带领品牌跑完了从 0 到 1 的阶段，公司连续两年保持高速增长，完成了 C 轮融资。

我希望孩子能更早地明白自我价值与自我价格的区别。

——职业经理人 KK

职业经理人，是典型的社会认可度高、薪酬也高的职业，其年薪一般在400万左右（数据来自领英调查）。他们的薪酬构成相对复杂，公司发展规模不同，薪酬组成形式也不同，有全部现金、现金加部分期权、股份等各种形式。

薪酬高虽是这个职业最显著的特点之一，却未必是最重要的。世界上绝大部分工作都一样，做到一定阶段，必然会涉及管理岗位，而管理就是职业经理人的本职工作。职业经理人是掌握企业经营管理权的人，从严格意义上说，企业的总经理才是职业经理人。但广义上，大家也会把部门经理、副总裁这些处于较高级别管理职位的人视为职业经理人。

抱着向职业经理人取经，请教他们如何管理自己人生的目的，我采访了相识多年的KK。在朋友们眼中，KK的人生十分成功，他先后在两家世界500强外企工作，都做到了副总裁的位置。之后他加入一家新消费品品牌公司，担任公司总经理、品牌操盘手，成功带领品牌跑完了从0到1的阶段，公司连续两年保持高速增长，完成了 C 轮融资。

职业经理人每天都在干什么

“职业经理人多则管理着好几家公司，少则管理着一个部门、一个项目，对于很多普通员工来说，老板的工作有些神秘，不知道他们每天在忙些什么。”当我把这个疑问说出来时，KK 大笑着说：“忙什么？忙着给全公司的人员打杂啊！”说完，他停顿了一下，收起笑容后说：“回答你这个问题之前，我先和你分享一下我的一天吧。

6:30　起床

7:00　健身

8:30　到公司（上班时间是 9:30）

“我习惯提前 1 小时到公司，趁大家还没到，把这一天要做的事情做个规划，这是我常年做职业经理人养成的一个好习惯。我希望自己可以掌控一切，而不是被别人推着走。

9:30—13:30　连续三个会议（其中一个是午餐时间的会议）

14:00—16:00　约谈、面试两个候选人

16:00—18:30　听汇报、签字、处理紧急事务（公司下班时间是 18:30）

18:30—21:00　思考下个季度增长目标和整体工作策略，分析人才岗位

“我每天的时间几乎都在开各种会议，接触不同的人。在公司运作中，会发生很多事情，作为掌舵人，要知道事情的进展，处理很多紧急问题。在工作时间内，很少有时间去思考并做一些自己想做的事情，只能在工作时间

以外去做这些。

“我很喜欢晚上 7 点以后的公司，大家纷纷离开工位，灯光一点点暗下来，白天的喧嚣结束，我感觉游荡在外面的真正的自己慢慢回归，终于可以静下心来，思考一些重要却不紧急的事情。”

从 KK 的分享可以看出，职业经理人的工作大体分为三部分：直接下属的常规汇报、人才储备、解决紧急问题。他的时间安排坚持三个原则：保证体力、掌握节奏、提升抽离能力。因为每天面对高强度的工作，一定要身体健康，所以他常年有健身习惯。他开玩笑地说，他的“提神咖啡”是健身房，不管冬天还是夏天，刮风还是下雨，他每天早上 7 点都会去健身房报到。

早晨提前 1 小时到公司、延迟 2～3 小时下班，对他来说是非常重要的。职业经理人就是公司的领路者，每天白天低头赶路，解决眼前的事情，只有晚上才能从日常工作中抽离出来，抬头看路，思考未来的事情，这是他一直在刻意训练的“抽离能力”。

成为职业经理人，要走过多少路

KK 是如何成为职业经理人的呢？

KK 是“80 后”，上大学时所学专业是电子商务，是当时的热门专业之一。KK 说，填报志愿的时候，他只是跟风，大家都说这个专业是新起之秀，但毕业找工作时他才发现，专门从事电子商务的公司并不多。他就乱投简历，四大会计师事务所、快速消费品公司是他的主要目标。后来，他进入的第一家公司是世界 500 强外企，他的岗位是品牌助理，与所学专业还算比较对口。

他用 4 年时间升任品牌经理，又工作了两年后，他面临两种职业选择：一种选择是换个更大的品牌继续做品牌经理，这是大部分人的选择，不断垂直晋升；另一种选择是平移到其他相关部门，比如销售部门或商务部门，这个选择意味着会“浪费”几年时间，因为很有可能在其他部门工作几年后再回到市场部，还要继续做几年品牌经理才有可能晋升。

面对这两种选择时，他很纠结，他以自己填报志愿的经验复盘，当下好的选择未必符合 4 年后的情况。后来，KK 向当时的市场副总裁说出了心中的困扰：“如果我未来想达到你这个位置，我应该怎么做职业规划？”副总裁真诚地说：“要做好的品牌经理，一定要懂得销售，也要懂得生产，不然我们做品牌时容易‘闭门造车’。这一点在我们作为底层员工时影响不大，但越是身处高层，越需要有全局观。”

这段话让 KK 很受触动，于是，他选择去做了几年销售。

现在回头看，KK 非常庆幸自己做了几年销售。他当年虽然是平移到销售部门，职位是销售经理，但他跟着一线销售人员跑了很多店，和卖场里的促销员聊产品销售情况，节假日他会去卖场帮着销售人员卖货。这让他对如何销售有了更深入的洞察。他开玩笑地说，后来做回品牌总监的时候，每年谈销量目标时，他的手下和销售团队再也忽悠不了他，因为他太明白销售是怎么回事了。

KK 给目前正处于中层管理岗位的朋友一个建议：如果以后不走专业路线，而是走管理路线，那处于中层的时候就不要急于走“捷径”，急于两点一线地晋升，反而要多抓住机会，拓展自己的能力，尽量让自己成为“一专多能”的人才，那么中年以后选择的机会会更多。

成为职业经理人并不是 KK 主动的选择。当 KK 在第二家就职的公司同样做到了副总裁的位置，他开始规划以后的发展方向。他内心有个很强烈的声音，希望全面负责企业的经营管理，于是职业经理人成了他设定的目标。

“对于年轻人来说，如果想成为职业经理人，应该如何提前规划呢？”我请教道。KK 说：“从多年的职场经验来看，90% 以上的职业经理人有销售或市场营销背景。所以建议大家做规划时重点考虑这一点。大部分直接面对消费者的公司，运作时主要分为三部分：前端（销售 / 品牌），研究怎么卖；后端（研发 / 生产），研究卖什么；支持（财务 / 人事），供给钱和人。每个公司的运营都是以目标为导向，销量增长肯定是第一指标，这也是为什么大部分职业经理人都是前端职位出身。”

价值几个亿的经验

如今，在新消费品领域，一提到 KK，很多人都会竖起大拇指。他的职业经验对于任何一家企业来说都价值好几个亿，趁着这次采访，我赶紧挖掘干货，请教他成为一名卓越的职业经理人需要具备哪些能力。下面是 KK 的回答。

“这个职业的名字包括了三个必备的要素：职业、经理、人。首先是‘职业’。我经常和下属说，要时刻清楚自己的一技之长，不断打磨，因为这很可能是你未来几十年吃饭的工具。职业经理人也一样，看似全能，其实都有侧重能力。比如，我很清楚自己的一技之长，即品牌定位诊断、消费者洞察、销售增长。哪怕我做不到一个好的职业经理人，但我很清楚自己作为品牌经理一定是非常合格的。

“其次是‘经理’，即经营业务和管理人才。经营业务需要全面了解整个公司是如何运作的。我以前很长一段时间都是和前端部门（销售 / 品牌）和支持部门（财务 / 人事）打交道，对后端（研发 / 生产）不是很了解。

“在第二家公司做品牌副总裁时，我把成为职业经理人作为工作目标，于是更加主动地去了解后端业务。这就是品牌经理和职业经理人的区别，职业经理人需要系统思考和全局考虑。我刚刚入职副总裁职位时，就特地了解后端部门，亲自去生产部门倒班，了解生产流程。

“管理人才的含义大家都知道，职场中流行一句话，‘一个员工因为公司而入职，因为上级而离职’，可见管理人才的重要性。管理人才，最关键的是要很清楚地把自己的战略规划告诉下属，而且要对不同职位的人做不同程度的交代，还要知道完成某项工作需要怎样的人才，并找到合适的人。

“我相信每个人都可以把工作做好，这就是我最大的自驱力和自我赋能。

“最后再说‘人’，这也是我这几年还在修炼的部分。从长远来看，格局和品性不仅能决定一个职业经理人可以走多远，还是制约企业发展的重要因素。举个例子，我们去年有一批产品已经正式投入生产了，但对成品的 QC 检测发现，距离我们企业规定的标准差了一点点，但符合行业标准。面对这个问题，我特别纠结。

“如果直接报废，会浪费很大一笔钱。后来我还是选择了报废，并支付了原材料和工厂加工所需的费用。

“因为我明白，企业标准其实就是为人标准，要坚守底线，不该心存侥幸。如果面对几百万或上千万资金，我失去了底线，那对于整个团队就意味着，在金钱面前，我们没有了底线。那次我做出选择后，就分级开会，告诉我的下属，告诉全公司我为什么选择这么做。做错了事，从我开始，所有负责人都要接受惩罚。

“当然，这些话现在说起来似乎无足轻重，我也不能保证每次自己遇到与钱有关的问题都能这么选择，所以这才是为什么我觉得职业经理人的发展最终与人的格局和品性有关。”

给孩子的教育规划与“成功”无关

“除了职场中辉煌灿烂的一面，这一职业有没有我们不了解的另一面呢？”我问。

KK 笑了：“那可太多了。说到底，职业经理人就是公司的大管家，背负了多重责任：公司创始人的信任、团队的信任，自己对自身能力的信任，还有每年需要完成的目标。这些压力无从言说，工作时间越长，就会越清楚这些都是自己的选择，需要自己一个人面对。

“我 10 年的生活都是这样：早上 6:30 起床，晚上 12 点以后睡觉，我穿的衣服款式、开的车，甚至是吃的东西，基本上都是不变的。不是我古板，而是我知道自己的时间有限，我尽量让生活中的事务不占用我太多的思考时间，这样我才能节省出更多的精力投入工作。”

除了一年两次的休假时间，KK 很少有时间照顾家庭和孩子，都是他的妻子在忙前忙后。

我轻声问：“会有内疚吗？”

他说：“不敢想这个问题……”

在聊天中，我能感受到KK对家庭隐私的保护，但出于好奇，我在采访结束前问他：“作为两个孩子的父亲，你对孩子的教育有什么规划呢？”他说，他并没有什么规划如何让孩子过上成功的人生，最大的希望就是孩子可以早一点思考自己喜欢什么，自己为什么而活。

他说自己年轻的时候是被世俗的标准推着走的。进入大企业后，如果不想躺平，就只有不断晋升，这样才能证明自己的能力。他当时也没有什么人生目标、价值感、使命感，单纯地靠每年的涨薪获得满足感。

但当人达到了某个位置，有了那个位置的“价格”标签，就会开始思考以后的人生。4年前，KK陷入了迷茫。KK很清楚自己的“价格”，猎头也知道，但凡让KK入职某个企业，这个猎头就会拿到不菲的佣金。

人就是这样，没钱的时候想赚钱，赚到钱后，就会对人生有更深层次的思考。“从我的角度来看，我希望自己的孩子可以更早地区分自我价格和自我价值，然后在能养活自己后去最大化地实现自己的价值。这样的人生应该更加快乐、幸福吧！”说到这里，他又停了下来，笑着说：“但孩子的人生不是我能左右的，毕竟两个孩子的教育都是我老婆在操心，我真的没时间。”

希望孩子可以自在地体验人生的前18年

说到自己的孩子，KK再次停顿良久，郑重地看着我说：“我从小就是一些父母眼中的‘别人家的孩子’，但我的儿童期和青春期太匆忙了，在什么都不懂的年龄，已经被灌输了各种标准，成绩、工作都是按照他人设定的标准去做。现在回想起来，我感觉自己做的并没有错，因为我就是按照那些标准获得了世俗意义上的成功、体面。我那么努力地做到了这一步之后，其实更希望自己的孩子可以相对从容自在地体验人生的前 18 年。这并不是说不要努力，只是我希望他们可以有足够的时间和自己相处，从小能体验更多的可能性，多去了解自己到底喜欢什么，而不是只有一个选择：拼命地低头赶路，却没有时间去思考。”

所有的职业讲给孩子听

职业经理人是做什么的

①扫描二维码，让孩子听职业故事
②通过《我的未来有一万个可能》阅读完整版

12 药物科研经理

多看看远方的无限可能，而不是盯着眼前这一题的答案

大 J 对话行业人

丫丫 | 20 年药物科研从业者

- 38 岁，博士后研究期间在新加坡深造，后来一直就职于海外制药企业；
- 研发一款新药，从实验室到上市，通常需要投入约 20 亿美元；
- 耗时 10 ～ 15 年；
- 更为严峻的是，成功率仅为 1% ～ 10%。

我们今天掌握的很多科学知识，将来或许会被证明是错的。科学带来的不是终极答案，而是一种可能性。

——药物科研经理丫丫

大多数人可能和我一样，如果不是经历了新冠疫情，听朋友提到“我的工作是生物药研发、疫苗研发”时，很可能会脱口而出以下三连问：

哦，这工作挺高科技吧？

哦，收入应该不错吧？

哦，我前阵子得了流感，高烧到40℃，根本抢不到特效药，早知道找你帮忙好了！

面对这些问题，丫丫没有笑话我，而是用带着湖南口音的普通话（夹杂着几句带有新加坡口音的英语），认真地一字一句回答：“药物研发和疫苗研发的确是科技含量很高的领域，同时也是一个需要投入巨额资金、人力，以及漫长时间周期的行业。

“我的薪水谈不上很高，但对我来说已经足够。至于买药，找我也没用。我甚至不知道，这辈子经我的手研发的药物和疫苗，哪一个能成功上市。即使成功上市，也与我无关，因为销售并不是我的职责所在。”

20多年前，丫丫高考时，许多人说21世纪是“生物学的世纪”。一晃20多年过去了，互联网蓬勃兴起，似乎“生物学的世纪”这样的说法也逐渐被遗忘。然而，新型冠状病毒席卷全球后,“病毒”“抗体”“核酸”“疫苗”这些词，硬性地融入了我们的日常生活。

不可否认，新冠疫情让我对丫丫的这份工作有了更多的兴趣与思考。

比报纸还长的说明书，更长的是研发周期

就在准备采访丫丫的前一天，我看到一条短视频：有人花220元买了一盒名为“玛巴洛沙韦片”的感冒药，盒子里只有两粒药片，外加一张展开比报纸还大的说明书，上面密密麻麻印满了文字、图标和符号。

评论区里有一条点赞量很高的留言这样写道:“两颗仙丹，一本秘籍，你不亏……”

我把这条视频发给丫丫，问她:“搞出这种‘仙丹加秘籍’的活儿，就是你干的吧？”

丫丫笑了，说:“视频里的玛巴洛沙韦是一种抗病毒药物，对流感等病毒感染性疾病有一定的治疗效果，但这可不是我研发的。不过，我所从事的药物研发和疫苗研发，确实就是在不断寻找能对人类某种疾病产生治疗效果的药物，或者具有预防效果的疫苗。”

那份比报纸还长的说明书，虽然写的都是中文，但普通人几乎看不懂，也并不想看。某种程度上，它也可以看作是药物研发这份职业的“说明书”。这份工作，确实是“周期很长、非常长，而且复杂得难以想象”。

药物科研就像是老母亲养了五六个孩子

周期长且成功率低

丫丫说，药物和疫苗研发生产是一门生意，而且是一门规模相当庞大的生意。在全球范围内，研发一款新药，从实验室研发到上市，通常需要投入约 20 亿美元，耗时 10 ～ 15 年。而更为严峻的是，药物研发的成功率极低，根据不同数据来源，成功率在 1% ～ 10%。最理想的情况是，研发 10 款药物，投入 200 亿美元，最终能有一款成功上市。最糟的情况是，即使砸下几千亿资金，也没有任何成果。

丫丫博士毕业于新加坡，完成博士后研究后，她一直在海外制药企业工作。在她工作的公司，商务部门首先会决定针对哪一种疾病研发药物或疫苗。一旦公司管理层确定了“目标敌人”，研发项目便会正式启动。

项目成立后，产品研发正式开始。首先需要确定研发方向，筛选出“某一个或某几个可能有效的方案”；接着进入实验阶段，进行细胞实验和动物实验；一旦找到“种子选手”，便需通过严格的审批，进入Ⅰ期、Ⅱ期和Ⅲ期临床试验。

研发阶段基本完成后，还需要对药物（或疫苗）的标准化和规模化生产进行严密的论证、测试，并报批。之后，无论希望在哪一个国家上市，都必须遵循一套极为复杂且严格的审批流程。即使新药成功上市，研发工作也并未结束，还需要持续进行Ⅳ期临床试验……

参与这一过程的人可能包括科研人员、药物化学家、生物学家、临床医生、临床试验专家、样品测试人员、数据分析师以及法规专业人员等，少则数百人，多则上千人。此外，整个药物研发流程通常并非完全由一个企业独立完成，往往涉及大量的外包、外采以及合作。而真正能进入人体试验的"种子选手"，在Ⅰ至Ⅳ期的临床试验中，需要在少则数十名、多则数万名患者身上进行实验。

前文短视频中出现的那张密密麻麻的药品说明书，正是所有这些实验的成果之一，需要把药物的作用原理、有效剂量、最大安全剂量、可能发生的副作用等信息，一股脑儿地展示给每一个使用药物的人。

"我的岗位英语名称是 scientific manager（科研经理）。从项目成立开始，我的职责就是确保各个环节顺利推进，按时按质完成以上所有流程。"丫丫解释道。

"什么？一个项目 15 年，什么都负责，你这不是上班，是当妈吧！自己生个孩子，养到上大学才 18 年啊！"我惊讶地说道。

"说起来还真有点像，不过我可不止一个'孩子'，"丫丫笑着说，"我手里现在有好几个项目在同时推进，每个项目都处于不同的阶段呢。"

嗯，我大概明白了，这不就像是家里孩子的分布：老大高三、老二高一、老三初二、老四小学三年级、老五幼儿园大班，还有老六没断奶……

纯理工出身的“老母亲”

丫丫笑着说，给药物和疫苗研发当“老母亲”倒也不像是真养了五六个孩子那么热闹。每天早上到办公室，她的第一件事就是梳理手头的每个项目，确认它们目前处于哪个阶段，并按照当前的进度表安排当天的工作：哪些任务需要完成、是否达标，本阶段存在哪些风险，哪些任务需要立即跟进。比如查看实验数据是否完成，报告是否撰写到位，预算是否超标等。

遇到问题是常态，关键是及时解决问题。比如，进度拖延，就要查明原因：是实验环节出了问题，还是报告不达标，或者是物资供给短缺，又或者是外部审批环节出现了延误。问题出在哪里，就解决哪里。

丫丫本科毕业于武汉大学药学院，研究生阶段就读于中国医学科学院，博士就读于新加坡国立大学，随后又完成了几年博士后研究。在新加坡期间，她结婚成家，随后进入第一家制药公司工作，从事肿瘤药物研发。

我问丫丫，药学这个专业和医学关系是否紧密？她回答说，二者确实有一定的交叉，但药学更关注药物在人体中的作用原理等，相比之下，医学大都直接面对患者和疾病，而药学则更偏后端，直面患者的机会很少。从一线实验员一路做到项目管理，必须具备相应的专业知识，自己会做实验，能看懂报告，才能胜任如今的管理岗位。

做得最对的一件事

高中时读理科的丫丫，一路走的是纯理工、纯技术路线。然而，当我问她在职场上做得最对和最错的事情时，她的答案竟然是同一件事。

她说，自己做得最对的，是在团队沟通时保持真诚：“我会直接告诉大家，我知道在这个行业，跳槽是很正常的。我们在项目中相遇不过几年时间，合作远大于竞争，目标都是把眼前的项目做好。所以，无论遇到什么问题，能做到就说能做到，做不到就坦诚说做不到，互相坦诚、相互帮助就行。”

但她也坦言，自己做得不够好的地方，是在繁重的沟通工作中，有时难免带入个人情绪。“有时候大家看到我就挺烦，总觉得又来催进度了，对有些人甚至还没开口，只是瞄了他一眼，他就立马说‘明天给你……’而越是这种时候，就越应该克制，尽量避免把自己的情绪带进去。”

“可这个世上，哪里有人能完全没有情绪呢？一个项目中合作的人员那么多，总会遇到性格不合或沟通方式不匹配的人，”丫丫说道，“又怎么可能完全不带情绪？”

丫丫对此的态度是：“坏情绪肯定会有，但正因为如此，更不能忘记初心。”

丫丫在从事肿瘤药物的研发时，有一天，她在新加坡的《联合早报》上看到一则新闻：一家大型制药公司计划将旗下一家研究机构迁至新加坡。这是一家带有慈善性质的机构，专门为中低收入国家和地区研制疫苗和药物。丫丫立刻投递了简历，并成功通过面试，成为这家慈善性研发机构的一名科研经理。

巨额投入的制药行业，必然要考虑商业利益。越是人口基数大、需求迫切的救命药，越能带来可观的经济回报。遭遇新型冠状病毒感染这样的全球性疫情，必然催动各国加紧研发针对新冠病毒的诊断试剂、疫苗和治疗药物。抗癌药物、阿尔茨海默病治疗药物等，近年来也成为研发的热门方向。然而，世界上还有许多罕见病，一些相对落后的国家和地区可能面临区域性的传染病。这些疾病同样需要有人研究，相关的药物和疫苗也需要有人研发。

“不要忘记自己进入制药行业的初心，也要相信项目成员同样怀揣着这份初心。带着这份信念，坦诚地跟每一位项目成员沟通，情绪自然会少一点，思路会更直接、更实际一些。”丫丫这样说。

听到这里，我不禁有些恍惚，一个理工科“学霸”，从博士阶段就在海外生活、工作的科研经理，长期在外企从事研究和管理，最想分享给我的职场经验，竟然是“不忘初心”这四个字。

药物科研的路径有哪些不同

丫丫回忆她20多年前参加高考时，第一志愿填报的是武汉大学的生命科学专业，但因为竞争太激烈，被调剂到药学专业。药学涉及面广，生物和化学是基础课。在学习和研究生涯中，她逐渐从以化学药研究为主，转向以生物药研究为主。

我问她：“现在很多人说，生物从当年的热门专业变成了‘天坑’专业，你怎么看？如果有亲戚朋友的孩子想学生物或者药学，你会鼓励还是劝阻？”

丫丫坦言，当年生物学相关领域确实非常火爆，许多人一窝蜂地涌入，现在就业市场则呈现出供大于求的状态，因此有人觉得是“坑”。但她认为，未来这个领域可以看作一个普通的职业选择，毕竟“行行出状元”。

“如果一个孩子真的对生物或药学很感兴趣，是不是一定要像你一样，考上‘985’大学，再继续读研、读博，才能找到好工作呢？”我接着问道。

丫丫说，当年她在武汉大学的同学中，有人本科毕业后就参加了工作，而在新加坡，她就职的公司同样会招收本科毕业生。只是不同学历背景，进入行业时的职位和起点会有所不同。所以，要不要学生物，或者是否需要继续读研、读博，关键在于孩子对生物是否真正感兴趣，是否对探索事物背后的机理抱有好奇心，是不是一个能够坚持下去的人。

“那即便像你一样，读完博士后进入药厂工作，职业前景和收入又是怎样的呢？”我问。

丫丫说，她对国内的情况并不是很了解，但在她工作的外企，职业发展路径非常清晰，根据个人的兴趣和资历，可以选择不同的发展方向。制药研究这个行业，并不全是安静地待在实验室的实验员。生命科学专业的毕业生，刚进公司可以从一线研究员做起。有些人热爱一线研究工作，就可以一直专注于此，并不一定非要转向管理岗位。管理人员和研究员各有不同的职业发展路径。

此外，制药行业涉及的问题非常广泛而复杂：与世界卫生组织和各国政府打交道；协调各种药物销售渠道；如果想为非洲某地区的传染病研发疫苗，可能还需要与当地人直接沟通，还要管理动辄数十亿美元的庞大预算……

这个行业需要各种类型的人才，无论性格张扬外放还是沉静内敛，无论擅长一丝不苟地做实验还是游刃有余地谈判，都是行业所需。当然，要想进入这个行业并有所成就，扎实的专业知识依然是必不可少的。

谈到收入，丫丫提到，她当年考到新加坡读博士是有奖学金的，学费和生活费都能覆盖。博士毕业后正式入职，月薪以她老家湖南的标准来看已经不低了，她觉得够用了。至于现在，作为一名管理者，我没问她目前的薪资是多少，但我猜她的回答还是那句——“够用了”。

我接着问她：“你手上管理的这些项目，动辄需要10年、15年才能见到结果，而且结果还很可能是失败，在多年研发后发现此路不通。这份工作不会让你感到焦虑吗？”

丫丫笑着说，她有个师妹曾给她起了一个绰号——淡定姐。现在回想起来，她确实从小就是一个性情平和的人。小时候过新年，家中长辈总会让大家写下新年愿望，然后烧掉祈福，她每年都写同样的愿望：“要快乐啊！”“我妈每次看到都说：‘你怎么每年都写这个？’我却觉得这样就够了。”

真正步入中年后，她更加清楚地认识到，自己并不是特别有天赋的人，但她始终相信坚持的力量。她觉得，只要一直待在这个行业，一直坚持努力，就一定会走得更远。“做什么事情都是这样嘛，倒不一定非要择一事终一生。反正慢慢来，时间还长着呢，不是吗？”她坦然地说道。

养育孩子，不只追逐标准答案，还要心怀家国天下

丫丫是两个孩子的妈妈，我问她，作为一个科学工作者，会特意给孩子做科学启蒙吗？比如，从小就告诉他们细胞是怎么工作的。

丫丫笑着说，其实没有。她心里有些矛盾，当孩子看了《西游记》，在打雷下雨时会提到雷公电母，她一方面觉得自己应该给孩子讲讲打雷下雨是

怎么回事，另一方面又觉得，保留童话和神话的想象空间，或许比告诉他们一个答案更加重要。

“我们今天掌握的很多科学知识，将来或许会被证明是错的，科学带来的不是终极答案，而是一种可能性。”她说，“不管孩子说出什么答案，我们不要急着说‘你瞎说，这完全是错的，我的答案才是对的’，更不要打断他们探索世界和建立认知的过程。不同的人、不同的学说会给出不同的答案，我会告诉他们，可以自己观察，想一想，选择相信哪一个。”

丫丫说，她对孩子的教育，就像对待自己的工作一样，更多地关注远方和梦想的无限可能，而不是拘泥于眼前一个具体的答案。“不是有句话这样说嘛，‘眼里有诗和远方，你看到的就不只是眼前的苟且’。工作也是这样，心里装点家国天下、星辰大海，眼前的焦虑自然就会少一点。”她说道。

我非常同意丫丫的这句话。为了采访这位生物制药领域的科研经理，我最近在网上查阅和学习了许多相关资料。当我向内探索，了解到人体内那30万亿～40万亿个细胞在勤勤恳恳地服务于我们的日常生活时；当我向亿万年前回望，看到人类为追寻生命起源而穿越的那些璀璨时光时，身边的烦恼与疲倦，真的会随着视野和胸怀的开阔，而一点点淡去。

所有的职业讲给孩子听

药物科研经理是做什么的

①扫描二维码，让孩子听职业故事
②通过《我的未来有一万个可能》阅读完整版

13 建筑师

每个人都可以通过不断练习来获得创造力

大 J 对话行业人

Daniel ｜深耕 13 年的建筑师

- 法国留学硕士；
- 大学三年级时，怀疑自己选错专业；
- 从业 13 年。

建筑师需要在种种限制中寻找创造的成就感，就像戴着镣铐跳舞，在项目需求与客观条件之间追求平衡之美。

——建筑师 Daniel

Daniel 硕士毕业后入职建筑行业，到如今已经工作了 13 年。高考填报志愿时，他选的全是与建筑学和城市规划相关的专业，本科毕业后去法国留学，在某大公司工作多年后开始自己创业。

我问他："建筑师这一职业是不是和乐高拼装一样有趣？"

Daniel 哈哈大笑："确实有点儿类似。作为建筑师，每一项工作都是从 0 开始，创作各种各样的东西。我想自己会一辈子从事这个职业，因为它有一种特别的吸引力。"但是，Daniel 读大学三年级时，也怀疑过自己是否选错了专业。

从建筑行业得到的 3 个普适收获

"我父亲从事艺术教育工作，我从小跟他学画画，家里很有艺术氛围。

我呢，理科成绩不错，就想在上大学时选一个专业，能够把画画与理科结合起来。”Daniel 说。

“这么看来，学画画并不是只能当美术老师啊！”我忍不住插嘴。Daniel 笑了：“那当然不是。”

确实有很多孩子喜欢画画，但家长常觉得学美术不好找工作。其实建筑学就是一个融合的学科，建筑设计，既需要理工科的理性思维，又要结合感性艺术层面的思维。

Daniel 考上了建筑学专业“老八校”之一的华南理工大学，学校的传统是老师会带学生做项目，算是一种行业内实习。大三那年，Daniel 开始接触一些项目，却被现实狠狠打击——课堂上老师教的那些理想的设计思路，甲方都不接纳；建筑师做项目时，不是被甲方怼，就是被包工头怼；建筑师并不是威风凛凛的项目指挥者，而是“夹心饼干”……

后来他慢慢明白，其实在所有行业，任何一个工作岗位都是这样的——课堂上老师讲的，从课本中学的，年少时的胸怀大志，都会在真正工作的时候被狂风暴雨摧残。建筑师这个职业，被现实和无奈裹挟，但哪个工作不是这样呢？

“盖房子，毕竟规模很大，需要很多人，很多设备，很多资金，成本大、责任大，限制肯定也多。建筑师除了设计房子，还要在工地盯着工人盖房子，这两项工作到底哪项比较重要呢？”我问。

Daniel 说：“建筑师其实并不一定非要跟‘房子’较劲儿。”

对于建筑师，我们直观地认为建筑就是盖房子，所以建筑师就是设计房子并盖房子的人。建筑师的英文是 architect，其实在互联网行业里，架构师也用这个词。

宏观来说，建筑师是制订策略和计划的人，不管做什么项目，都需要从 0 开始想，为什么要做这个项目、怎么做这个项目，觉得这个项目有可行性后，再组织一群人、一堆物资开始做。Daniel 举例，厨师在某种程度上也可称为 architect——创新一个菜品，不就是把一堆原材料，经过有策略地加工，变成一个全新的菜品吗？ Daniel 之前在公司就职时主要做建筑层面的设计，后来创业开工作室以后，就把更多的工作转向室内，甚至做产品设计。

就建筑层面的设计来说，设计房子和盖房子的工作是相互融合的。首先得懂房子是怎么盖的，才能设计房子，需要学习和掌握材料属性、工艺还有建造房子的具体技术流程。尤其是当下，新材料和新技术层出不穷，如 3D 打印技术，在一些科幻电影中用机器人盖房子，这些都可能在一夜之间改变建筑师的工作常态。当下，具体到建筑师的日常工作，活儿比较琐碎，主要有构思设计方案、研究材料、建模、画图、去工地现场巡查、了解行业动态等。

Daniel 在公司任职时，加班如同家常便饭。总体来说，建筑行业加班比较普遍，一是因为做设计没有固定的衡量标准，别人觉得不错的设计方案，建筑师可能依然觉得不够好，甚至认为永远可以再好一点；二是建筑师不只是画设计图，项目施工后，作为“大管家”，建筑师得从宏观上把握项目的进程，尤其是大型项目，会有很多团队参与进来。

建筑师需要牵头，与结构工程师、机电工程师、景观灯光设计师、智能化设计与施工人员、室内软装设计师等协调工作，要对各种建筑从设计到施工等各个阶段进行全面把控。每个环节不仅要符合设计需求，还得符合相应的法规、政策等。一个项目不仅关系到业主（甲方）以后的生活、工作需求，还必须符合当地的各类政策要求，会与周边很多人的生活发生互动，完成的过程相当复杂。

作为统筹者，建筑师必须高度集中地参与项目的全过程，需要及时发现哪里出现偏差或者存在其他问题，写报告通知相关方，商议并制订解决方案。

当然，国内建筑行业也有细分领域。比如，有按项目种类分的，有一些公司专门做大型综合商业和办公项目，有一些公司专门做住宅项目；还有按项目施展阶段分的，有一些公司专注做前期的概念和方案设计，有一些公司专做施工现场执行；等等。但无论如何细分，建筑师手上往往同时有多个项目，这些项目常分别处于不同的工作阶段，这是普遍存在的情况——每个项目开始和结束的时间并不受人为控制，设计方案可能一改再改，开展项目时会遇到很多意外，需要不断调整。

“建筑师的工作难度这么大，这么忙，工资都很高吧？”我问。

Daniel 表示：“工资是高些，但也不至于一夜暴富。从国内常规的情况来看，即便是已经非常出名的建筑师，也需要通过竞赛来获取项目。”但他相信，坚持从事这个行业的人，并不只是为了一份工资。

“中国房地产高速发展的阶段已经过去了，未来的一二十年里，建筑师真不是一个能挣大钱、挣快钱的行业，”Daniel 说，“但如果把职业规划放到‘一辈子’这个尺度上，靠自己的本事养活自己，是没有问题的。”Daniel

认为自己干这行最大的收获并不是钱，而是这三点：

- 创造性。
- 可持续（一辈子从事这个职业，没有中年危机，也可以不退休）。
- 成就感（给世界和客户留下一些东西）。

“我每天的工作都是在实现自己的梦想，永远充满新鲜感，”Daniel 说，“遇到新的客户、新的项目、新的问题，创造一些新的东西，这个过程很有意思。”

这一职业的成就感也很直观——建筑师的产品是看得见摸得着的，大型的建筑可能存在几十年、几百年，甚至能改变很多人的生活，这些能带来强烈的成就感。

在限制条件里，找到创造的成就感

“又忙又累，还得‘伺候’甲方，照顾一大堆合作方，真的能从工作中获得这么多成就感、新鲜感和快乐吗？每个建筑师都这样看待这一职业吗？”我有些疑惑。

“别人我不知道，我确实从工作中得到很多乐趣。”Daniel 这样回答。

Daniel 说他很喜欢做创造性工作，尤其是在自己创立工作室以后，每天都会有很多新想法，哪怕发现自己想错了，也很开心。我们每个人都有因为解出一道数学题而觉得心情很好的时候吧？建筑师做项目时也像是在解题，不同的是，数学题虽有不同的解题方法，答案却是一样的，而建筑设计却可能有一万种答案。建筑师会从城市、空间、使用功能、使用者的感受等很多角度去分析一个项目。

建筑师最初面对的可能是一片空地，这就像拼乐高：他们不是按图纸拼，而是在拼之前要先设计图纸。设计时，先把一大堆初始条件列出来，再逐条分析，分析的过程既要有理性，比如，这套乐高准备怎么定价，用多少块积木合适；又要有感性，孩子们会一眼被吸引吗？好玩吗？

一步步推理完成，具体方案就从模糊逐渐变得清晰——这个过程就像跳舞，舞姿得美，动作幅度得大，但需要动作协调，保持平衡。建筑师就像戴着镣铐跳舞，在每个项目的诸多需求和客观条件之间找到平衡。

知道自己能创造出一个新事物，并能为世界带去一点改变，这是一件开心的事。

看见人，看见自己帮助到了人

Daniel 在法国读书的时候，有一门建筑哲学课，老师在课堂上说，“建筑”归根结底是一个动词，不是一个名词，它体现了一种生活方式，是不同的生活方式和生活需求催生了不同的建筑。

在家里，我们有时候换一个沙发垫，或者调整一下家具摆放位置，就会感觉生活立马不同了。作为建筑师，创造出的是一座房子、一个社区，乃至一座城市，给人们的生活带来的影响更大。

Daniel 创业后接触了很多不同类型的客户，他们形形色色的生活方式和需求，让 Daniel 以全新的视角去认识生活。对 Daniel 来说，最大的成就感来自项目交付后，客户反馈说："这个地方用起来特别方便，我搬到这里后，生意更好了。"

Daniel 还曾和我一起跑到云南的"世面村"。村支书觉得家里自建的钢结构房子看着扎眼，跟村子中其他房子融不到一起，很多老房子都是双坡屋顶，而村支书新盖的房子是平顶的。为此，我们花了很多时间和精力去研究并改造那个屋顶，让这座房子看起来就像是从这个小山村中天然长出来的一样。

做产品时，要考虑谁使用这个产品，他们用这个产品去解决哪些问题，建房子也是一样，不同地区的人对房子的设计需求也不相同，比如，青藏高原的民居和江南水乡的民居是完全不同的。通过建筑设计可以为别人创造出更方便、更舒适的生活，这种成就感让 Daniel 在工作中乐此不疲。

承认平凡，但享受美

可以跨越千百年，代表人类璀璨文明的伟大建筑只是极少数。

Daniel 觉得，90% 以上的建筑不需要太高的艺术性，能满足最基础的功能——让人们住得舒适，就是很合格的建筑。作为一名设计师，除了要专业知识扎实，还要能为用户着想。

设计当然要有艺术性，要美观，但这都是在满足基本需求情况下的提升，而不是刻意追求艺术张力。例如，近几年如雨后春笋般冒出的"网红"店、"网红"景点、"网红"民宿、"网红"商业街等，拍照拍视频可能特别"出片"，但是一些建筑可能实际体验感极差，往往"红"不了多久。

这样的“出彩”并不是艺术性，艺术性也不是 Daniel 在工作中的第一追求。“在工作中，我觉得重要的是保持心态平和，不是每个人都能名利双收，成为所谓的‘大师’，因为这除了需要天赋，还需要后天的机遇。首要的目标应该是成为一名合格的建筑师，确定每天都在做自己喜欢的事情。绝大多数建筑师都是默默无闻的，我也一样，扎扎实实做好自己的工作就足够了。”

当然，作为建筑师，需要不断从前人的经验中获取力量。“我在巴塞罗那看到高迪的作品时，很受震撼。在那个年代，要实现他理想中的设计难度非常大，但是他通过自己的智慧和不懈的努力，最终将它们一一实现。我很受鼓舞。”Daniel 说。

创造力从哪里来

“既然建筑师是创造性工种，那你是怎么培养自己的创造力的？你从哪里获得源源不断的灵感和养分？又是怎么把这种创造的动力传递给你女儿的呢？”我抛出了一串问题。

作为一个从小学画画的孩子，Daniel 提到的第一条就是：艺术里藏着创造力，而创造力的起点，其实是纯熟地掌握基本技能。

“例如毕加索，”Daniel 说，“毕加索是现代艺术的创始人，他用石破天惊的立体主义作品，给西方艺术史带来革命性突破，创造力巨大，但这创造力的基础是什么呢？是他 15 岁已经掌握了非常纯熟的写实风格绘画技能。纯熟地掌握基本技能是创造的基础。”

“我还比较爱看电影、去旅行、听音乐，喜欢翻看各种建筑案例，我每天都会看新的项目案例，这个习惯大概持续了十几年。”

“看新的项目案例应该是工作的一部分吧？”我问。Daniel 缓缓说：“算是吧，但也是一种休闲。看多了，自己就会有一套‘过滤系统’，看一眼就知道哪些项目是值得研究的，或者是值得深入挖掘的。这种喜欢看建筑案例的习惯成为我的职业病。我太太经常抱怨，一家人去逛商场时，我常跑到商场的犄角旮旯去看，研究这块是什么材料，是用什么工艺造出来的。

“我一直相信，艺术里藏着创造力，关键是我们怎么引导孩子，怎么让孩子学习艺术——我父亲是专业美术教育者，我从小画画，我女儿现在也画画。我对很多兴趣班都不满意，就随她自己在家画。现在要问孩子长大了要做什么，她会说‘当老板’。因为从女儿 8 个月开始，我们夫妻俩就自己带孩子。我们两个人都自己创业，孩子耳濡目染，所以她对以后要创业当老板这件事充满了热情。

“保持热情，是获得创造力的秘诀。家长对事业的热爱和热情，孩子都会看在眼里，也会想要找到让自己充满热爱和热情的事业。我们支持孩子做自己真正喜欢的事，这样才能让孩子迸发出创造力，去创造自己想要的生活。”

“哦，对了，说到创造力，”Daniel 想起他曾经专门学过的相关课程，“创造力并不是拍脑袋或者灵光闪现而得，而是要借助合适的方法和工具去实现，比如头脑风暴、思维导图等。同时也需要大量的经验积累，每个人都可以通过不断练习获得创造力。”

采访结束前，我问 Daniel：“建筑师买房子的时候，会不会觉得有很多不满意的地方？会不会有一天为自己盖一所房子？”

“会，我觉得建筑师都有这个情结，”Daniel说，“以后我会找一个春暖花开、面朝大海的地方，盖一所自己喜欢的房子。”

所有的职业讲给孩子听

建筑师是做什么的

①扫描二维码，让孩子听职业故事
②通过《我的未来有一万个可能》阅读完整版

14 猎头

鼓励孩子去和别人沟通自己的需求

大 J 对话行业人

Ming ｜年入百万的“猎头”

- 从外企销售经理转行猎头行业；
- 从业 8 年；
- 创办了业内小有名气的高端猎头公司。

提问的能力，比拥有答案更为重要。

——猎头 Ming

提到猎头，有人会说，那些经常打骚扰电话，问要不要考虑换个工作的人就是猎头吗？感觉他们和电话推销员一样。说实话，我也一度这样认为，但是当我听说高端猎头从业者的年收入为 50 万～ 500 万时，特别吃惊。对于我的惊讶，Ming 一点儿都不意外，猎头在国内虽然不是新兴行业，但是真正了解猎头这一职业的人并不多。

在采访 Ming 的过程中，我不仅深入了解了猎头这一职业，更收获了价值不菲的职场经验。

为自己的简历打工

我们大多数人有过招聘或应聘的经历。而对于招聘，依据我们的经历，多半是普通员工招聘，往往由公司的 HR（人力资源）负责，也有些公司会选择招聘外包。

招聘高端人才时，很多企业则会借助猎头。依据所招聘对象的职位级别和年薪情况，猎头主要分为三种：低端猎头（候选人年薪 20 万～ 50 万）、中端猎头（候选人年薪 50 万～ 120 万）和高端猎头（候选人年薪 200 万甚至上亿元）。

Ming 由一名外企销售经理转行加入一家全球知名的中高端猎头公司，8 年后成长为一名高端猎头，并作为联合创始人创办了一家在猎头行业小有名气的高端猎头公司。

猎头到底是做什么工作的呢？ Ming 说，高端猎头的本质是“撮合人才交易”。想要让交易成功，最重要的其实是了解当事人双方的需求，并且能把“他 / 她为什么适合你”解释得让双方都满意。而要做到这一点，很不容易——在当事人双方互相了解前，猎头自己要先充分了解二者。

想要了解一个企业，除了研究该企业的宏观政策、行业细分领域，还得研究企业的发展情况，明确岗位需求，以及了解潜在招聘对象，这需要对人才市场、职业发展，甚至对心理学有深入的认知。

刚转入猎头行业的时候，Ming 主要负责为客户招聘中层管理人员。当时服务的客户以外资企业为主，工作流程很简单：通过网络了解客户对招聘岗位的要求，与客户沟通确认后，就在公司的数据库里搜索，找到匹配岗位要求的人员，再打电话、发简历、安排面试、谈薪酬。这一流程走了一遍又一遍后，她发现，能否为客户寻找到合适的招聘对象，决定因素主要是概率，而不是自己的能力。作为猎头，自己的能力并没有得到任何提升。

我忍不住打断 Ming ：“那个时候，你的薪酬应该不低吧？按照你的说法，工作有固定的流程，做起来并不难，这样的工作是多少人梦寐以求的啊，你怎么还不满足呢？”

Ming 说：“如果只是作为打工人，我早就满足了，但要想自己的职业道路有所发展，得为自己的简历打工，让自己简历上的每一条‘工作经历’都有较高的含金量！”

我精神一振，赶紧追问：“简历上含金量较高的信息，不就是名校就读经历、高端企业工作经历这些吗？很多人并没有这些经历，如何让简历有更高的含金量呢？”

电话中传来 Ming 明快的笑声：“我给你讲个故事吧。有一个从某普通二本院校毕业的女孩，进入一家普通高校做行政工作（没有编制）。工作期间自学人力资源和工商管理以及心理学，后从高校辞职，加入一家处于快速发展阶段的民企，从基层人事做起，3 年时间成长为人事经理。因为她经历了该企业快速增长的阶段，参与了公司的很多业务（有些业务虽不是她的本职工作，她也去做了，因此进一步提升了自己的工作能力），有很多实操经验，后来她被公司的一个客户——一家餐饮集团公司看上，挖去担任人力资源高级经理。

“3 年后，她从 0 到 1 帮助该集团公司搭建了新业务和新业务的 HR 体系，后来又被一家中国百强民营企业挖走，担任人力资源总经理（对方看重的是她前面的工作经验，即从 0 到 1 的破局能力和推动力）。在这家百强企业里，她经历了企业的业务重组、收并购、业务扩张和收缩，在很多人离开的时候，她选择了坚持，她认为经历企业发展的不同阶段，能增加工作经验，提升个人认知。现在她是一家市值千亿的上市公司的人力资源副总裁。”

再回到 Ming 的故事。她发现自己的工作并不能让自身的能力得到提升，就立刻找前辈取经。她发现高端职位的招聘才是猎头真正的壁垒。高端职位的招聘之所以难度大，是因为每个招聘的职位都很难定义。同样是 CFO，每个企业的需求其实完全不同，有的需要财务管理，有的需要融资上市，抑或是需要深入业务、驱动业务发展，不同行业、不同企业的需求都不同。

Ming 说："在我成为高端猎头之前，我就明白，要为企业招聘到合适的高端人才，考验的是一个人信息获取、逻辑分析和归纳总结的能力。在猎头这个行业，具备这些能力才能提升自我含金量。如果我在做中层招聘工作的时候，就抱着"完成眼前的工作就行"的想法，那就不会有成长为高端猎头的愿望和动力。只有当我想要提升自己的工作能力，并且主动付诸行动，机会才会出现。

"所以，我的第一条职场经验是：别总觉得自己是在为老板打工，其实，每个人都应该为自己的简历奋斗。每一份工作中的'多做一点'，每一次跳槽的挑战和变化，都会慢慢融入我们的简历，增强我们的职业竞争力。"

学会如何提问才是王道

我问 Ming："你为那么多企业招聘人才，肯定不会对每个企业都特别了解吧？那怎么办呢？"

Ming 说，这就需要明白两个工作重点。

不是只靠自己，而是要靠团队

高端猎头的工作基本上需要通过项目小组合作的形式完成，主要顾问

（通常是合伙人）负责搜集和整理客户需求，与候选人沟通，进行面试评估，向客户推荐候选人并完成面试流程，进行 offer 谈判，最终工作完成。研究小组的顾问负责调研行业和市场信息，寻找合适的候选人并说服候选人考虑某个职位。

听到这里，我有点惊讶：“招聘一个人竟然需要一个项目组才能完成啊！”

Ming 笑着说：“所以费用高是有道理的。需要通过高端猎头招聘的职位，大部分情况都不是一份 JD（职位描述）可以概括的，甚至很多高端职位是没有 JD 的，因为职位的特殊性和保密性、公司特点、创始人或 CEO 的性格匹配及企业文化等，很难在 JD 中描述清楚。但这类高端职位的匹配成功率其实并不高，而且在多数情况下，招聘不成功的原因并不是招聘流程有问题，也不是候选人不合适，而是客户没有想清楚为什么招聘这个高管，企业的业务和战略面临什么问题，这些问题是不是招聘一个高管就可以解决的。”

学会提问

Ming 的工作经验是：工作重点不是已知多少，而是如何提问，每个人都要学会提问。例如前期的调研工作，了解一个行业、一个企业、人才市场的情况等，这些调研其实在初级招聘、中级招聘、高级招聘的时候都要做。只不过招聘高级岗位时，优秀的猎头顾问会提问：我们的招聘需求有变化，那之前调研的内容，哪些信息是重要的，哪些信息需要剔除或重新调研？

比如，中层招聘时，只需要了解行业现状和这家企业发展的方向，而到了高端人才招聘，就需要进一步深挖现任 CEO 任期内的企业发展轨迹和重大转型，包括这位 CEO 在上一家公司的工作经历，这样就能推断出其领导风格，也能更好地了解其招聘人才的动机。

对候选人的研究更需要深挖，特别要注意那些“不合逻辑”的地方。比如，一个高管候选人从外企到民企，想寻求新的职业突破（升职），这没有问题；但如果从外企跳槽到外企，职位并没有明显晋升，肯定不合理，就需要进一步去了解。再比如，有的候选人说跳槽的原因是公司发展情况不好，那就要追问，当时为什么会选择加入，发展不好的根本原因是什么。又比如，候选人去了 A 公司，说主要是因为薪酬待遇比较理想，如果 B 公司、C 公司也能给他相似的薪资待遇，那么他选择的优先级是什么呢?

听到这里，我觉得“学会提问”也很难，就请教道:“这些对细节的深挖和追问，是靠丰富的经验才能总结出来的。作为一个新人，问不出这些问题怎么办呢？”

Ming 说:“其实并没有想象的那么难，要注意解题步骤和基本逻辑。谁都有第一次学‘番茄炒鸡蛋’的时候，有人只学会了这一道菜，但有人学会了这一道菜，下次做‘韭菜炒鸡蛋’‘番茄炒豆腐’就不会觉得难了，再多炒几次，就能总结出‘炒’这种烹饪方法的步骤都是先热锅再放油，油温达到了，再把准备好的原料放进锅里快速翻炒……

“怎么积累‘解题步骤’? 还以炒菜为例，固然需要多炒一些菜，才有第一手经验，但更需要我们有明确的意识：哪些菜的炒法是类似的，处理方法上有什么共通之处。然后就是‘基本逻辑’了。比如前面列举的情况，跳槽后职位没有晋升，薪水也没有涨，就不合理。”

这是 Ming 的第二条职场经验：不会不要紧，发现问题、独立思考、善于提问，重视问题的基本逻辑，盯紧不合理的地方，是重要的工作技能。

中年职场危机也许是个伪命题

如今，“中年危机”“职场瓶颈”都是热词，尤其是生完孩子的妈妈们，觉得职场对“35+”“40+”的人太不友好。而在对 Ming 的采访中，她却给了我一个全新的视角。

在猎头行业工作这些年，一年至少要看 2 000 份简历，见 500 多人，而且大部分都是企业总监以上的职位，依据 Ming 的工作经历，她觉得，遇到职场瓶颈不要首先觉得是自己“能力不行”或者“岁数到了”。

Ming 遇到过一个客户，这个客户在医院工作了 10 年，从实习护士成长为护士长。在医院工作期间，她切身体会到了打工人租房困难、群租房条件极差的现状。她在职位和年龄都到了传说中的“中年危机”时，从医院辞职了，开始做专门为求职者提供住宿的项目，后来转做公寓项目，目前是一家集团公司的 CEO。

所谓职场“黄金年龄”，其实由我们自己界定，并不是由 30、40 这样冷冰冰的数字界定的。

尽早开始孩子的职业教育很重要

Ming 的女儿现在 5 岁，在教育女儿时，Ming 比较重视两点。

第一点是鼓励孩子和别人沟通自己的需求，直面别人对自己需求的反馈，当被别人拒绝时，Ming 会帮助她了解遭遇拒绝的原因。Ming 说，工作那么多年，她接触过很多优秀的人，她发现，有一些优秀的人其实很脆弱，他们无法接受别人的拒绝或负面的评价，甚至会因为害怕这些而错过很好的职业发展机会。

Ming认为，如果一个人工作后没有尝试做过乙方①，那么他的职业生涯将是不完整的。一个人要真正认识自己，不仅需要积极的正反馈，也需要客观的负反馈。很多家长排斥孩子做销售工作，觉得服务于他人会让人放低自尊。但只有做乙方才知道什么是高智商、什么是高情商，才会了解影响别人做决策、控制事态发展、得到客户认可，是多么困难和富有挑战的事。在职业生涯初期，做乙方获得的锻炼，以及通过他人的评价完善对自己的认知，会让人受益终身。

Ming 说，她最开心的就是女儿不害怕在外面遭遇拒绝或者失败，因为这些都是让女儿成长的机会。孩子在外面遇到的各种反馈，不仅有利于孩子进行自我认知，也有利于家长更全面地认识孩子，帮助孩子不断复盘，总结经验。

第二点是尽早对孩子进行职业教育。不管是 Ming 自己的经历，还是她工作 8 年接触到的客户的经历，都让她觉得对未成年人进行职业教育很重要。她说，必须让孩子从学生时期就去了解各行各业的情况，到填报高考志愿的那一刻，尽可能客观地认识到选择的专业所对应的职业到底是什么。

Ming 特别强调，家长不能只简单地对孩子说自己对于每个职业的主观认知，比如财务就是和数字打交道，人力资源就是和人打交道，采购就是买东西，这种认知是非常片面的。举一个简单的例子，当一个孩子说自己希望从事某个领域，比如医生，一定要问孩子喜欢的原因，比如喜欢研究人体，

① 这里的乙方，泛指需要提供产品或服务给客户，获得客户认可才能获得收益的商业方。

喜欢动手，或者喜欢帮助别人等，这样能帮助孩子更好地了解自己。

一个孩子如果能尽早开始思考自己喜欢和擅长的事情，就能更好地认识自己。

所有的职业讲给孩子听

猎头是做什么的

①扫描二维码，让孩子听职业故事
②通过《我的未来有一万个可能》阅读完整版

— 努力学习无法带来幸福的生活，那辛苦学习到底值不值呢？ —

我们内心深处都渴望有人能告诉我们：“看，学习确实能改变人生。”以此激励自己，并鞭策下一代。然而，成功与失败的例子我们都见过：获得高学历者可能面对单调繁重的生活，获得低学历者可能过得更自由、富足。如果努力学习无法更好地享受生活，那学习的意义何在？受访者告诉我，学习的价值并不在于金钱，而在于成长。成长或许伴随痛苦，但从长远看，这些痛苦反而是打破人生边界的动力、超越自我的底气，也让我们更能体会生活的幸福。如此来看，学习的甜，其实远多于苦。

会计师 Faye
接受自己的女儿是个普通的孩子

- 会计的门槛并不高，考取证书就能干，但成长之路却很长。
- 会计师看起来是和数字打交道，其实核心在于与人沟通以及研究业务的逻辑和策略。
- 分数是继承不了的，但是做事的方法是可以习得的，比如持之以恒的毅力，比如做事的时候能多想一步、多做一步。

职业经理人 KK
找准自我价值并为之努力

- 一个人要有长远视野（格局）和个人品德（品性），这些品质会对一个人在职业生涯中能够达到的层次和企业能够实现的成就产生重大影响。
- 无论在哪个岗位上，都要时刻打磨自己的一技之长，这才是一个人未来几十年持续赚钱的利器。
- 希望我的孩子在 18 岁前能从容自在地体验人生，能早一点区分自我价格（社会给予的标签）与自我价值（个人内在价值），在能养活自己后去最大化地实现自我的价值。

药物科研经理丫丫
心怀星辰大海，眼前的焦虑就会少一点

- 世界上还有很多罕见病，还有一些相对落后的国家和地区可能存在区域性的传染病，药物科研工作者不能只研究热门方向，也要不忘初心。
- 我对孩子的教育，也像对自己的工作一样，更多关注远方和梦想的无限可能，而不是盯着眼前这一题的答案。

建筑师 Daniel
每个人都可以通过不断练习获得创造力

- 能在建筑行业坚持下来，赚钱绝不是我的全部动力，而是这份工作带来的创造性、可持续性、成就感。
- 艺术里藏着创造力，而创造力的起点，其实是纯熟地掌握基本技能。
- 我支持孩子做自己真正喜欢的事，因为热爱能让一个孩子迸发出创造力，去创造自己想要的生活。

猎头 Ming
鼓励孩子去和别人沟通自己的需求

- 负责招聘高端人才的人，并不等于自己就是高端人才，想要发展自己的职业道路，就得提升自己简历的含金量。
- 我的育儿重点是让孩子尽早地认识自己，所以我鼓励孩子去和别人沟通自己的需求。
- 一个人要真正认识自己，不仅需要积极的正反馈，还需要客观的负反馈。
- 父母要尽早对孩子进行职业教育，一个孩子如果能尽早开始思考什么是自己喜欢的、擅长的，就能更好地认识自己。

新时代的多元职业路径

技术为职业选择赋能

第四章

程序员 | MCN 机构老板 | 整理师 | 美甲师

随着技术的发展，一些工作岗位被AI取代，等到下一个10年、20年，人们的工作机会会不会更少呢？数字化，已经是未来发展的趋势之一。随着云计算、大数据、人工智能和物联网等技术的广泛应用，新的职业不断涌现。比如，程序员，无论是手机App、网上购物、在线学习，还是企业的数据处理、工厂的自动化，都离不开他们。“网红”，已经成为不喜欢“996”的“00后”、不甘心只带孩子的全职妈妈、不情愿只靠固定工资养活自己的普通上班族梦想的职业。

细分领域专业化，是未来发展的另一个趋势。每年，人力资源和社会保障部都会新增一些过去没有的职业，整理师就是其中之一，它在人们追求更高居家品质的需求下诞生；随着大众审美观念的不断更新，美甲师出现了。

这些工作，诞生于新的时代，能不能走得长远呢？

- 程序员说，只要对新事物保持学习的热情，就永远不会被时代抛下。那么，这份热情的源泉究竟是什么呢？
- MCN老板说，想要保持“网红”状态，漂亮和表演远远不够，真正打动人的，是真诚的内容。他分享的秘诀，背后藏着什么样的深意呢？
- 整理师说，想从事一份工作，首先要调研，确定这份工作有价值，并且能对人的身心有所帮助。这种选择职业的逻辑，人人都可以参考吗？
- 美甲师说，拥有一门手艺，能带来最大的自由。她还告诉我们，如果确认一份工作是自己想干一辈子的，就不必过于在意每个月的工资。这种心态的背后，又有着怎样的信念呢？

这类新兴的职业，在未来还会不断诞生，虽然它们充满了挑战和不确定性，但它们有一个共同点——契合人们的需求。只要牢牢把握这一点，我们在面对职业变化时，就会内心笃定，不惧怕未知的风险。

15 程序员

只要有终身学习的热情，在什么行业都能成功

大 J 对话行业人

Jim ｜年入百万的“90 后”程序员

- 生于贫困农村家庭；
- 靠奖学金上完中学，考入某名校计算机专业；
- 毕业后入职某大公司；
- 工作 8 年年薪涨 8 倍。

鼓励孩子保持学习的热情，比具体的职业规划更重要，学习能力和创新能力才是自我持续提升的关键。

——程序员 Jim

Jim，某大公司计算机工程师，现居上海。

“哈哈，在老家人们都叫我的小名，进了公司以后，才有了英文名。”Jim 笑着说。Jim 认为，与其说他是“小镇做题家”，不如说他是“农村做题家”，所谓的“成功”主要是因为学对了专业、入对了行。

18 岁前，Jim 拼命地学习，认真地对待考试，但在高考结束选大学专业时，他只是在网上随意检索了一下，网上都说计算机好就业，他也玩过一些游戏，觉得计算机专业很符合时代发展潮流，是必备的硬技能，以后好找工作，就选了计算机专业。

Jim 的父亲想让 Jim 毕业后从事公务员、医生等比较稳定体面的工作。父亲担心家里好不容易出一个名牌大学生，毕业后却只能去网吧上班，或者去修电脑。但平时一向说一不二的父亲，这次却让 Jim 自己做了决定。

如今，是 Jim 工作的第 8 年。随着前两年的一次晋升，他成为公司较年轻的技术经理，成了少年同伴中第一个年入百万的人。Jim 的故事和千千万万程序员的经历很相似。

“小镇做题家”的命运之选

2014 年，Jim 凭借名校本科、研究生履历，成功拿到很多大公司的 offer。但最后他选择了一家在当时规模不算大，预计未来几年会进入上升期的公司。

我问他是如何预测的，原本一毕业就能进 BAT（中国互联网公司三巨头的简称，百度公司、阿里巴巴集团、腾讯公司），放到现在也是一个非常好的选择，为什么没选呢？ Jim 说他对未来存在担忧。2014 年，移动互联网行业虽然很繁荣，但他认为鼎盛时期已经过去了，大公司可能很快会出现人才饱和、晋升困难的情况，这种认知推着他转身去了一家在他看来更有发展空间的公司。

“我从小就有一种不安全感，总是自我怀疑，刚毕业就想着怎么把失业时间延后。”当然，现在年薪百万，并不能证明 Jim 当时所选的公司是最佳选择。如果当年真进了 BAT，他也未必会被淘汰，如果不断晋升，可能收入比现在更高。但他的选择符合他的性格，他为自己选了一条更有安全感的路。

继选择大学专业之后，这是他人生的第二次关键抉择：进入最热门的行业，但不一定要去眼下最好的公司。程序员的黄金年龄大概为 10 年，拥有实实在在的做事机会，比“行业顶尖公司”的光环更重要。

“码农”到底是干什么的

程序员，自称“码农”，工作时面朝屏幕背朝天，眼前“一亩三分地”中除了屏幕、键盘就是鼠标，“996”“007”是常态，虽然每天上班晚，但下班更晚。Jim 说，工作主要分两个阶段。入门阶段每天要做的工作是实现需求，保障运行。日常接触的就是同小组成员（研发、测试）和兄弟部门，即产品（提需求的人）。每天干的工作是：理解需求—讨论需求—写代码（实现需求）—上线（验证需求是否实现）。

入门阶段的“码农”所有的工作都是围绕“需求”展开，即解决人们在网络使用过程中遇到的一些实际问题。例如，点外卖的过程在很多人看来是：看看附近有哪些美食，选自己想吃的菜品，下单等着外卖员送来。这个看似简单的过程，对于“码农”来说，可就复杂多了，至少要包括以下几个方面：

- 用户附近有哪些餐饮门店，将附近餐饮门店的信息都展示在界面上，让用户查看。
- 选择餐饮门店，点击后查看具体的菜品。
- 选择 1 ～ N 个菜品，下单、支付（其中还有折扣）。
- 服务器收到已支付的订单信息，将订单内容通知店家。
- 服务器调度外卖骑手，告知订单信息。
- 外卖骑手收到配送单，根据配送单到指定店家取菜品。
- 外卖骑手取到菜品，根据配送单地址将菜品送到用户手中。

再深入一点，除了满足基础需求，还要满足附加需求。比如，对附近的餐饮店按不同标准（距离远近、好评度或平台推广规则等）进行排列……每一步都需要通过若干行代码来实现，中间任何一个环节出错，都可能让用户点餐不顺利，让商家生意遭受损失。程序运行出现问题时，“码农”们就要找到错误，进行修正。

必须要说的是，程序员的工作并不都是前沿科技，大部分时候一点儿高科技感都没有，还相当无聊。Jim 说，在基层当“码农”，做的就是这些看得见的工作。只要技术过硬，就基本没有人际纠纷，纯属靠本事吃饭。

一般工作 5 年时间，程序员就要想办法晋升，成为管理人员（一家成熟的互联网公司一般都会提供清晰的晋升体系，但晋升很难）。Jim 表示，刚入职时，他基本上全年无休地工作，3 年时间就当上小领导，现在基本不需要自己编程写代码。进入管理岗位后，所面临的问题和其他行业的管理岗位一样，比如，和上下级直接沟通的能力，更高效地解决问题的能力（比如用最短的时间找到解决技术故障的办法），做规划、决策及培养人才的能力，需要学习更多与本业务相关的知识，还要学习最新的技术知识，保证自己的基础能力不落后。

当工作越来越难被量化、定性，也就越难做，这在各行各业都一样。比如，Jim 最近几个月利用所有周末时间准备一个重要的内部讲座，他说自己是生性沉默的人，当做培训成为他工作的新要求，他不得不突破舒适圈，因为这是晋升的必经之路。

在工作里失去了什么

“工作在给了你百万年薪的同时，夺走了什么呢？”我问。Jim 愣了一会儿，并没有给出答案。

“你小时候的梦想是什么啊？”我接着问 Jim。Jim 说，他中学时期最喜欢历史课，最大的梦想是写武侠小说，当时他和堂哥一起在网上每天更新小说，等着被编剧挖掘拍成电影。后来高考压力大了，只能放弃写作，他感觉自己变成了一个只在乎分数的“书呆子”。但他对放弃写小说的兴趣并没有感到可惜，更不会因此怪父母不能给予自己支持。

改变自己和家人的经济状况，是在贫困地区长大的孩子更大的梦想。

累、压力、内卷

互联网行业高薪的代价是高强度的工作。“996”，“007”，30 岁就升高的发际线，在 Jim 看来，这些跟从小吃过的苦比起来都不算什么。他认为压力是自己给的：“上高中的时候，我们按成绩分宿舍，成绩好就住 4 人独卫宿舍，但人员不是固定不变的。住 4 人独卫宿舍的学生，如果后面成绩差了就得搬出去，换考试成绩好的人进来。当时我亲眼看到好朋友一个人在烈日下卷着铺盖挤进了 8 人间。我很害怕自己搬出去，就努力学习，不敢考砸。”工作后，他也陷入了“一旦停下来就会输”的惯性思维。只要有晋升的名额，他就第一个争取，调岗时，把他安排到哪儿他就去哪儿。工作 8 年时间，他已经经历了北京、上海、广州、深圳 4 个城市。虽然目前取得的成绩看起来还不错，但他隐约觉得自己越来越像“工具人”。

最近一次晋升，PPT 材料是在妻子待产的产房外写的。看了一眼刚出生的孩子，他就飞往北京准备年终述职。妻子剖宫产大出血住在医院，他虽然担心，但脑子很快就被可能还不够完美的 PPT、可能赶不上航班的担心淹没了。那一天，他匆忙赶到北京，却发现自己看错了日期——述职时间是在下一周，就这样，他错过了好好安慰生产完的妻子的机会，错过了好好抱抱刚出生的儿子的机会……

“我有时候也会疑惑，这样下去，会不会一直错过人生中真正重要的事情。明明当初的梦想是赚钱让父母过上好日子，但是现在一年只和父母见一次面，和父母打电话的次数也少了。同时我还担心，会不会再不努力，突然有一天就因大龄被公司劝退。明明我是拒绝‘内卷’的，但如今看来，自己分明也是推动‘内卷’的一员。”Jim 说。

35 岁就会被淘汰吗

有人说互联网行业只属于年轻人，35 岁以后，只有十分之一的“码农”能顺利进入管理层，剩下的人员会被公司淘汰，遭遇高不成低不就的中年危机——这个传闻 Jim 当然也听说过。他笑称：“我爸爸现在还会突然给我打电话，说：‘你快 35 岁了，过了 35 岁就不能考公务员了啊！’

“相比于公务员、教师，‘码农’的工作确实‘不长久’，存在年龄焦虑，但这种焦虑被过度渲染了。其实，放眼全世界，35 岁以上的计算机工程师大有人在，只是互联网行业在中国的发展只有短短的三四十年时间，所以不要拿这些不实的消息吓唬自己。”

职业成功经历可复制吗

我问 Jim：“你的职业成功经历可以复制吗？”

“我算不上成功，但是走我这条路是可以的。计算机可能是过去 10 年，甚至是未来 10 年很适合普通家庭的孩子选择的专业。但互联网大概率不会再有飞速发展的阶段，大公司的‘高薪神话’很难被复制，但新的行业、新的机会一直存在。其实，各国之间除了经济的较量就是科技的较量。比如国家的‘十四五’规划就透露出几个信号：新能源、芯片、操作系统国产化。我相信国家的科技发展大有前景。即使没有考入顶尖的大学，只要沉下心来学习和钻研，就能习得一技之长。

“再看我的大学舍友，他们的工作大都十分稳定，有的进入政府部门工作，有的进入金融领域，目前也都做得不错。其实，尽管已经取得‘985’‘211’文凭，但在很多行业中，仍然需要父母的人脉、资源的支持。而我和身边这些出身相似、成长环境相似的同行，都是靠自己。工作8年时间，我每天都工作十几个小时，这是我认为的为数不多的以自己的技术为核心、产出结果为导向，同事之间的关系简单，不太存在尔虞我诈，收入水平还可以的工作，很适合我这种不爱说话、没有太多交友技巧的‘书呆子’。”Jim笑着说。

假如孩子想当“码农”

我问Jim：“你希望自己的孩子将来也进入互联网行业吗？”

Jim说：“如果孩子有这方面的兴趣和天赋，我绝对支持。但我更希望这个行业未来更人性化，工作强度不那么大。”Jim的孩子目前还小（不到3岁），他对孩子并没有宏远的规划，但他认为有两点非常重要。

不为了考高分付出太多代价

Jim当年学习只是为了考高分，并没有体会到学习带来的快乐。他喜欢语文、历史，却因为这两门学科提分慢，就把大部分时间花在了英语、数学这些靠技巧就可以提分的科目上。这样的思维在工作方面常会对人产生较大的影响，让人在工作时非常依赖外驱力，一旦撤走了奖金、晋升的机会，就很难做到在工作上全情投入，而且一旦工作不顺利，就会产生厌烦情绪。

一味追求高分，还容易让人陷入竞争思维，忽略合作的重要性。人在残酷的竞争中会变得没活力，在人际交往中更不自信，很难和人进行愉快的合作，共同进步。

只要有终身学习的热情，无论做什么行业都能成功

Jim 说自己赶上了大学扩招的红利，其实他自身的学习能力并不是很强。他唯一能为孩子“规划”的就是激发孩子的学习热情。

他经常上网看一些同行教育孩子的方法，他们不是带孩子直接学编程，而是在家和孩子拆解旧电器，比如动手组装电脑，修理坏掉的家具。孩子喜欢漫威，就动手做一套超级英雄的翅膀。也就是说，创新能力是从动手实践中得到的，只是一味地刷题，并不会提升自我竞争力。

目前，计算机领域已经实现与各行各业的跨界合作。比如，如果孩子喜欢画画，除了当老师、艺术家，数字媒体艺术也是一个新的就业方向。对 Jim 来说，孩子要不要学计算机并不重要，他说：“这一代孩子长大后，很可能人人都具有编程的能力，但绝不是人人都需要成为‘码农’。在一些发达国家，编程教学相当普及。就像电脑普及时，人人都需要学会打字一样。编程技术和其他技能一样，是可以习得的。会编程，只是多了一种解决具体问题的能力而已。甚至不学计算机，也能入行，比如从事产品经理、网络运营等工作。”

至于什么样的孩子能学好计算机，Jim 说：“要具有数学、英语学习能

力，但这些能力并没有想象中的那么重要，技术实力的真正提升要靠在实际工作中积累的项目经验。所以，得让孩子学习计算机之外的学科，拓宽自己的视野和知识面。”

人工智能发展突飞猛进，计算机能够处理的事务越来越多，所以人更要去学习那些计算机无法取代的东西，培养深度思考的能力和更开阔的视野。

“小镇做题家”的“江湖”

采访结束，我一面整理稿件，一面回想着 Jim 的武侠梦。Jim 的确没有实现自己的武侠梦，甚至没有为此执着过。

但我有这样一种感觉，一个靠着不懈奋斗，从农村走到大都市，从孤军奋战到携家带口的青年，已俨然有几分江湖侠客仗剑天涯的味道……

所有的职业讲给孩子听

程序员是做什么的

①扫描二维码，让孩子听职业故事
②通过《我的未来有一万个可能》阅读完整版

16 MCN 机构老板

支持孩子能走得更远的核心价值观：真诚

大 J 对话行业人

小飞 ｜ “网红”背后的男人

- “90 后”MCN 机构老板；
- MCN 机构孵化“网红”，都是“九死一生”；
- 在“网红”行业乱象丛生的环境中，用品格打造品质。

与其担心孩子当“网红”学坏，不如带他们看一看那些真正有影响力的“网红”。

——MCN 机构老板小飞

我算不算“网红”呢，应该算吧。8 年前我开始运营公众号时，做梦也想不到自己有一天会成为“网红”。有一天，小 D 在放学回家后突然问我：“妈妈，当‘网红’是不是能挣大钱啊？”

这个问题让我愣了一下，同时我也意识到，认为“网红”能挣很多钱的不仅有不喜欢“996”的“00 后”，不甘心全职带孩子的妈妈，不情愿只靠固定工资的普通上班族，还有孩子……

只要有一部手机，有互联网，好像每个人都可以成为“网红”，挖到金矿。于是我决定采访一下“‘网红’背后的男人”——“90 后”MCN（多频道网络）机构老板小飞，让他为大家解疑：普通人能当“网红”，挣很多钱吗？

MCN 到底是干什么的

可以把 MCN 机构理解为“网红”、达人、博主们背后的经纪人。小飞说，任何一个视频内容创作者，想要成为“网红”、达人、博主，通过拍视频赚钱，并且能够持续地赚到钱，必然绕不开这几道坎儿：

- 快速“涨粉”：知道什么是好的内容，每个平台的推荐规则是什么。
- 有了一定的“粉丝”基础后，怎么赚到钱：了解如何接到广告，接什么广告，怎么和广告商谈价格。
- 赚到钱后，考虑如何赚更多的钱：考虑怎么做才能持续赚钱。

大部分创作者可能擅长输出内容，也就是拍视频、发视频，对“涨粉”和商务合作并不专业，所以才有了 MCN 机构的存在。如果把“网红”、达人理解为艺人，那么 MCN 机构就是经纪人，通过自身的团队和资源，把普通的创作者打造成“网红”，然后指导对接商务合作，从中获得提成。

MCN 机构是如何让一个博主“火”起来的呢？简单来说，就是制作爆款视频。小飞说，一个爆款视频主要分为两块内容：视听技巧和思想核心。简单说，就是让视频精彩，让大众对视频的话题感兴趣。

想要打造更精彩的视频，MCN 团队要把控视频的画面调色和节奏，不断调整达人在镜头前的表达形式。话题要让大众感兴趣，比如大家经常看热搜，热搜中的话题就是大众比较感兴趣的话题。而作为爆款视频，不能只是追随热点话题，而要有自己的看法。比如，近几年很多人都在追求松弛感，我们不能盲目跟风，而要想一想妈妈们到底需要什么样的松弛感；面对热度很高的 ChatGPT、DeepSeek，不能只是跟风讨论，而要思考大众恐慌的本质是什么，对孩子未来的发展有什么影响，以及如何利用 AI 助力个人的生活与工作。

这些就是 MCN 机构在孵化“网红”时助力的方向，让他们能够将更多的精力投入到内容生产，输出更多的价值。

MCN 机构和创作者之间的合作涉及内容创作、品牌推广和收益分配，但利益背后潜藏着风险：抽成过高、巨额解约金……双方常因利益分配不均等问题发生冲突，甚至对簿公堂。“这样看来，MCN 机构有点像骗子啊！”我开玩笑地说。

小飞说：“坏人确实存在。有的 MCN 机构就是想‘空手套白狼’，先签约，谁红了就赚谁的钱，分广告提成，通过‘天价解约金’非法赚钱。但要说 MCN 机构都存在问题，肯定不对。如果 MCN 机构只是纯粹的骗子，没有创造任何价值，那早就被取缔了。

“当然，与 MCN 机构签约时一定要擦亮眼睛，不要为了省钱而仓促签约，需要找专门的律师帮忙。一定要知道，MCN 机构只是锦上添花，核心内容创作还是要由创作者掌控。比如，如果你插花做得非常漂亮，但是缺少摄像人员，就可以和 MCN 机构合作，让 MCN 机构提供摄像服务。也可以不和 MCN 机构合作，自己雇一个摄影师。但如果真是靠视频或照片拍得好成为‘网红’，那说明该火的是摄影师，而不是你。”

从 0 开始的“网红”之路

“只要把视频拍好就行了，孵化一个‘网红’，听上去好像也没那么难！”

我还是没忍住，向小飞说出心中的疑惑。

“这么理解也正常，人们看到的一段短视频，长度不过几十秒、几分钟。”小飞说，“但事实上，制作视频非常烦琐。要定期定量、保证输出内容的质量，要有源源不断的创意，有些内容需要经过反复的推翻和重建。”

就拿小飞当年孵化 IP“学校里的疯子”举例，作为导演和编剧，不停地琢磨内容，半夜两三点还在忙碌对他来说是家常便饭。为了避免视频内容“自嗨”，小飞常不断地表演给身边的人看，给不同性格的人看。“常常表演到自己感觉麻木……”小飞说，“我现在看脱口秀都笑不出来。”

“再比如，2021 年和大 J 认识的时候，拍摄视频常常从早上 8 点忙到凌晨 2 点，接连拍 20 ～ 25 条视频。下班后，所有人都困过了头，根本睡不着。但这样忙下来，视频最终呈现的效果也不一定很好。推翻重来是常有的事。”小飞接着说。

听完这些，我再也不敢说成为“网红”只靠拍视频就行了……我又问他：“从 0 做起，成为一个‘网红’的概率有多大呢？”

小飞说：“前几年短视频正值风口，成长很快，有的 MCN 机构做孵化时，100 个小组，3 个月的时间，最终只成功孵化 6 个‘网红’。所以你看，MCN 机构孵化‘网红’，都是‘九死一生’。”在短视频发展的鼎盛时期，有成熟的孵化体系尚且如此，放在现在，普通人成功的概率真可谓万分之一了。所以，如今 MCN 机构都非常谨慎，很少自己孵化账号，而是选择与已经有一定粉丝基础的“野生”优质创作者签约。

“说到‘网红’，我们普通人最好奇的肯定是：真像网上说的那样，他们靠拍视频就能轻松日进斗金吗？”我接着问。

小飞在电话那头笑着说：“‘网红’的赚钱方式有很多。我举个例子吧。头部顶级‘网红’，接商业推广，以一个粉丝2分钱报价，那么2 000万粉丝，是什么价格？这只是直接收入，此外还有个人影响力带来的不可估量的间接收入。我去年见过一个拥有8 000个‘粉丝’的账号，创作者并不出镜，就专门拍有关家庭用品的视频，比如床头灯、削皮刀等。每天发几个视频，一个月发120多个，突然某个视频爆了，就带来80万的销售额。可以算一下，假设扣除20%的佣金，净收入是多少？这对于一个全职妈妈来说很可观了吧？”

“赚钱真这么容易吗？我不信。”我心存疑惑。

“当然赚钱的只是极少数。”小飞补充道，“90%的人都熬不到收入大增的时候。还有一些人虽然突然挣到了钱，但这种状态并不能持续下去。我有一个北京的朋友，早期通过搬运国外视频的方式孵化了上百个有几十万、几百万‘粉丝’的账号。3个月时间，他通过销售账号轻轻松松赚了上百万元。后来平台的版权管理正规化，账号运营困难，他就再也赚不到钱了。”

我有一个朋友，他的公司有一个正在上大三的学生主播，长得很漂亮，开播一个月就能赚一两万元，多的时候每个月赚四五万元。她在赚钱的时候就明白，要想把账号做好，得学习表演，及时迭代自己的内容，通过打赏赚钱的方式终归不是长久的。

在短视频平台，赚钱的方式虽然不少，但大多不能持续，很多人不久便销声匿迹了。“一个‘网红’、一个创作者，想要干得长久，”小飞顿了顿说，“我更愿意说，想要和观众一起走得长远，就要把每一个观众当作自己的恋人。不管是‘大网红’，还是‘小网红’，始终要明白自己只是一个小小的创作者。如果想让观众持续关注你、喜欢你，你就要努力创造更多的新鲜感，持续学习，持续输出新的内容。但是坚持向一个方向迈进且保持乐观的人，太少了。”

普通人可以试一试吗

“很多普通人，特别是全职妈妈，也想做视频博主，拍视频挣点儿钱，那么普通人做‘网红’有机会吗？”

小飞回答：“始终有机会。比如我，就是靠拍视频改变命运的普通人。2013 年，我还是一个读古建筑专业（全称是戏剧影视美术设计古建筑方向）的大三学生，每天坐在教室里，用小刀‘沙沙沙’地削着木头，做榫卯结构。

“我做梦都想不到，后半生的职业生涯会与‘网红’有关。当时只是为了找一份后期视频制作的工作，拉着学弟学妹一起拍视频。拍着拍着，竟走上了大大小小的视频平台，赚到了人生第一个一百万，改变了自己的职业方向。”

现在，小飞每天的工作从早上睁开眼就开始了，刷手机搜集大量热点信息，和团队一起碰撞，面试各种有意向的创作者……一直忙到晚上睡觉前。其实，他的所有工作就是包装普通人。所以小飞说：普通人永远都有机会，但是要想抓住机会，就必须具备一些适配这个行业的能力。

2～3 个拿得出手的小技能

有拿得出手的技能，才能吸引别人关注你。为什么要有 2～3 个技能呢，因为这样才能做出具有特色的视频内容。比如美食博主李子柒，之所以能在国际范围内广受欢迎，绝不只是因为她会做美食。

共情能力

在新媒体领域，共情能力就是用户思维、用户洞察力。为什么一些创作者的视频这么容易引起人们的共鸣，好像每一条视频都让人觉得是在说自己？因为他们很了解什么样的内容能吸引受众，什么样的传达形式最容易让观众共情。

镜头表现力

如果能在镜头前有足够的信心去表现自己，又有独树一帜的表达手法，那么你也可能会是下一个优质创作者。

给孩子的职业支持

“我们成年人想做新媒体，搞副业，没有人会说什么；但如果孩子想要做‘网红’，人们肯定会认为‘网红’不是滑稽搞怪，就是衣衫不整，怎么能想当‘网红’！”我说出周围人的想法。

小飞在电话那头笑了起来：“对，我知道很多人都这么想。不过不要以为‘网红’就是跳舞，这只占一小部分。真正火爆且拥有影响力的‘网红’，从来不是单靠外表或者搞怪博人眼球，他们往往有过人的本领。哪怕只是分享生活点滴的普通人，也能从生活的细微之处去影响他人，给人力量。所以，与其担心孩子学坏，不如带着孩子去了解那些正能量的‘网红’。”

小飞的儿子也还年幼，于是我问他："作为行内人，如果你的儿子将来想当'网红'，你会阻止吗？"

小飞说："我不会阻止。时代的浪潮是不可抗拒的，孩子都喜欢游戏，如果他说要当电竞选手，父母与其阻止，不如提前了解他想当电竞选手背后的逻辑，和他一起深入了解电竞行业的现状。"

这让我有了新的疑惑："别说普通父母不明白孩子想当'网红'背后的逻辑，没法引导孩子，就算是你，作为第一代'网红'，到了儿子想当'网红'的时候，很可能那时的情况会与现在大不相同，你能给孩子提什么好的建议呢？"

小飞说："新事物肯定层出不穷，但我觉得支持孩子走得更远的核心价值观永远都是真诚。真诚地做自己，把自己想要做的以真诚的方式表达出来。我觉得不管在哪个时代，真诚都是很宝贵的品质，也很难得。"说到这里，小飞又笑了："我只是点到为止，哈哈，说多了就跟上课似的，有说教嫌疑了。"

所有的职业讲给孩子听

MCN 机构老板是做什么的

①扫描二维码，让孩子听职业故事
②通过《我的未来有一万个可能》阅读完整版

17 整理师

人格上“站着”，心灵的腰板就是直的

大 J 对话行业人

韩艺恩 | 从法务转行做家务的整理师

- 被誉为“中国整理界小天后”；
- 为了转行做“家务”，整整准备了 3 年时间；
- 曾在客户家跪着擦地板，爬高上低，挨家挨户询问是否需要家务整理；
- 一路成为整理咨询师、讲师，创立了自己的品牌；
- 在全国培养 1 700 多位整理师。

整理师的工作不仅仅是整理物品，更是在处理人和物、人和空间的关系，甚至是人和自我的关系。

——整理师韩艺恩

我们每天都在整理家务，有人却能把整理家务职业化，因此出现了“整理师”这个新兴行业。2021 年，人力资源和社会保障部把“整理师”列入新增工种。现在，市面上有各种各样的整理师培训班，好像拿到资格证就能入行，门槛低、收入高，让人以为这是份靠“叠衣服”就能挣钱的比较治愈的工作。

真的是这样吗？整理师的工作内容到底是什么？如何才能成功转行，成为一个合格的整理师呢？我们来看看“中国整理界小天后”韩艺恩的职业生涯吧。

从法务精英到整理师

“2015 年的最后一天，我向我所工作的位于陆家嘴的金融公司的同事们道别，从此告别法务工作，做起了‘家务’。为了这个决定，我准备了 3 年……”

这是韩艺恩在自己的公众号上写下的一段话。在她长达 3 年时间的准备期中，她曾在客户家跪着擦地板，爬高上低；曾挨家挨户地敲门，询问他们是否需要免费整理家务。后来，她一路做到整理咨询师、讲师，开了属于自己的公司，创立了自己的品牌，在全国各地培养了 1 700 多位整理师。

她放弃自己多年习得的法律知识，从 0 到 1 创造了一份新的工作，我忍不住问："这种勇气和能力从何而来？"

韩艺恩回忆，当年她在公众号上看到一位家庭主妇因为擅长做家务被美国《时代周刊》评选为"全球最具影响力的 100 人"。这一爆炸性新闻深深地触动了她——原来，做家务也能改变世界！这也是她第一次知道，教别人整理家务，也能成为一份工作。

"当时，我觉得这个工作太好了，太适合我了。如果能干这个工作，那我一点儿都不讨厌上班了！"韩艺恩现在回忆起当时的情景还特别激动。那个出现在《时代周刊》里的主人公，就是现在已经火遍全球的近藤麻理惠女士，韩艺恩一口气就读完了她的作品《怦然心动的人生整理魔法》，后来又反复读了 7 遍。

"找到想做的事情，只能算是迈出了第一步，那接下来怎么做呢？"我充满疑问。

"我开始上网搜索有关整理家务的信息。但当时别说与整理师行业相关的信息很少，就连与整理相关的知识也很少。我每天都在网上搜一遍'整理师'三个字，却始终找不到自己需要的整理知识。"韩艺恩说，"既然找不到系统、可学习的整理知识，我就自己在家一边实践一边验证。我每天拿老公的毛背心练习叠衣服，我家的床单都因为我反复练习叠衣服而被磨破了。"

她利用收纳工具和家中的软装练习格局改造，并研读家居艺术，利用自己的创意，用较少的成本布置出令人愉悦的家居环境。在实操过程中，她进一步思考：物品整理好之后放在哪里更合适？怎么能一直保持家中不乱，如何充分利用家里有限的空间？……

原来让人的生活空间整洁有序，需要的不只是整理衣服的秘诀，还需要一套完整的整理体系作为支撑！对于当时市面上流行的日本主妇的断舍离哲学，她想一探究竟。于是，她专门去日本和著名整理师以及极简主义者做交流，了解他们的文化根基，研究收纳之道。但在回国后，做上门服务时，她发现日本的整理收纳理念虽然快捷方便，却很难落地，必须创造一条适合中国家庭的整理之路。

从 2015 年起，她给自己立下一个目标，免费给 100 个中国家庭做公益整理服务。她到邻居家敲门，向邻居发放印有自己微信二维码的名片，走进社区街道，讲述自己的整理理念，宣传自己无偿帮助他人整理家务的计划。

我听到这里很震惊，原来她在转行之前，做了那么多事情——而这些事情都是在辞职之前完成的，难怪需要长达 3 年的时间。她在离职的那一天，虽然还没有完成免费为 100 个家庭做家务的目标，但已经有很多人表示，即使收费，他们也很愿意请她到家里整理家务。

在辞职之后，她靠着十足的行动力，借助当时互联网社群蓬勃发展的红利，在 2016 年建立了第一个整理收纳爱好群。她克服胆怯，组织了几场线下交流活动，一步步找到了属于自己的发展圈子，明确了自己的定位。也是在这一年，她借助线上知识分享平台（在行网），成为上海地区第一个整理收纳领域的行家。

整理师跟保洁阿姨有什么区别

很多人听到“整理师”三个字，往往想到“保洁阿姨”，认为整理师的工作内容与保洁阿姨没有什么不同，只是名字好听些罢了。韩艺恩刚入行的时候才 20 多岁，每天要面对别人的“吆五喝六”。“其实，对于别人叫我‘阿姨’，我感觉无所谓，因为我很喜欢做这份工作。”韩艺恩平静地说。

“那整理师和家政保洁人员的工作内容本质上有哪些区别呢？”我问。

“我绝不认为整理师的工作比保洁工作高级，二者的工作性质相同，都属于服务行业，只是双方提供的服务内容不同。”韩艺恩说。她的团队在给客户上门整理家务时，也会请专业的保洁人员协助清洁工作。

家政保洁人员解决的是家中脏的问题，所做的工作往往是在维持家中物品不动的基础上，把卫生打扫干净。而整理师，更像是一个房子的“医生”，主要解决乱的问题，不仅要帮客户诊断家里凌乱的原因，涉及人、物品、空间的动态平衡，还要设计、规划，并教授客户一套能够让家中物品不乱的方法，让整个家看上去整洁、好看，同时满足每个人的生活需求，让居住在里面的每个人都感觉方便、舒适，生活得更开心，免受凌乱的折磨。

“那整理师的具体工作是什么呢？”我接着问。

韩艺恩介绍，整理师也可称为“整理收纳师”，可细分为“整理收纳服务师”“整理咨询师”“整理收纳讲师”等职位，主要是为客户提供上门整理服务或者整理咨询和讲座服务。韩艺恩现在所带的整理师团队，有完整的服务流程：

1. 前置咨询：和客户进行初步沟通，了解客户的需求，确定整理项目。

2. 预采：在正式整理之前进行线上采访，或实地搜集与整理项目相关的所有信息，为之后的整理服务做好准备。了解委托人的基本情况，如房屋面积、使用情况、整理诉求、杂乱原因，以及家庭成员的习惯、爱好、职业、作息等。有时也需要上门测量各类数据，和客户沟通是否需要采购收纳工具等。

3. 设计整理方案：客户需求不一样，匹配的整理师也不一样。比如对于物品囤积严重的客户，所匹配的整理师不仅要有相关的整理经验，还要有较大的体力支撑。对于儿童房，则会匹配有育儿经验的整理师；等等。除了整理师的匹配，整理方案中还包括时间安排、具体实施方案、客户须知等一系列内容。

4. 整理团队上门进行现场作业。在整理过程中，客户需要全程参与，整理师通过和客户沟通，做物品的清空、分类、筛选、定置、收纳、定位等工作，并教会客户维持现状的方法。

5. 回访：在整理服务完成之后，整理师会不定期回访，观察整理完成后维持的情况。

整理凭什么这么贵

在采访的过程中，自然绕不过整理师收入的问题，但韩艺恩并没有直接给我具体的数字，而是结合自身，谈了她经历的 3 个阶段：

- 免费服务（算实习期，积累经验）。
- 自己不知道费用标准，由别人出价。
- 自主定价，收入来源越来越多。

她明确表示，不能根据个别案例就判断这个行业的收入标准，整理师的收入和个人能力、经验有很大的关系，有的整理师收入高，但不代表别的整理师收入也高。有一定整理经验的整理师，日薪一般都能达到1 000元以上。通常来说，讲座的时薪会高于上门服务的时薪，但要做讲师，需要以大量的上门服务经验为基础，这样才能持久输出高品质的整理经验。

当然，可能有人会说，整理师的工作不就是叠叠衣服吗，凭什么一天收入1 000元？对此，她给我讲了一个从业生涯中让她印象最深刻的案例。

客户是一对住在上海静安区的老夫妇，老两口生活在面积只有12.5平方米的老房子里。这个家多年只进不出，逼仄的空间遭遇严重的囤积问题，老爷爷热爱油画，家里到处挂满了他的作品，老太太只能挤在一个椅子上睡觉，他们的亲戚委托韩艺恩的团队上门整理。

给这样的家庭做整理工作，除了清空囤积物，还要尊重他们的生活习惯，并照顾他们对物品的感情，因为不管是再也用不上的孩子的书籍、玩具，还是马路边捡回来的石头，对他们来说都是有价值的。怎么给物品选择合适的位置，方便老人使用？怎么和老人沟通，让他们同意整理方案？整理好房间后，如何让他们维持下去？这些都是专业整理师要做的工作。

那次，韩艺恩调用了团队中的21位专业整理师，整理了整整7天，最终给老两口释放出了7平方米的空间。

整理师的工作表面上是在有形的空间里处理人和物品的关系，实际上是处理自己与自己、人与人之间的关系。韩艺恩作为整理师，走进了千千万万个家庭，经历了很多人的生活，真切体验到了真实的、多样的生活状态。

想成为整理师，考个证就行吗

随着整理师行业的发展，目前整理师的工作内容已经从家居渗透到办公、个人信息整理等领域，对相关人才有了更多的需求。从业者不仅有从事家政服务的中年妇女，还有大学毕业生。我问韩艺恩，是不是报培训班，考取资格证，就可以成为整理师？

韩艺恩说，的确，现在很多人向她咨询整理师的行业现状时，常问："报培训班，考取资格证书，就可以服务客户了吗？收入多少呢？"但目前的行业现状绝不是有资格证就能找到工作，就能接到活儿，客户的认知水平一般比较高，他们会通过培训经历、工作经历甚至言谈举止来判断工作人员是否专业。

简单来说，客户不会因为你有资格证书就信任你。想一想，就算我们找家庭保洁，一般也是靠平台或者熟人介绍，而不会只看资格证书。"我招学员比较看重的是一个人的品格，比如做事是否专注、负责，为人是否诚实、守信。"韩艺恩说。

不管你做哪一行，这几句话都值得听一听

韩艺恩算是转行成功的典型案例，她的转行过程虽充满艰辛，却有很多值得我们借鉴的地方。

首先，在决定转行之前，要问自己是不是真的热爱所转的行业。韩艺恩在转行前反复问自己：选择做整理师，真的能做到不在乎收入和他人评价吗？在明确这些问题的答案后，她才最终决定转行。所以，即使后来遭遇被客户指着鼻子骂“神经病”，或被轰出门的经历，她也能坚定地做下去。

然后，确认自己选择的行业有价值。当走入越来越多的家庭，她才发现，原来世界上有这么多人每天都在饱受凌乱的折磨。有外表光鲜，家里却凌乱不堪，不敢邀请朋友来家里做客的职场精英；有因为对未来的生活充满恐惧，而不敢迈入婚姻的年轻男女；有看着被整理师清理出来的衣服，大声哭着说“原来自己离想要的生活那么远”的家庭主妇……

她很确定她想去做的事情是有价值的，而且这种价值感能够持续地激励着她坚持下去。正因为如此，当决定转行时，有人像我一样问她“放弃高薪职业去干‘伺候人’的活儿，就不担心以后会后悔吗？”的问题时，她会语气坚定地回答：“做得越久，反而越来越坚信自己的选择是正确的，而且能把这件事做好。”

对于“伺候”这个字眼儿，韩艺恩的看法是，每个人都应该谦卑地服务于这个世界，在服务的过程中获得对自己的肯定和他人的尊重。如果能够选择一份自己热爱的工作，做出品质，赋予它意义，就不会做金钱的奴隶，不用“跪”着工作。人格上“站着”，心灵的腰板就是直的，就会无所畏惧。

最后，证明自己能做好，而且很专业。单纯的热爱是不够的，有了做事的决心，更要有专业技术。韩艺恩在经历 3 年多时间的蛰伏学习后，凭着专业让她积累起来的底气、能彻底解决别人问题的本事，终于抓到了好运气的“手”，一路向着成功狂奔而去。上培训班，往往是入门第一课。她是在实实在在地服务了几十个家庭，并得到客户满意的情况下，才确定自己是有点儿本事的。有了专业积淀再辞职，转行成功率就会高很多。

采访结束前，韩艺恩说，她很想对她的父母说一声“谢谢”。作为一个出生于西北小城的普通女孩，她的爸爸在30多年间一直在做各种尝试，一直在创业的路上。在她最初创业的那几年，当很多人不看好，她自己也想要放弃的时候，爸爸的那句“要有目标，不要放弃”一直鼓励着她，让她有守护梦想的勇气。

韩艺恩从小学习二胡、声乐、舞蹈、主持等。虽然韩艺恩现在做的整理师工作看起来跟之前学习的内容毫无关系，但她说，过往的经历、所体验的美好就像一颗颗珍珠，而整理师这份工作，是能把珍珠穿起来的线，她现在终于能把这串温润美好的珍珠项链完整地佩戴在胸前了。

她相信，一切经历，都不会白费。

所有的职业讲给孩子听

整理师是做什么的

①扫描二维码，让孩子听职业故事
②通过《我的未来有一万个可能》阅读完整版

18 美甲师

服务行业别给自己预设“低人一等”

大 J 对话行业人

Jojo ｜梦想自己开店的美甲师

- 初中毕业，在上海打拼十几年的小镇姑娘；
- 刚入行时，看到指甲就想练习涂指甲；
- 入行十几年，对美甲的热情依旧；
- 梦想是未来可以拥有一家属于自己的美甲店。

不着急成功，我要在这个行业干一辈子，慢慢来。

——美甲师 Jojo

我完全没有想到，我会把美甲师这一职业纳入职业教育这个系列。我更没有想到，自己会找 Jojo 做美甲。原本常去做美甲的店里挤满了人，我就转了个弯，走进了 Jojo 工作的店，她笑眯眯地招待了我。她带给我的体验是，指甲修剪的形状好看，搭配的颜色也好看，她照顾到了各种细节，手脚麻利，完成得又快又好。

她对我说了好几次："您是第一次来我家，我今天一定要好好为您服务，不能让您失望。"她的眼神、笑容、话语和最终交付的作品，让我很确定地感知到，她的服务过程不是服务行业惯有的套路，她是真的满心欢喜地在工作。

我决定跟她深入聊聊她对美甲师这份工作的看法。

学一门手艺，比在工厂打工有出息

Jojo 出生于一个小镇，初中毕业跟着老家的人来到上海，在一个工厂打工。聊起为什么踏入美甲行业，哪怕已经过去了十几年，她仍然一脸感激地说:“那要感谢我的贵人！”她口里的贵人，是当年来上海后认识的一对夫妻，这对夫妻的侄女在福建做美甲，收入还不错，他们就提议她也去试试。

“原来这就是你所说的贵人呀？”我略带惊讶地轻叹。

“可不是嘛，叔叔阿姨和我说，小小年纪，没有学历，天天在工厂上班，没有什么发展前途，不如去学一门手艺。”Jojo 微笑着说。

“那时候你了解美甲行业吗？怎么就敢轻易跨出第一步呢？”我问。

对当时只有十六七岁，刚从小镇来到上海的 Jojo 来说，当然不懂美甲行业。但有一点她很确定，她不想自己的未来和工厂里那些从十六七岁一直工作到五六十岁的阿姨一样。这个想法鼓励着她勇敢跨出了第一步。她拿出在工厂流水线工作一段时间的积蓄，报名了一个培训机构，学习美甲课，一个月时间，就拿到了结业证书，算正式入了行。

但一个月的培训时间，她只学会了一套美甲的基本操作流程，距离她想要的“手艺”还有十万八千里。那段时间，她像着了魔似的，看到指甲就想练习涂指甲，不仅给妈妈涂，还给爸爸和哥哥涂；不仅给手涂，连脚也不放过。Jojo 找到了自己喜欢干的事，入了迷，决定好好干下去。

美甲的“技术含量”这么高吗

在家练习了三个月后，Jojo 开始出去找工作。第一份工作是在一家兼做美甲服务的美容机构做美甲师，但不到两个月时间，Jojo 就跳槽了。

我问她："是因为工资低吗？"她答道："不是，主要是学不到东西。美甲不是那家机构的主业，那里的技术很一般，我不能从老员工那里学到东西，而我又不想止步不前，就跳槽了，找了一家专业做美甲的机构。"

"美甲有那么高的'技术含量'吗？"我忍不住脱口而出。一直轻声细语的 Jojo 一下子提高了嗓门儿："当然啦，美甲并不是你们所以为的那么简单。不同的手形、不同的指甲形状、不同的肤色，适合什么样的美甲，都是有学问的。怎么修剪指甲，怎么涂指甲，怎么封层，很考验一个人的技术……"

刚进专业美甲店时，现实给了 Jojo 很大的打击。大部分顾客都有指定的美甲师，Jojo 只能接待少得可怜的新客，而且一些老员工还欺生，故意不给她分配顾客。美甲师的底薪很低，收入基本靠提成，顾客多，收入高；没顾客，就只有底薪。自然，刚入行时，Jojo 头几个月的工资比在工厂工作时低很多，甚至不够生活开支。

"那时，你有没有抱怨或者后悔呢？"我问。

"我从来没有抱怨和后悔过。"Jojo 很坚定地说。她入行十几年，最骄傲的一件事就是从来不抱怨，不聊八卦，也从不和一些同事一起挤对别人。

没顾客的时候，Jojo 就主动给别的美甲师帮忙，如果她们还在忙上一位顾客，她就主动先给等待的顾客卸甲，把基础工作做完。Jojo 说："虽然做这些并没有提成，但我闲着也是闲着，卸甲也是美甲的基本功，我把这些杂活儿当作提升自己的机会。店里没有顾客时，我就抓紧时间练习画美甲，每天研究各种指甲的形状和画法。这就是专业美甲店的优势。每当看到店里采购的材料和工具，我就感觉每天都有学不完的东西。"

我听完有点不相信：“你那时候年龄还很小，怎么心态这么好？”

Jojo 说：“我也说不出什么人生大道理，只记得一位‘贵人姐姐’的话，美甲是一门手艺。手艺是属于自己的，不存在多做少做的问题，目的是提升自己。”

在工作中开阔自己的眼界

在第二家美甲店工作了三年后，Jojo 又一次跳槽了。这三年里，她的手艺得到了很大的提升，积累了不少忠实的顾客，和同事、领导相处得很融洽，月收入翻了三番。

“为什么又跳槽了呢？”我疑惑地问。

“因为我想去看看高档的美甲店是什么样子，想检验一下自己的技能，看看哪些方面还需要提升。”Jojo 解释道。

“跳槽的主要原因不是为了赚更多的钱吗？”我忍不住问。

Jojo 笑着说：“大概是因为当时年轻吧，我对自己的要求只是能养活自己。从进入这个行业开始，我就知道自己要干一辈子。既然要干一辈子，就不看重眼前几个月工资的多少，而要去想如何找到更大的平台，让自己学到更多的知识。我一直认为，自己的能力变强了，赚钱是自然而然的事。”

满脑子“我要进步”的 Jojo，如愿进入了上海很高档的购物中心——国金中心的一家美甲店。

我忍不住问她:“美甲店之间的技术差别真的有那么大吗？我平时做美甲，发现只是涂颜色，美甲店的收费标准就相差很大，有的只收几十元，有的却收几百元，但我总觉得这与美甲店所处的地段、房租高低有关。”Jojo却说:“房租这类固定成本固然对价格影响很大，但美甲行业的水很深。比如指甲油质量差别很大，这些只有在这个行业做久了才能明白。有的美甲店做一次美甲只收 9 块 9，但是为顾客做指甲的技师可能刚从速成的培训班出来，拿顾客练手呢。你有没有发现？好的美甲不仅形状做得好，指甲油涂抹更均匀，保持的时间也更久。这些都是需要技师的技术功底的。”

我有过几次特别不愉快的美甲经历，美甲师涂指甲油时不仅涂得慢，还涂得坑坑洼洼，特别不好看，结果不到一周时间，我就自己卸掉了。

“你到了这个高端的美甲店后，真的学到了很多技术吗？”我问。Jojo郑重地点了点头:“那是肯定的啊。高端美甲店对于服务细节要求很高，如顾客进门怎么打招呼，如何引导顾客入座，做完美甲后如何给顾客做手部按摩等，都有严格的工作标准，在这里我真正明白了什么叫‘服务’。以前虽然知道要服务好顾客，但是没有人指导，不知道到底该怎么做。到了这家店之后，老员工天天都在做示范。除此之外，这家店比较舍得投入成本，采购很时尚的甲片和甲油，并鼓励员工进修学习。”

对 Jojo 来说，到了这家店之后，她接触的顾客也不一样了，顾客的穿着谈吐对她影响很大。与顾客关系熟了，彼此也会聊天，顾客会聊她们的工作，在某种程度上开阔了 Jojo 的眼界。说到这儿，Jojo 停下来翻手机相册，一脸自豪地对我说:“你看，我还给有名的女演员做过美甲呢，她特别满意，我们还合影啦！”

“高端店的老员工，就不挤对新人吗？”我冒昧地问。

Jojo 笑着说："这种现象在各个店都存在，但经过在上一家门店的历练，这对我来说已经无关紧要。人和人相处，最终还是将心比心。"

相较于之前的工作，Jojo 在这家店工作的时间最长，从最基础的美甲师一路做到了店长，收入从刚开始一个月两三千元涨到一万多元。但 Jojo 觉得自己收获最大的并不是涨薪，而是拥有了发自内心的自信和坚定的力量。她说："我学历很低，但我真的发现，原来用心去做一件事，往往会有回报的。"

起点低，坚守的勇气是什么

听完 Jojo 的故事，我觉得很神奇。这个来自小镇、只读过初中的姑娘，在美甲这条道路上做的每一个关键选择，都跟我在某世界 500 强企业工作时，那些毕业于常青藤名校、年薪百万美元的职场导师教导的一样。

"我第一次发现，学手艺好像真的没有门槛，可以学美甲、学美发、学化妆等，只要用心学，也会有不错的收入。"我感叹道。Jojo 听了，猛摇头："如果不是真的热爱美甲、美发、化妆等，还是不要去做，不然肯定做不长久。这些行业看似门槛很低，即便学历低、没有相关工作经验，只要培训两周时间，拿到从业资格证就可以工作。

"但就是因为门槛低，入行的人特别多，竞争就会特别激烈。比如美甲行业，刚入行时收入很少，还要一天到晚弯腰曲背地坐着，很容易得颈椎病、腰椎病这些职业病，而且还会经常受顾客指责，百分之八九十的人干不了几个月就会选择离开。所以，千万别觉得学手艺是找好工作的捷径，选择工作时，最终还是要思考自己对所选择的行业是不是真的喜欢，想不想做一辈子。"

“那你是怎么判断自己是真的喜欢自己的工作呢？你是怎么越做越好的呢？”我很好奇。

“第一点是发自内心地热爱。最简单的判断方法是，自己爱不爱美，喜不喜欢给自己做美甲，做完美甲会不会发自内心地开心。自己不爱做美甲，就很难发自内心地热爱这份职业。

“第二点就是沉得住气。美甲工作其实很枯燥，工作内容就是日复一日地为顾客涂指甲，但我们要做到，即使每天涂同样的颜色，我们对自己的要求应该是不同的，这样才能不断进步。很多美甲师不明白这一点，只会抱怨，不都是涂颜色，凭什么别人的顾客多、收费更高。其实，只要平心静气地观察，就会发现顾客多的美甲师涂出来的指甲就是比顾客少的美甲师涂的指甲更好看，涂的速度也更快，保持的时间也更长，还能给顾客提出更加称心的建议。这些就需要我们沉下心，不断去钻研。

“第三点是以平常心看待服务业。美甲属于服务行业，在很多人眼中，服务行业的工作内容就是伺候人、专受气。但我觉得这都取决于自己怎么看，如果预设自己的工作低人一等，被顾客欺负，那么任何一件小事都会让人觉得自己在受气。其实任何工作都会有被人误解而受委屈的时候。这么想，就没必要放大服务行业总是伺候人、专受气这件事。我遇到事情都是先提醒自己，剥离个人情绪，客观地看待事情，认真思考自己从这些事情中能学到什么。”Jojo 真诚地说。

Jojo 和我分享了之前发生的一件事。新冠疫情期间，她习惯备一瓶免洗消毒液，在做指甲之前会先给顾客涂一下消毒液，顾客一直认可这一做法。直到有一天，Jojo 刚给顾客涂上消毒液，顾客就生气了，认为 Jojo 嫌弃她手上有病毒。

Jojo 解释说，这是为了彼此的健康考虑。但是顾客仍然很生气，并表示不想再继续做指甲。Jojo 只好帮顾客清洗掉消毒液，涂上护手霜。

“哇，我太佩服你了。你竟然不生气，不觉得她反应过度吗？”我有点儿不理解。Jojo 说：“还是要换位思考啊，你从‘我一片好意，你何必说话那么难听’的角度想问题，肯定生气。但如果你退一步想她生气的原因，就会发现自己的提升空间。后来我就反思自己，我每次给顾客涂免洗消毒液，都没有征求顾客的意见，经历这件事后，我都会提前征求顾客的意见。你看，那位顾客帮助我，让我的服务水平得到了进一步的提升。”

Jojo 继续说：“第四点是要有良心。不要只想着赚顾客的钱，想要积累长久的顾客，就要把顾客当成朋友。”说到良心，我想起了开早餐店的范范，食品安全大于天，她做早餐坚持不放甜蜜素，当然是职业良心，那对于美甲师来说，职业良心体现在哪些方面呢？

Jojo 举了两个例子。她有一位顾客的职业是医生，这位顾客拿着车厘子红对她说，想做这个颜色的美甲。Jojo 就告诉她，这个颜色可以做，但感觉不符合医生的职业身份，显得太浮夸，问她要不要重新考虑，并给她推荐了几个备选方案。结果这位顾客同意了，对做出来的效果非常满意，并成为 Jojo 的忠实顾客。

还有一个 15 岁的小姑娘，特别喜欢找她做美甲。有一次，小姑娘拿着一张贴着很长甲片的图片，要 Jojo 按照图片给她做美甲。Jojo 坚决反对，很坚定地和小姑娘说：“我可以给你做一个简单大方的款式，这个款式太夸张了，你作为一个学生，不可以这样做，如果我是你的妈妈，也不会允许你做这样的美甲。”

Jojo 说，遇到顾客这些不合理的要求，就不仅仅是靠审美去工作，而是要靠良心。按理说，款式越浮夸，收费肯定越高，但是她不能这样做。要一切从顾客出发，多为顾客考虑，选出最优方案，如果只是为了赚钱，那往往是一次性生意。

未来呢？想做个小老板

Jojo 和我相遇的地方，并不是前文提到的那家商场中的高端美甲店，而是她后来又跳槽到的地方。

我问她："上一份工作的条件那么好，为什么又跳槽呢？" Jojo 指了指我们当时所在的位置——美发沙龙的一角，满脸灿烂的笑容，说："我的梦想是拥有一家属于自己的美甲店，这个小角落，现在是属于我自己的小店呢。"

"为什么不直接租一个沿街店铺，开个自己的店呢？是因为资金问题吗？" 我有些疑问。她摇摇头："这些年积攒的钱，租个店面肯定没问题，但租下以后怎么经营才是关键。一旦有了自己的店，操心的不再只是今天接待了几个顾客，能拿多少提成。我需要考虑每个月固定的支出，怎么营利，还包括如何请到好的美甲师，如何管理员工，这些都是需要学习的。所以，我借这家美发店的一个角落，先尝试一下。"

这个工作角落是 Jojo 自己争取到的。她工作的上一家高端美甲店和这家理发沙龙有合作，Jojo 和理发沙龙的负责人认识很多年了。之前到他们理发沙龙理发的顾客要做美甲，理发沙龙的工作人员都会推荐 Jojo 所在的美甲店。这家理发沙龙要开新店了，她就试着去问理发沙龙的负责人，能不能给她一个机会，跟她直接合作，她肯定更用心地去经营。

没想到负责人很爽快地同意了，就有了现在的这个小店。Jojo 说，她目前很满足，现在这个阶段她先要多看多学，多学习管理和财务知识，等准备好了，再筹划开一个真正属于她的美甲店。

采访结束前，Jojo 又说了一句："我要在这一行干一辈子呢，现在还年轻，慢慢来。"

所有的职业讲给孩子听

美甲师是做什么的

①扫描二维码，让孩子听职业故事
②通过《我的未来有一万个可能》阅读完整版

未来是掌握在自己手里的

在当下日益多元的世界，虽然职业选择更加多样，但创新之路始终充满挑战。作为父母，如果孩子将来能做自己喜欢的事，并靠此养活自己，无疑会倍感欣慰。那么，什么条件下才能尝试这种根据自己的热爱而工作的模式呢？那些凭着热爱谋生的工作者，分享了他们的宝贵经验和建议。

程序员 Jim
“码农”的年龄焦虑被过度渲染了

- 作为“小镇做题家”，我最想告诉孩子的，是不要为了成绩付出太多代价。
- 人工智能发展突飞猛进，计算机能够处理的事务越来越多，所以人更要去学习那些计算机无法取代的东西。
- 可以进最热门的行业，但不一定要去眼下最好的公司，实实在在干活儿的机会，比“行业顶尖公司”的光环更重要。

MCN 机构老板小飞
与其担心孩子“学坏”，不如带着他去看新事物背后的逻辑

- 90% 的人熬不到收入大增的时候，还有一些人真的突然挣了很多钱，对他们来说也是一种挑战。
- 想要和观众一起走得长远，就要把每一个观众当作自己的恋人。
- 时代的浪潮是不可抗拒的，父母与其防着孩子沉迷某些事物，不如和孩子一起提前了解该事物背后的逻辑，和孩子一起面对。
- 真诚地做自己，把自己想要做的、想要表达的，通过真诚的方式表达出来。我觉得这是不管在哪个时代，都很宝贵、也很难得的一件事。

整理师韩艺恩
人格上“站着”，心灵的腰板就是直的

- 整理师的职责不仅是“收拾家”，更是解决混乱的问题，帮助客户打造长期可维持的生活空间。
- 整理师的工作不仅限于整理物品，还涉及处理人与物、人与空间，甚至人与自我之间的关系。
- 整理师与家政保洁的区别在于：保洁解决的是卫生问题，而整理师关注的是物品管理与生活秩序的优化。

美甲师 Jojo
上一个月培训班，学一门手艺真能逆袭吗

- 学门手艺就能干，门槛低，往往意味着竞争也激烈。
- 选择职业不要只因为看到别人赚钱，最终还是要思考自己是不是喜欢，想不想一辈子做这件事。
- 既然这是要干一辈子的事业，那就不着急眼前几个月工资的多少。
- 想要事业长久，就不要只想着赚眼前一笔钱，要多积累长久的客户，把客户当成朋友。

社会责任与个人满足

职业贡献的多维度启蒙

第五章

警察 | 律师 | 特种兵 | 公交车司机 | 殡葬从业者

警察、律师、特种兵、公交车司机、殡葬从业者……没有这些职业，我们的生活、社会的运转会是另一个模样。这些职业是社会运行的基石。我们好像每天都能见到这些职业的从业者，常自以为对这些职业有所了解，并告诉孩子以后要当警察、律师，或者告诉孩子，不适合去当兵，不能当公交车司机……这些职业真的是你认为的那样吗？

- 警察说，警察每天要面对社会最黑暗的一面，但她告诉我们，成为教官后，她的使命变成了尽力教会一线民警保护自己的技能，保障执法安全。这背后，她最想传递的到底是什么呢？
- 律师说，律师的唯一准绳是法律，但她坦言，律师并不是直觉上“正义”的代言人。正义究竟是什么？她认为，为了真正守护法律制度，有时需要超越简单的正义感。
- 特种兵说，军旅生涯虽苦但值得。他告诉我们，这段经历带给他三笔终身受用的财富。这三笔财富，究竟是什么呢？
- 公交车司机说，每天驾驶 13 米长的车，每次往返进站 34 次、出站 34 次，年复一年确保乘客上下车安全。他坚持做到不剐蹭、不违规，这种平凡中的坚守，让人不禁想问，他工作的动力究竟来自哪里？
- 殡葬从业者说，每一次与逝者的道别，都是对生者的爱和鼓励。她告诉我们，这份看似可怕的工作，其实是一份守护爱的工作。让她坚持下去的信念，究竟是什么呢？

每一份职业背后，都承载着不可替代的社会责任和个人满足的平衡。若不去了解他们如何面对职业的挑战、收获其中的成就与喜悦，我们又如何引导孩子去思考、选择他们未来的道路呢？听听那些深耕行业数十年的“普通英雄”们的故事。他们用经历与智慧告诉我们，职业的选择，不只是物质的考量，更是对价值与意义的追寻。

19 警察

我希望成为女儿的女性榜样

大 J 对话行业人

杰西｜从警 9 年的飒爽女警

- 曾经性格软弱的女孩，一路逆袭，成为风姿飒爽的女警；
- 驱车截停过毒贩，夺刀解救过人质；
- 拥有一身过硬的格斗本领，是警校的实战技能教官；
- 曾经以为梦想很近，她却绕了 5 年时间的弯路。

原来，我追求的不是像男人一样强大，而是拥有属于我自己的力量。

——警察杰西

杰西是一名女警，从警 9 年时间，她驱车截停过毒贩，夺刀解救过人质，拥有一身过硬的格斗本领，同时还是警校的实战技能教官。看到这里，你是不是和我一个反应：酷！而杰西告诉我，她曾经觉得自己性格太软弱，于是就逼着自己变得强大。这条从普通女孩成为飒爽女警的路，并非完全是坦途。

我以为父母放手才能长大

杰西从小喜欢留短发，穿运动装，追军旅题材的电视剧，酷爱足球、游泳、乒乓球……周围的同学都称她为“大汉”。她是独生女，父母很宠爱她这个假小子。凡是她想尝试的东西，比如攀岩、搏击等，父母都会尽量满足，但真到了她想把这些作为以后的发展方向时，父母就不同意了。

在幼儿园时，她被选入体校打乒乓球，母亲不让她去；初中时，她参加校足球队，教练想推荐她往专业方向发展，父亲强烈反对；她和队友连续三年蝉联“4×100米”接力冠军，父母说：“专业体育绝对不行，太苦了，那不是流汗的事，搞不好会受伤的！”

面对深爱着自己的父母，一次又一次，杰西选择了妥协，因为杰西也深爱着他们。高考填报志愿，是她第一次忍不住为自己争取自主选择的机会。她找来一本军校报考指南，当兵是她从小到大的梦想，但最终让她丢盔卸甲的，是母亲的一句话：“当兵就不自由了，我们想见到你都难啊。”

“虽然这是一种误解和偏见，”杰西说，“但这句话对我影响很大。”

被父母的爱围困

这个从身体到内心都憋足了劲儿的姑娘，却始终被父母的爱束缚着。她带着那种有劲儿无处释放的压抑，“听话”地报考了当地一所院校，选择了大家都看好的专业，毕业后顺利进入某国企。

在国企工作的日子里，杰西抵抗迷茫、化解痛苦的主要途径是读书和练习空手道，她通过阅读心理学书籍和人物传记，不断剖析自己，为自己注入力量。练习空手道，让她保持清晰的思路。她一直在忍，一直在等，她以为自己在等的是一个改变人生的机会，而直到5年后的某一天，她突然明白了，她苦苦等待的只是下决心辞职的那一刻。杰西辞职后，说：“感觉工作那几年，我在原地兜了好多圈，在走出的那一刻，整个身心都是畅快的。”

立志成为一名警察

逃离国企，从深圳到上海，杰西的目标很清晰，她要成为一名警察，穿上那身制服，去闯那条从小就向往的路。她一边做空手道教练，一边备考中国人民公安大学硕士研究生。杰西的母亲追到上海，辗转找到杰西的师父，想让他劝杰西放弃考试，但这一次，没人能劝得动她。

我问杰西："如果考不上，你会为这个决定后悔吗？"

她说："没想过这个问题，我当时的心态就是，想赢就不要怕输。"但到底能不能赢，她其实心里也没有底，她开始痛恨屈服了近 30 年的软弱的自己。那段时间，她刻意模仿男人的豪横，脾气火暴，满身是刺，跟师兄练习空手道时打到眼睛挂彩。后来，杰西一路"打"到了日本，夺得了国际空手道冠军。

获得空手道冠军

那是她第一次完全摆脱家人的束缚，在自己选择的道路上，凭自己的拼搏与汗水打赢一场硬仗。那一刻，她终于知道怎么赢得自己的人生了。她说："夺得国际空手道冠军，完全洗刷了我之前所有不战而败的经历，我有信心去坚持自我了。"她明白了自己追求的并不是"像男人一样强"，而是"属于我的力量"。

找到自我的杰西又遇到了一个好机会，她得知广东公安招考年龄从 25 岁放宽到了 30 岁，便抓住机会考入了河源市公安局，3 年后又压着年龄线选调到深圳。2010 年逃离深圳时，父母为她的前途担忧，百般阻挠；2017 年再回深圳时，杰西已是国际空手道冠军、优秀女警，一个两岁女孩儿的母亲。父母一直反对她做的事，都成了现实：从国企辞职，做空手道教练，成为女警，选择了风险较大的职业……但如今看到杰西英姿飒爽，成绩斐然，生活幸福快乐，父母也就慢慢释然了。

“到公安局工作，成为公务员，我爸妈终于放心了。”她说。“我们一直以为父母放手后才能长大，原来，是我们长大了父母才能放手。”我默默地想。

当警察，和想象中的一样酷吗

当警察后的生活，和想象中的一样酷吗？符合杰西原本的预期吗？

入职第一年，杰西觉得她的生活和想象中的一样酷，很符合她的预期。几乎所有警察刚入职时都会被分配到派出所，杰西所在派出所的所长是个实干派，带着她和另一个新人做了很多事：侦查、抓捕、审讯、勘查现场、写材料。杰西浑身充满了干劲，经常半夜出警和去重点场所清查，忙时干脆住在所里。在派出所工作一年后，因为格斗能力出众，杰西被调到了巡警大队，一直在那里工作到现在。巡警主要做什么工作呢？杰西说，主要分为三块：

- 防暴处突：遇到突发情况，比如发生打架斗殴、安全事故时，第一时间赶到现场，预防、制止和打击现行违法犯罪行为。
- 巡逻防控：在节假日和值班日的晚上，以开冲锋车、警用摩托车，或是步巡的方式走街串巷，提高街面的见警率，从而震慑罪犯。
- 大型活动安保：遇上中高考、博览会、重大体育赛事，或重要人物到访时，做安保和维护秩序的工作。

当巡警酷吗？酷，但并不是一直都酷。

在没有外勤的时候，杰西的一天很平凡。上午是行政工作，开早班会，填各种各样的表，签各种各样的责任书；下午是1小时体能训练，练习长跑、游泳，进行力量训练等。“那训练完做什么呢？”我有些好奇。杰西打趣道：“聊天、喝茶啊，这是广东人最喜欢的休闲活动！”

但是，茶往往喝不了几口。警察纪律严明，工作非常繁杂，会议密集，要接受各种形式的警示教育，要分享心得体会，还要完成非常多的线上学习和考试，经常忙得不可开交。一年下来，杰西写满了两大本笔记。由于工作性质特殊，警察要经常进行训练。除了集中体能训练、武器警械训练、警衔晋升训练，某个地方出现安全问题或执法问题时，全国各地的警察还得进行专项训练。而且训练通常是全封闭的，不到结束，不能踏出大门一步。

杰西说，非勤务时间也常常被安排得满满当当。逢年过节、相关人员到访、发生重大突发事件的时候，日夜工作、周末不休息是常态。很多同事没时间休年假，无法陪家人旅游。辞职转行或调去其他公务部门是常发生的事。总之，这份工作虽充满挑战，让人激情满满，但也和所有工作一样琐碎，甚至更加考验人的毅力。

“每个孩子小时候都梦想过当警察、解放军，因为他们威风、正义、帅气、充满力量。但是真当了警察，工作遇到较大的难题时，还会喜欢这个职业吗？”我问。

杰西说：“没有从事这一职业时只是喜欢，真正成为警察后，喜欢就变成了使命感。”她分享了刚当警察时的一次工作经历。那是杰西接的第一个大案，她和另一个同事截停了一个流窜作案的毒贩，在毒贩的后备箱里搜出了1千克违禁品。“这个量足以判死刑了！”杰西说，她忘记了当时的审讯过程，只记得那时候很受触动，“那是我第一次深刻感受到，警察要面对的是社会最黑暗的那一面。”

我问她：“那一刻，你害怕吗？”她说：“没有，我体会到了一线民警的不易。如果我继续留在一线执法岗位，那么我的使命就是同违法犯罪行为斗争到底；如果我成为教官，我的使命就是尽力让一线民警掌握保护自己的技能，保障他们的执法安全。”

杰西每天都在努力往自己想要的方向前进，期望能做出自己的贡献。为学员做实战技能训练，她觉得非常幸福。

想成为一名警察，过来人的建议

孩子小时候想当警察，父母多半只是听听而已。如果孩子长大后依旧想从事警察这一职业，父母会一边觉得警察作为公务员，是铁饭碗，一边又担心工作太辛苦，有危险。但假如孩子的唯一梦想就是成为一名警察，杰西说，主要有 3 种途径成为警察：

- 高考填报公安类学校。
- 公务员考试（社会招考）。
- 部队退伍转业。

杰西就是通过第二种途径成为警察的。如果想要通过公务员考试成为警察，杰西细心补充道：“有几个专业的招录人员相对较多，如法律、中文、计算机、体育、心理、医学、小语种外语等。”

警察的晋升通道比较明朗，无论是从事行政职务的警察还是从事专业技术职务的警察，都可以在符合晋升标准的前提下按照年限自动晋级。至于警察的收入，地区差异比较大，但大都和当地经济发展水平直接挂钩。

我问杰西："要成为一名警察，必须具备哪些能力呢？"杰西提到 5 点：强健的身体、良好的沟通能力、过硬的心理素质、较强的计算机操作能力、对警察职业的高度认同感，其中最后一点最重要。杰西说："如果你根本不爱这一行，做什么都人浮于事，很可能给群众带来灾难。"

希望成为女儿的女性榜样

我问杰西："从高考选择学校及专业，到进入国企，你绕了这么多年的弯路，有没有埋怨过父母？"

"埋怨过！"杰西说，"但我知道他们非常爱我。"那段时间，她更怨自己。因为自己不够自信，不够坚定，总是考虑别人的感受，向他人妥协。所以，从国企辞职时，她便说服自己："只有自己强大了，在自己选择的领域里站稳了，才能让父母放心，给父母更多的关爱。"

曾经的杰西是一个假小子，一度以为像男人一样强悍才能获得成功，现在她真正学会了接纳自己，也理顺了自己的道路。如今，面对 7 岁的女儿，她说："我希望能够成为女儿的女性榜样。"

杰西觉得女儿就像当年的她，内心敏感善良，杰西很重视她的感受，尊重她的决定，也会在她遇到困难时挺身而出，带着她一起克服困难。她希望能够带领女儿建立起强大的自我，希望女儿在面对别人的看法和自我的选择时，内心坚定、清晰地面对未来的道路。杰西建议，家长千万不要把女儿当作洋娃娃养，要培养她们独立面对未来的勇气和能力。

在杰西看来，运动是非常好的自我磨砺的方式。她从小热爱运动，后来喜欢上了武术空手道，作为专业教官，她的建议是，如果孩子喜欢武术，完全可以支持，但要注意科学的方法，年龄不分大小，最好是青少年时期。其实运动是一通百通的，能力可以迁移，对 6 ～ 12 岁的孩子，建议尝试各种不同的运动。因为过早从事单一的运动，如做力量训练，或者太激烈的对抗，可能对身体造成损伤。

杰西每周都会带女儿去户外参加体能训练。杰西还计划将来退休后开一个体适能和格斗运动馆，支持女孩们锻炼，同时鼓励她们赢得自己的人生。

“目标更高远一些，就是为我们国家的女性做一些事情。”她说。这是她的下一个使命。

所有的职业讲给孩子听

警察是做什么的

①扫描二维码，让孩子听职业故事
②通过《我的未来有一万个可能》阅读完整版

20 律师

希望孩子从自己身上学会“辩证地看世界”

大 J 对话行业人

Janet ｜从业 15 年的资深律师

- 医学院毕业，后来成为资深律师；
- 对个人生活要求不高；
- 靠价值感和使命感支撑自己的职业信念；
- 学法律可以帮助别人。

倾听孩子，是了解他们的需求与情感的重要途径。

——律师 Janet

我真的没有想到，和一位律师聊天，感受到的并不是她雄辩的口才，而是她的平和与宁静。对 Janet 的这次采访，发生在她出差的间隙，车辆、行人来去匆匆，机场广播催促乘客登机，Janet 的声音平和而坚定。“律师其实有很多种，有诉讼律师也有非诉律师，有业务型律师也有技术型律师，并不是每个律师都侃侃而谈，我就不是一个口才很好的人。”对于我的疑问，Janet 解释说。

学法律，能做的比以为的更多

2023 年是 Janet 从业的第 15 年。小时候，她从没有想过自己会成为一名律师。“我的老家在农村，身边所有的亲戚都说，农村出身的孩子要想在城市站住脚，得有一份稳定的工作，最好的选择一个是做老师，一个是做医生。”阴错阳差之下，她考进了医学院，却被调剂到了一个新的专业——医事法学。

如今，文科生在选择大学专业时，法律专业绝对是热门的选择。学法律，不仅能当律师，还能在企业主管法律事务，参加公务员考试时，可以报考法院、检察院，以及其他接受法律专业毕业生报考的公务员岗位。除此之外，各类企业的人事、一般性事务工作也都需要专业人才。在很多父母眼中，做律师体面、能挣钱，且不容易吃亏上当。

但在 20 年前，Janet 并不懂法律专业到底学什么，她与同宿舍的小伙伴们凑钱买了一台电脑，并从老师那里，以及校内网、光碟店找到很多以法律为题材的影片。看着看着，Janet 逐渐认识到，学法律可以帮助别人。

“在考虑职业选择时，我对个人生活的要求并不是很高，但是我需要有价值感和使命感，我很想真正地帮助别人。希望每年都有机会去做一些义务法律援助，不求回报，只为自己心安。”Janet 说。

帮助别人，让自己心安——这样的择业条件，我好像很久没有听到了。这也让我感觉到，Janet 那种平静舒缓、让人感到安心的语调背后，她心中的安宁和坚定像一面蔚蓝、宽阔、宁静的大湖。

“当了律师以后，你真的感觉到自己帮助别人了吗？”我接着问。

“从某种程度上来说，确实有帮助。比如陪伴并支持企业创业者、各行业从业者一步步成长起来，帮助他们少走弯路，少踩一些坑。”Janet 说。

法律专业的毕业生要想从事律师行业，必须得通过司法考试（当法官、检察官也要）。比如红遍社交网络的罗翔老师，就是一位司法考试培训领域的名师。司法考试最大的难点是题量大、考点分布广，试题涉及 14 部法典，按照很多人的阅读速度，可能题目都看不完。很多毕业生虽然在律师事务所做助理，却并没有通过司法考试。当然，未取得律师执业证书只是无法做出庭律师、法官、检察官，是可以做其他与法律相关的工作的。

毕业通过司法考试后，需要找一家律师事务所，开始实习和当助理的生涯。最初，Janet 认为自己不善社交，不是能言善辩的人，就没有选择当法官、检察官，也没有选择当律师，而是进了一家保险公司，从事核保、核赔这些比较偏技术型的工作。

后来 Janet 搬家到苏州，15 年前苏州保险行业薪资比一线城市低很多。思考再三，Janet 选择进入一家律师事务所工作。幸运的是，她遇到了一位好师父，开始了专注于民商法领域的工作生涯。

“不太能言善辩”也能当律师吗

大致上，律师可以分为两大类：

- 诉讼律师——打官司时出现在法庭或仲裁庭上的律师。
- 非诉律师——处理除诉讼之外的法律业务。有些律师以诉讼业务为主，有些律师以非诉业务为主，整个执业生涯或许都不会出现在法庭或仲裁庭上。

大家印象中的律师，大多是诉讼律师，在法庭或仲裁庭上靠雄辩的口才赢得胜利，这其实是影视剧营造出来的“刻板印象”。实际上，即便是诉讼律师，庭审也只是工作的一小部分。

首先要能接到案子，很多律师需要自己做销售，找客户。顶尖的律师事务所也需要自己争取客户，作为普通律师事务所的律师，更需要在当地或者某个细分领域慢慢积累资源。接到案件后，律师把大量的时间都用于处理案头工作，如跟当事人、法官及与案件相关的各方做各种各样的沟通，查看证据资料，筛选组织证据，做各种法律检索，帮助当事人确定诉讼策略，起草起诉状、答辩状、质证意见、代理词等。

这些庭前、庭后的工作都是律师在履行职责的过程中必须要做的，参与庭审只是整个代理工作的一个环节而已。比如，律师还会为客户提供法律建议。当人们咨询律师时，常觉得他们只是问了一个小问题，而律师的回复也只有两句话，为什么要等那么久呢？其实，有时律师的回复虽然只有两句话，但这两句话是经过两三个小时检索，或者查阅全部相关联的法条、司法裁判案例，甚至法律理论后才给出的。

所以，面对如此巨大的工作量，律师们需要“组队打怪”。一个新入职的律师的职业发展路径，其实就是找到一个团队，并且在其中找到自己的位置的过程。即使你的特长不是口才好，也不是寻找客户，而是踏踏实实地找资料，或者逻辑清晰，能够精准地找到对应法条和切入口，也能成为团队的重要力量。所以，学法律和当律师，口才好虽是加分项，但并不是必备条件。

非诉律师的业务范围如今越来越广，除去传统的法律顾问、法律咨询、证券业务等，还有劳动、进出口、税务、数据、环保、安全、知识产权等各个领域的合规审查、并购重组及破产等。越是发达的商业社会，越是需要保证各类商业活动在法律框架下的合法性，这就需要很多有细分方向的律师。

“我过去的业务范围是与银行相关的金融领域、建设工程、商标领域等，现在的业务范围主要是与证券相关的金融领域、公司和建设工程方向。”Janet 补充道。

“哇，这个工作岗位应该赚钱较多吧！”我说。

Janet笑了：“首先，这个职业细分领域并不是我自己选择的，而是我进了事务所后，带我的师父属于这个细分领域，我就跟着他做，其实，无论是合伙人还是执业律师，业务范围都不是一成不变的；其次，即便服务的这些领域的客户营利较多，但我们律师提供的只是专业服务，未必能挣很多钱。”

赚钱和顾家之间的取舍

“律师的收入高吗？”我问Janet。“当律师，确实有可能获得高收入，”Janet说，“有一些律师可以挣很多钱。比如，有时一个案件就能拿到百万以上的律师费。相比之下，考上公务员，当法官或检察官，收入往往是固定的。”

当然，在任何行业，收入极高的都是极少数人。以Janet工作的城市苏州为例，她记得一两年前看过一个统计数据，苏州律师年人均收入有五六十万元，但青年律师有半数以上的平均月薪为一万多元。“那是不是在大城市，进了大型外资事务所，或者‘红圈所’（国内八大顶尖律师事务所），才能有高收入呢？”

Janet说，还真不一定，作为一个刚毕业的大学生，刚工作就进入顶尖的“红圈所”，当然起薪会相对高一些。如果进入一线城市的普通律师事务所，或者二三线城市的小律师事务所，刚入行时的收入是比较低的，也许薪水刚够交合租的房租，刚工作的一两年靠父母支援生活费也是常有的事情。

起步阶段，确实在“红圈所”、大律师事务所工作收入会高些，且工作强度相对也大得多，竞争非常激烈，晋升压力很大。而在一线城市那些小一点的律师事务所，或者二三线城市的一些律师事务所工作，如果在某个行业、某个细分领域拥有优质的资源，有源源不断的客户，压力不大，收入也会比较高。

“只看规模，并不能看出哪个律师事务所最挣钱，那刚毕业的大学生怎么选呢？”我请教道。

“这需要看个人因素和其他因素，”Janet 说，“对有志于从事律师行业的毕业生来讲，如果毕业于较好的法律院校且个人比较优秀，能够承受一定的压力，那么毕业后能够进入头部大律师事务所或外资事务所历练，是不错的选择。但能够进入这些律师事务所的毕竟只是一小部分毕业生，大部分准备做律师或基于各种原因进入律师行业的毕业生，都是在中小型律师事务所开始执业的。”

律师这个行业虽然没有公开的拜师收徒习俗，但“师父带徒弟”的现象确实存在。所以跟了什么样的师父，可能比进入的律师事务所是不是顶尖大所，对个人职业的发展影响更大。不过虽然本质上是看师父，也有一定的运气成分。随着行业分工越来越细，不同的律师和律师事务所如果在某些细分领域经过长年的经营和积累，创出了品牌，做出了口碑，客户资源就会越来越多。

“还有一条你肯定没想到，我身边有一些女性之所以选择做律师，是因为时间自由，能照顾家庭和孩子。”Janet 说。

律师算是相对比较自由的职业，除了刚入职当助理那几年需要天天出勤，随着工作年限的增加，工作能力的提高，资历越高越能自由地安排时间（不过越大的律师事务所相对越忙）。

“电视剧中的律师们不都是很忙吗？经常加班，很晚回家。”我有点惊讶。

“在某些特殊时段，是无法推迟工作的，比如事先收到了传票，那即使孩子生病了，也得按时开庭。但是，只要不是授薪律师，时间还是相对自由的。如果你对金钱的欲望不是特别强烈，就更自由。”Janet 接着给我科普。

如今，随着社会的发展，法律问题越来越纷繁复杂，律师早就不单打独斗，而是靠团队作战了。比如 Janet，口才并不出众，不属于说起话来滔滔不绝的类型，并不主攻拉客户、招揽生意，而是踏实认真地做自己比较擅长的技术方面的工作。

“对别人拉来的活儿，就踏踏实实地帮忙干呗。为人不错，做事靠谱，大家都愿意和你合作，那你也能有不错的收入。”Janet 很爽快地说。虽然只是第一次通话，我却深深地感受到，Janet 是那种能帮助团队把每项任务干好，做事特别踏实的人。

律师，打赢官司靠的竟然是这个

“这一两年我至少看到五六部电视剧题材都与律师有关。电视剧里呈现的律师职业生活，真实吗？”我有些好奇。

“当然有真实的部分，但也有夸张的成分。影视剧中的律师，大多在法庭上唇枪舌剑，好像靠一张嘴就能匡扶正义。

“我们国家现在在民事案件的审判公开方面做得很好，可以在中国庭审公开网看到各地各法院的庭审直播以及直播回放，甚至一些检索平台支持按律师姓名查找庭审视频。看了这些庭审纪实，大家就会发现，律师并不是靠好的口才赢得官司的，而是靠逻辑策略。处理一个案件时，不同的律师往往切入点不同，解决某个争议点依据的法律条款不同，案件的走向就会完全不同。”Janet 解释道。

“电视剧里还有专门为坏人做事的律师。坏人可以花钱雇用律师帮助他逃脱法律的制裁，现实里也是这样吗？”我疑惑地问。

“律师是在法律的框架内去维护委托人的合法权益。”Janet 回答，“律师唯一的准绳是法律，并不是老百姓直觉中的‘正义’。在很多时候，看上去弱者没有得到保护，人们就会觉得自己认知中‘杀人偿命、欠债还钱’的正义没有实现。其实‘正义’是一个模糊的概念，很难界定。对某个人来说正义的事，换个角度看却可能破坏了法律制度，导致更多不正义的结果。举一个简单的例子。

“有一个 60 多岁已领取退休金的老人，在某个商场找了一份做夜班保安的工作。有一天下班，他在路上受了伤，家人认为是工伤，要求商场赔偿。在我们常人的认知中，老人很可怜，也确实是因为工作才受伤的，商场应该赔偿。

“但根据我国《劳动法》的规定，达到法定退休年龄的人，就不再属于法律意义上的劳动者。也就是说，达到退休年龄的人，无法和用人单位建立劳动关系，单位无法再为他购买工伤保险，也就不能将这样的事故认定为工伤，无法按照工伤的标准来赔偿。

“为什么老人是弱者，法律却没有保护他呢？

“换个角度思考，超过 60 岁的人与年轻人相比，在就业市场上的竞争力相对较弱，如果要求招聘老年人时跟年轻人一样，签劳动合同，购买“五险一金”；或者单位没法为该类老人购买工伤保险以转移自己的用工风险，却又要承担相应的责任，那很可能就没有企业愿意雇用老人。如果按照“打零工”这种方式招聘工作人员，用人成本就下降了，身体条件允许又有工作需求的老人就能找到工作，挣到钱。

“当然，虽然律师工作的准绳不是正义而是法律，但我国法治建设的方向一定是不断向着公平正义前进的。比如，随着我国人口老龄化，退休年龄可能会不断地修订。然而现行法律不是万能的，也不是完美的，但律师必须以现行法律为准绳，在现行法律的框架中为自己的代理人争取尽可能多的权益。”

维权时如何找到靠谱的律师

“律师的工作这么‘反常识’，难怪我们普通人涉及法律时就觉得头晕。在生活中，如果自己的权利受到侵害，要维护自己的权利，想找律师咨询时，如何判断律师是否靠谱呢？比如我想咨询离婚事宜，但你是民商法律师，问也是白问吧？”

“不，你可以问我，”Janet 很干脆地说，“律师行业确实有细分，但基本的法规法条和原则性问题律师都知道一些。我可以先给你做一些简单的评估，需要的话再帮你推荐相关专业领域的律师。”

“我听说咨询律师是要收费的，那我初次咨询时，在并不知道能不能解决我的问题的情况下，就开始收费吗？我怎么知道是不是乱收费呢？”我抛出一连串的问题。

“对于律师的收费标准，各地有相关规定，律师事务所应该把费用标准张贴在最显眼的地方。什么阶段收多少钱，也必须事先告知顾客。诉讼律师的收费标准与案件相关，为 1 万元钱打官司和为 1 000 万元钱打官司，收费比例相差特别大（这就是为什么有的律师一个案子就挣几百万元的原因）。有一点必须告诉大家，大包大揽，开口就保证官司一定会赢的律师，多半不靠谱。

“首先，依照法律规定，律师是不能够做这样的保证的；其次，律师应清楚地知道，评估案件要靠证据，只听当事人的几句话，是无法打包票的。

“大家可以利用网络查找资源，以判断律师是否靠谱，比如中国庭审公开网、中国裁判文书网，可以通过搜索律师事务所名称和律师姓名等方式，查找某个律师的部分裁判文书，甚至一些庭审的视频录像，了解一下他庭审的表现以及案件的裁判结果。当然，对于非诉律师，或者诉讼律师通过庭外调解结案的案件，网上可能查不到公开记录。”Janet 耐心地解释道。

辩证地看世界，未被证实的都是“一面之词”

“如果你在家和先生吵架，也会分条陈述、有理有据吗？”我问。

“学法律带给我的‘副作用’，就是在没有确切证据的时候，我会说不出话来。”Janet 语气依旧轻松、平静。而对她先生来说，吵架就是吵架，情绪爆发了就嚷嚷一番，哪会考虑什么证据。所以吵架时，她常常是输的一方。

这个工作给她带来的另一个影响就是辩证地看世界。无论是新闻还是八卦，甚至委托人对案情的陈述，在律师眼中都是“一面之词”。Janet 清楚地意识到，她看到的、听到的，只是事情的一面，并不是事实的全部。所以，对于网络上的各种热点事件、网民讨论，她都不会轻易下判断，更不会去评价。

辩证，就是客观地看世界，与主观地看世界完全不同。

从事律师行业 15 年的 Janet，并没有让 6 岁的儿子将来也做律师的打算。她说，孩子最近说以后想当消防员，她表示支持，以后要是他不想当消防员了，她也支持。要说她希望孩子从自己身上继承什么，那就是学会辩证地看世界。

所有的职业讲给孩子听

律师是做什么的

①扫描二维码，让孩子听职业故事
②通过《我的未来有一万个可能》阅读完整版

21 特种兵

让孩子理解为了集体放下“自我”

大 J 对话行业人

Seven ｜从特种兵到“特种吃货”

- 新疆乌鲁木齐人，因家庭经济原因选择报考军校；
- 8 年军旅生涯中参加过海军特种作战团“蛟龙突击队”；
- 代表海军参加特种作战青年军官联合培训；
- 因腰部、膝盖受伤，2016 年离开部队；
- 现为“网红”，于知名视频社区平台 B 站创建账号“特种吃货”，分享个人军旅生活与成长经历。

自律是一种克制，虽在精神和身体上充满挑战，却能带来更多甘甜的回报。

——特种兵 Seven

认识 Seven 是因为他在 B 站发的一条爆火的视频。

Seven 大学时就读于国防科技大学国际关系学院侦查与特种作战指挥专业，毕业分配到海军特种作战团“蛟龙突击队”，代表海军参加过特种作战青年军官联合培训，履历丰富精彩。

之所以采访他，除了满足孩子们的好奇心，还能让孩子们明白两件非常重要的事：一个普通的男孩，把自己锻造成特种兵，在部队表现优秀，这是本领；从一个优秀的特种兵，成为找一份工作养活自己的普通人，也是本领。只要拥有这两种本领，人生就没有爬不过去的山。

从男孩变成特种兵

Seven 说，高考后填报志愿时，他本来想报考某大学的天体物理学专业，根本没有填报军校的打算。但他家的经济条件很差，而军校不仅不需要交学费，住宿费、伙食费也全免，甚至连回家探亲的路费也报销，入校后就计算军龄，可以拿薪水。和父母吵了几次架后，18岁的男孩妥协了，报了军校，他当时对部队的唯一认识，来自一本名为《我是特种兵》的小说。

招生目录里的军校名单中真的有小说里写的国际关系学院，也有小说里写的特种作战专业。既然选择读军校，那就选择去一所厉害的学校。后来，Seven被顺利录取了。

给你50天，变成一个兵

考入军校和入伍参军的第一步，都是新训——30～50天之后，必须从男孩成长为一个合格的兵。新训的主要内容是队列训练、内务学习、条例学习、政治教育。通俗地说，就是作为一个特种兵，学习如何行走坐卧、吃喝拉撒，要绝对服从命令、一切听从指挥。

吃：从当兵的那天起，每天每顿都要整队吃饭，几点钟吃，吃什么，和谁一起吃，用什么样的姿势吃，用多快的速度吃，都有规定。

穿：从内衣到袜子，从军帽到军鞋，全都是制式的。衬衫的第一颗扣子叫“风纪扣”，没系第一粒纽扣，纠察发现后就会通报处罚。

住：营房里，棉被叠得像豆腐块，洗漱用品全摆放在一条线上，连牙刷头朝哪边都完全一致。

行：在军队和军校里，两人成行，三人成列，勾肩搭背、懒散随意的情况是不存在的。

我们在电视上观看过阅兵，中国人民解放军队伍如同钢铁洪流，千百人如一人：稍息、立正、齐步走、起立、蹲下、向右转——在日常训练时，会一直重复这些动作。当几年兵，就重复几年，直到把这些动作刻进自己的骨子里。从跨进军营的那一天开始，他的日程表就确定了：

> 每天 6 点钟起床号声响，出操。
> 8 点吃饭、打扫卫生、训练（上课）。
> 中午 12 点吃饭，午休。
> 下午训练（上课）。
> 晚上 6 点吃饭，政治学习，训练。
> 晚上 10 点熄灯号响起。

除了极少数休假和执行任务的情况，8 年军旅生涯，Seven 的生活就按照日程表日复一日地精确地重复着。直到今天，他仍早晨 6 点就自然醒来。

“作为刚进入军校的 18 岁的少年，你习惯吗？会不会觉得这样的管理太严苛？”我问。

Seven 说：“不习惯。比如，跟女朋友吵架了，本来想哄她，但集合了，就必须集合（其实吵架的机会不多，毕竟只有周末让用几小时手机）。军校有严格的管理制度，完全封闭的生活环境，抬头、低头全是军旗、国徽，斗大的金字：中国人民解放军。”

他接着说：“到了这个环境，进入这个集体，只能接受，必须做到。当然会觉得苦，觉得难，但那时候毕竟只是一个孩子，想到外面也充满不确定性，就只能咬牙坚持。”

多年以后，Seven 慢慢领悟，离开管理森严的部队，在外面工作也经常有不如人意、迷茫的时候。无论在哪里，想留下，都要学会忍耐和适应环境，学会改变自己。当然，有时适应环境，是以压抑自我为代价的。

特种兵，是特别苦才能练成的

既然感觉压抑，就需要找到合适的释放途径，在军营，最正当的释放途径就是训练场。训练内容有体能训练和战术能力训练等。

“有能分享的训练故事吗？”我问。Seven 说：“有啊，我在视频里说过一些。我的肩膀、腰、膝盖在训练时都受过严重的伤。进军校以前，我的长跑成绩不错。我在上高中的时候，学校举行冬季长跑比赛，我几乎都是前三名。进入大学后跑 5 千米，班长看我是个苗子，就给我加练。当时不懂科学训练，他们用背包带绑在我的腰上，两边各有一个同学拉着我跑，每圈换两个同学拉我，直到 12 圈半跑完——其实在跑的过程中动作早就不规范了，整个人后仰得厉害，腰肌劳损严重。

“但我当时最大的痛苦，不是腰疼、腿疼，而是成绩一落千丈，有种‘我是不是废了’的痛苦。”直到毕业后进入部队，身体的伤一直跟随他。2014 年，他在广州特种作战学院培训，有很多体育专业的教授指导他进行科学训练，才慢慢调理好身体。现在他的状态很好，近期目标是冲击铁人三项。

“说到部队的体能训练，一定会提到 5 千米武装越野。身着迷彩服，里面还穿有体能服，战士的装备包括：头盔、战靴，95 式步枪，携行具（4 个弹夹，4 个手榴弹），防毒面具和过滤罐、水壶，挎包（内装牙刷、牙膏、毛巾、水杯、止血带、笔和本），重量大约 12.5 千克。

“军官的装备多一把手枪、一个望远镜、一个指北针，总重量大约 14 千克。5 千米武装越野，24 岁以下，及格分是 25.5 分钟，良好是 23 分钟，优秀是 20.5 分钟。这是常规训练，是全军都有的训练项目。特种兵的训练项目更多，各大新闻媒体经常报道特种部队的‘魔鬼周’极限训练，从严从难设置训练条件，对特种兵进行考核。”

“苦吗？”我问。

“相比普通人的生活来说，其实用‘苦不苦’形容并不是那么准确。当兵以前，‘苦’就是肉体或者精神受到压力，比如跑 800 米，饿了一顿，或者在学习、生活上遇到一点儿困难，就觉得自己很苦，但这距离人真正能承受的极限还差很远。其实，大多数人一辈子并不需要去挑战自己的极限。而特种兵经历的训练，是肉体和精神的千锤百炼——好像每一天、每一次的训练任务，都要突破一个人的极限，甚至有些时候，是在挑战人类的极限。”

“这怎么受得了呢？刚踏入军营时，大家都是普通人啊！”我发自肺腑地感叹。Seven 说：“痛苦啊，太痛苦了！我经常想：以后再也不参与训练任务了，这次熬过去以后再也不参与了！但是等到训练结束了，又觉得自己还行，下次训练还会积极参与。

“其实，突破极限的过程并不是只有痛苦，还有源源不断、汹涌澎湃的新鲜感、刺激、血性！经历痛苦之后，在完成了这辈子从来没有尝试过的训练任务后，自信心会爆炸式地野蛮生长。”

我在内心长长地叹了一口气，特种兵的生活不只我没有尝试过，绝大多数人都不可能尝试。我在看《战狼》《红海行动》等军旅题材的电影时，一度想象自己是一名特种兵，匍匐在戈壁上，与恐怖分子对峙。虽然我没有机会体验这种生活，但我能够想象到他所说的军旅生涯赋予他的那种自信的光，这束光如星星一般，璀璨又无比耀眼。

军人是一个好职业吗

“当了兵就属于国家，国家提供衣食住行——这不是比‘铁饭碗’更有保障吗？”我问。Seven 说，要不要当兵，可以先了解三种现实情况：

> 1. 大多数情况下，军人不是一个终身职业，虽有基本保障，但是拿不了高额收入。义务兵服役期 2 年；军士服役期最短 5 年，满 12 年才能转业安置；军官到 35 岁以后，陆陆续续离开部队，虽都有转业安置，但安置情况得看安置地的条件。

Seven 是 2016 年离开部队的，那时月薪到手不到 1 万元（部队每个地方的补助类型不同，所以收入也不可一概而论），虽然对他来说工资是净收入，但是想买一套一线城市的房子，也得存几十年。

> 2. 如果没有“使命感”和“认同感”，就不要参军。参军要放弃的东西很多，不只是训练苦、生活单调而已。比如顾不上家，也没有时间谈恋爱。

就算有姑娘甘愿当军嫂，但结婚以后，丈夫长期驻守在祖国的高山大川、海防边疆，生孩子、养孩子、照顾老人，都是妻子一个人的事——再舍不得，再不忍心，也要继续坚守自己的岗位。很多军人最终选择离开部队，不是因为不热爱，而是随着孩子的成长，老人年迈，家里的事情越来越多，只能选择转业，回去照顾家人。

3. 自我意识太强的人，也不要参军。绝对不要相信别人说“到时候就能行了”。视自由为生命的人，真的不要当兵。军队为什么要求军人重复做每个动作，以服从命令为天职？因为军人的职责是保家卫国，在战争或突发事件面前，一点微小失误，就关乎生死存亡。

别说执行机密任务，就是日常训练，也有跟死神擦肩而过的时候。Seven 带新兵时，有一次手雷训练，一位新兵接过手榴弹，右手握着弹柄，小步走向投弹区域，左手拉开了拉环，本来松手后手榴弹会垂直落到防爆墙后方的山崖下，但这位新兵就是松不开手，吓得变了脸色，手不停地颤抖。

Seven 担任他的安全员，拼命让他松手，扔掉手榴弹，但这个新兵手颤抖得厉害，眼看他手里的保险握片已经开始一点点移动——Seven 不顾危险冲上去打掉了他手里的手榴弹，手榴弹从防爆墙后掉了下去，没几秒钟就爆炸了。

有人问在训练中为什么要成千上万次地机械性重复战术动作，为什么要绝对服从命令，不能凸显个人意志——因为战争是人类社会最残酷的斗争，当千百万人的性命危在旦夕，服从指挥可以增加存活概率，赢得战争。

“当兵那么苦，值得吗？”我问。

Seven 非常肯定地回答：对我来说，值得！军旅生涯给我留下了三个宝贵的财富，让我一生受用不尽。

- 真正的自信。当我在执行任务的时候，在某些瞬间我觉得自己是英雄。现在的我，遇到事情首先考虑的是怎么能把这件事做成，而不是担心失败。失败了又怎么样呢？又不会死。勇敢地面对，在行动中克服困难，寻找成功的方法，是部队教给我的重要宝藏。

- 严格自律。自律很难，因为自律需要较强的忍耐力，让人在精神和身体上都会感觉很痛苦。很多人做不到自律，是没有切身体会到自律的益处，而部队“逼”着我体会到了这一点。自律虽然苦，但它带来的更多的是甜。

- 清楚自己要做一个什么样的人。除了训练，军队生活很单纯，没有那么多的外界诱惑，给了我大量的时间去思考问题。比如，思考自己如何一步步向前走，成为现在的自己，在过往的人生中犯了什么错，做对了什么事，要坚持什么，要舍弃什么。思考自己想成为一个什么样的人，成为这样的人需要什么样的精神品质、身体素质，现在的自己和理想中的自己的差距在哪里，如何弥补这些差距。

特种兵退役后何去何从

Seven说，他算是从部队“裸辞”的，家里经济条件实在是太差了，还要照顾妈妈。最后，他还是和谈了8年的异地恋女友分手了，因为只靠在部队拿到的工资，根本买不起房。

Seven离开部队后，一个人跑到武汉，直奔证券公司。他笑着说，他选择去证券公司工作，真是抱着一颗挣钱的心。但现实给了Seven一记痛击，刚开始工资3000元，没有“五险一金”，租完房子，交完社保、医保，只剩500元钱。

“我大学时所学的专业属于军事专业，说句玩笑话，我的专业就是‘中国保安界最高学历’，但给老板当司机、当保镖，不是我要的生活。”Seven说。在证券公司工作两年之后，Seven转行干起了保险工作，一直干到今天，再也没有换过工作。他决定从事保险工作时，用两年时间把国内的6个保险证书全部考完，一共考了22门，都是一次性通过。

很多人夸他聪明，但他说，对于成年人，考试不是比谁聪明，而是比谁能坚持学习。在上班已经很累的情况下，回到家还要坚持看书，考试之前能把书看完，基本就能考试过关。

Seven最早做视频UP主，是因为看不惯一些影视剧把军旅戏拍成言情剧，他拍视频反驳某演员演军人时军礼不标准。当他开始做这件事时，他认为很有意义，于是就坚持了下来。

Seven在武汉收获了事业，还遇到了一个可爱、漂亮的女孩，并和她结了婚。

我问：“你以后有了孩子，会支持他去当兵吗？”Seven说：“如果孩子了解军营生活，自己愿意，我会支持。”

“你认为在养育孩子的过程中，最重视的事情应该是什么？”我接着问。

Seven说：“第一，让孩子吃点儿苦，世界充满苦难，不要把顺利和被鼓励当作生活的必然，而是要时刻做好准备，吃苦和困难是常态。第二，让孩子真正理解，人在为了集体而放下自我，成就别人的利益、集体的利益的时候，才能真正找到自我的价值。”

所有的职业讲给孩子听

特种兵是做什么的

①扫描二维码，让孩子听职业故事
②通过《我的未来有一万个可能》阅读完整版

22 公交车司机

逼着孩子 5 点爬起来坐车跟班

大 J 对话行业人

大磊哥 | 7 年工龄的北京公交车司机

- 35 岁时决定寻找一份稳定的工作，因热爱开车而成为公交车司机；
- 驾驶 13 米长的公交车，每天早班 5:20 发车，跑区内线，每次往返途经 34 站，路长 16.5 千米；
- 工资每月不到 1 万元，养家压力大；
- 跑了 7 年公交，只出过一次轻微事故。

稳定是一种可以被“培养”出来的能力。

——公交车司机大磊哥

大磊哥40岁出头，在35岁那年踩着年龄的上限，应聘到了公交车司机的岗位。采访之前，我想，公交车司机应该是一个很辛苦的工作：每天开一辆大公交车在固定的线路上往返；工资不高，责任不小，得照顾老人、小孩等乘客；再者，遇到堵车时还不敢喝水，以免想上厕所……

总之，我窃以为，这活儿不好干。而大磊哥说：“其实这份工作并不苦，因为我挺爱开公交车的。”

环城绕圈可不是想象的那么简单

大磊哥所跑的线路早班发车时间是5：20，最晚的一个班次发车时间是晚上7：00。每天出车前，要经过一系列例行检查。大磊哥说，每天早晨的第一项检查是呼气式酒精检测，然后检查车子的情况，车里的消防设备等也要检查。检查工作结束后，要到调度室查看交通情况，调度部门会根据人流量等信息综合计算出运营时间，并告诉司机需要在多长时间内跑完第一班。

大磊哥开的是区内线，线路不算太长，跑完一个往返经过 34 个站，路长 16.5 千米，正常情况需要 1 个多小时。跑完每一个往返之后，调度部门会根据实时的路况、人流量等数据，计算出下一趟车的发车时间和运营时间。两趟车之间，有长短不一的休息时间，司机们在休息之余，还要抓紧时间给车辆消毒。

算上中间休息的时间，一圈跑完大概需要 2 个多小时，跑三圈需要 8 小时左右。如果只跑 1 个多小时，那确实不存在上厕所的困难，“有些长线司机，平时都不敢多喝水，就害怕遇上堵车，面对上厕所的难题。”大磊哥说。在北京，目前长线改短线是发展的趋势，一方面是改善司机的工作条件，另一方面是对于一些长线、超长线，地铁的运力在增加，公交没必要去做无效的竞争。

“每天都在同一条线路上往返，难道不觉得非常无聊吗？”我问。

大磊哥说：“如果真的无聊，怎么会有那么多小朋友喜欢甚至痴迷公交车呢？公交车体形很大，司机要操控的功能比普通轿车多很多，虽然一直坐在那里，但需要眼耳手脚高度协调，观察并控制很多问题，真的没时间无聊。”

“公交车的驾驶台有哪些功能呢？”我有些好奇。

“虽然方向盘和轿车类似，但公交车换挡是靠 4 个挡位按钮。控制车门的按钮也有 4 个，前后车门各有一个开关按钮，还有一个总开关按钮，另外一个是气压控制按钮。其中气压控制按钮属于应急处置按钮，按它后，车门的‘气’就跑掉了，两个门就会变‘软’合上，但用手一推就可以打开。

“另外，还有报站系统按钮，车顶排风扇、空调按钮，车厢灯、司机灯按钮，车内广播按钮，车外广播按钮等。对普通人来说，公交车正常运转的时候，我们觉察不到它的便利，但如果遭遇恶劣天气，一旦公交车停止运转，整个城市就会停摆。

“对公交车司机来说，每天的工作仿佛都在重复，但每一趟的风景都不同，上下车的乘客也不同。13 米长的车，每次往返进站 34 次，出站 34 次，每次进站都要找准站牌或者站位，方便乘客上车，每一站都得仔细观察上下车的乘客是否刷卡、站稳。如果乘客上下车时没站稳，司机启动公交导致乘客摔倒，也属于安全事故。”大磊哥详细地介绍道。

“听你这么一说，我觉得开公交车真是惊险刺激啊！”我感叹。

大磊哥笑着说：“惊险刺激谈不上，责任重大倒是真的。大家一天开 8 小时的私家车往往会受不了，更别说公交车。一年得开 12 个月，每天都开 8 小时，还得保证不剐蹭、不违规，每个乘客都基本满意。”

以大磊哥本人来说，开了 7 年公交车，仅出过一次安全事故。那次，他正在出站，专门看了后视镜，与后车距离很远，十分安全，于是他就专心并线，只看车前方。没想到后车突然加速通过，公交车蹭到了后车，把后车车身蹭掉了一点漆。大磊哥下车处理，后车司机要求私了，让大磊哥赔他 600 元钱。所幸只是轻轻一蹭，乘客们并没有受到影响，大磊哥也就同意了。回站报备时，同事们还安慰他，后车加速擦边儿超车，也有责任，说不定是专业碰瓷的。

晚班时也可能遇到醉酒乘客，这种时候不仅要处理呕吐物，还会出现因抢座而发生肢体冲突的情况。大磊哥就有因乘客喝醉抢座位闹事，只能停车疏散乘客并报警的经历。听到这里，我终于体会到大磊哥所说的话的含义了，虽然每天的工作都是重复地“绕圈”，但要完美地绕好这三圈，七年如一日，确实没有时间感觉无聊。

35 岁了，就想找个稳定的活儿

“20 多岁的时候，如果有朋友劝我做公交车司机，我肯定是不会考虑的，因为这个行业太不自由了。”20 多岁的时候，大磊哥还想拼一拼。他在检车场干过，开过出租车，做过生意……眼看过了 35 岁，还是一无所成，大磊哥就接受了现实，开始想找一份稳定的工作。

大磊哥从小就喜爱车。在他小时候，首都北京的大街上汽车并不多。他对父亲单位的车很着迷，每有机会，他就凑到司机师傅旁边，看他如何转动方向盘，怎么换挡，怎么打转向灯。

“成为公交车司机，这个工作在当今很多人看来很普通，可是在我年轻时那个年代，我认为司机很酷。所以在上小学的时候，我就想长大后成为一名司机，有一辆自己的车。18 岁那年，我是算着日子学车，考取驾照的。”大磊哥说。

大磊哥不仅考取了驾驶证，后来还买了车。可他最后发现，开车不能让他成为英雄，但能让他成为公交车司机。他报考公交车司机考试那一年，压着 35 岁的年龄线，满足有 A 类驾驶证、本地户口、无违法违纪历史、无不良驾驶记录等条件，顺利通过面试、笔试、政审、体检，成为一名公交车司机。

最重要的是，公交车司机的待遇提高到了 35 岁的大磊哥能接受的水平。

现在工资还在慢慢上涨，大磊哥觉得自己运气很好。

“到手大概多少工资？过日子、养孩子够吗？”我冒昧地问。“每月到手不到 1 万元钱，不够养家啊，压力很大，尤其是孩子上初中后，开销越来越大。”大磊哥坦白地说。

“不够怎么办呢？”我问。“没办法。当时就想找一份稳定的工作，现在不可能因为工资低就不干了。下班还得照顾孩子，没法儿去开网约车，也不想那么累。”大磊哥平静地说，让我体会到了一种生活的无奈。

钱少前途也不灿烂，乐子在哪里

我岔开话题，问：“好多人觉得公交车司机开车时很霸道，那么大的车，转弯、并线动作很大，车辆、行人常躲着公交车走，但公交车司机很少礼让其他车辆、行人。”

大磊哥说：“不是不让，是没办法。公交车车身有 10 多米长，车体又很宽，车辆一旦并线、转弯，车头打过去了，就没办法再退回来。前后两辆小轿车在正常行驶时还会有抢道的情况，但常会互相礼让，无法超车时，后车就退一退。但是公交车没办法退，所以会给人一个印象，公交车司机仗着车大，很蛮横。其实并不是仗着车大，而是车太大没办法让。”

我突然发现，大磊哥像是在说他自己。20 岁的时候，愣头青一个，在自己的人生之路上，如同骑着一辆轰鸣的摩托车一般，不顾一切地在自己的人生之路上往前冲。如今，年龄大了，有了媳妇，生了孩子，这辆载着他的车一路变大，摩托换出租，出租换公交，车大了，稳了，变道、并线、超车、掉头，就得小心了。

“你知道公交车司机并线、转向的时候，不仅会打灯，还会摇下窗户，对后面车的司机伸出胳膊竖起大拇指吧？”大磊哥问。

“当然知道，这是公交车司机在给后车司机打招呼。”我肯定地说。“以前开轿车，我也这么做，但我当时觉得没必要这么做，因为后面的司机不一定会看见。开了公交车，坐在比别人高很多的车座上，开比别人大很多的车，伸出胳膊去和后车司机打招呼，别人都能看到，我才觉得这很有必要。我现在会把大拇指拼命往后压，就像给人鞠躬一样，嘴里还会说：劳驾，借过……”大磊哥微笑着说。

“是没办法，所以就忍气吞声吗？”在性格平静、温和的大磊哥面前，我的问题愈加冒昧了。

“这份工作虽然工资不高，前途也没有多灿烂，但责任却十分重大，首要任务是小心翼翼地照顾所有乘客的安全。即使遇到不讲理的乘客，也大都会选择忍让。”大磊哥说。

“心态真的就这么好吗？”我有点儿难以置信，“难道真不需要发泄情绪吗？”

“平时聊天时也会吐槽。”他认真地想了想，说，“司机们聚在一起时，都会吐槽，但我主要是听，听完跟着笑一笑。”

不“鸡娃”把孩子送进重点学校的秘诀

大磊哥不像是一个“鸡娃”的父亲，但他说儿子的成绩很好，就读于一所重点初中的重点班。他曾逼着孩子早上 5 点起床跟着他上班，这样做肯定不是想让孩子以后当公交车司机，也不是吓唬孩子学习不好以后只能当公交车司机，主要是想让他体验一下干哪一行都不容易，都得付出很多。

“结果他到我车上补觉来了，睡了一路。他平时学习很忙，缺乏睡眠。”大磊哥笑着说。大磊哥的儿子以后想当医生，那可是长线投资、回报很慢的行业，大磊哥“缺钱”的日子说不定还得延长。虽然想不到以后应对的办法，但他认为医生是个不错的行业。

我问：“如果别人想当公交车司机，你有什么建议吗？总会有人也想找一份安稳的工作。”大磊哥说，他所在的车队好几年没有招聘新司机了，最近看见公司招聘信息，条件是退役军人、党员。公交车司机这一职业是很稳定，不过公司也需要情绪稳定的人。

想当公交车司机，驾驶技术要过关，驾驶历史、个人经历要没有污点，但想要干得长久，需要情绪稳定。如果情绪稳定这件事本身就让自己感到痛苦，还非得要找个稳定的工作，那无疑是让自己遭罪。

每个人的生活都会有压力，每个人都有脾气，大磊哥觉得，情绪稳定是可以训练出来的。公交系统安全第一，公司每个月都会开各种大会、小会，如安全培训、服务培训、消防培训、急救培训、运营培训等。对于那些安全知识，每天上岗前都有专人提醒，岗位上有专人播报，下班后自己还得总结，真正是全方位立体沉浸式体验，乘客的平安都建立在司机的情绪稳定之上。

每天做到顺利上下班，也需要情绪稳定。在工作岗位上被各种培训熏陶久了，就会慢慢接受情绪稳定的工作要求，让情绪稳定成为自己生活的一部分。有些人虽然天生脾气火暴，或者很爱喝酒，但做了公交车司机之后，就不能拿自己的生命，尤其是不能拿别人的安危开玩笑，这种安全意识被每个公交车司机深深地刻在心里。假如接受不了，那就不要去做，当不得不做的时候，就要学会接受。

在当上公交车司机之前，大磊哥最大的职业困境是钱不够，没发展前景，不知道解决办法；在这个岗位工作了近 10 年之后，他的职业困境还是钱不够，没发展前景，不知道解决办法。但我仿佛隐隐约约懂了，没办法，也是一种办法。

所有的职业讲给孩子听

公交车司机是做什么的

①扫描二维码，让孩子听职业故事
②通过《我的未来有一万个可能》阅读完整版

23 殡葬从业者

把正确的死亡观传递给孩子

大 J 对话行业人

中颖｜守望幸福的殡葬从业者

- 30 岁离婚后进入殡葬行业，至今从业 6 年时间；
- 初期接触殡葬业务时，有些恐惧；
- 后来日渐克服恐惧心理，形成职业认同；
- 帮逝者行使体面离开世界的权利，并为生者带去安慰；
- 工作改变了她对生活的态度，让她珍惜眼前人，活在当下。

珍惜眼前人，幸福在于懂得欣赏自己所拥有的一切。

——殡葬从业者中颖

“2016 年，我 30 岁，离婚时净身出户，一个背包，几件衣服，一穷二白地回到老家。人不管走到哪儿，总得有一份能养活自己的工作。这时，我刚好看到一家殡仪馆的招聘启事，感觉这份‘遭人嫌弃’的工作正适合失败落魄的自己。这大概是上天的安排吧，就这样，我误打误撞地进入殡葬行业。”中颖回忆道。

听到这样的开场白，我一下子不知道该说些什么。幸好她又说：“但现在我很喜欢这份工作。不，这不仅是工作，更是事业，是一种信仰，我想为此奋斗一辈子！”

离婚后的无奈之选

离婚后找工作那段时间，中颖感觉自己是世界上最糟糕的人，是全家人里过得最差的一个：“连初中没毕业的堂妹都比我过得好。”

她当时只有一个想法：得找一份能养活自己的工作。

殡仪馆的招聘信息，从前她绝不会看一眼，但这次她看了。她发现薪资待遇不错，对专业和学历并没有强制要求，于是她没有多想，就去应聘了，结果很顺利，她被录用了。

中颖踏入殡葬行业时，她并不明白，自己找到的这份工作“并不简单”。有两道坎儿是很难绕过去的：第一，他人的不理解；第二，自己的不理解。

工作后，中颖有三次相亲经历，与其中一个相亲对象相处得不错，对方父母对她也很满意。可是对方的母亲知道她的工作后，脱口而出道：“这么好的姑娘，怎么去做这样的工作呢？”

我小心翼翼地说：“是不是别人觉得晦气啊？不知道这么说，会不会冒犯你？”中颖直爽地说：“谈不上冒犯。别人肯定觉得晦气啊！别说别人了，我的很多同事尽管在工作岗位上待了很多年，其实内心并没有真正接纳这份工作。”

中颖告诉我，她老家属于湖北的二线城市，当地的基本工资是每个月2000多元，而去年中颖的年薪已经超过10万（她还是一个基层员工），“五险一金”全交。按理说这份工作是个“香饽饽”，但仍然很难招到人。可想而知，大家对于这个行业是多么忌讳了。

中颖说，她干了这行后便很少去亲戚朋友家走动。刚开始相亲的时候，她也会刻意先不告诉对方自己的工作，但三次相亲最终都因为她从事的这份工作而失败。那时的中颖，不敢奢求自己能拥有幸福的生活。她一度认为，她这辈子就这样了，一个失败者，找了一份晦气的工作，远离亲戚朋友，最后只能孤老一生。

初入行时，当然会害怕

“你刚上班的时候，也害怕吧？”我忍不住问。

“怕，当然怕！”中颖说，“光想想就害怕得不得了。刚开始实习时，主要是看老员工如何工作。哭泣、悲伤，鞭炮、纸钱，灵车、遗体，花圈、寿衣，火化、骨灰，墓地、祭扫等，这些常人避之不及的场景，却是我们的日常工作。”

中颖一辈子都忘不了第一次接触逝者的经历。那天，中颖接到任务，要跟着老员工给一位正常死亡的老人沐浴更衣。她脑子里闪出的第一个念头就是：“今天要是请假休息就好了。”那一天，有很多让她害怕的细节。她说，那是一家老殡仪馆，楼房很破旧。走进楼里，空气里弥漫的都是烧纸钱的味道，昏暗的灯光和燃烧纸钱时产生的漫天飞舞的尘埃，把整栋楼衬托得越发阴森。

她越往里走，越觉得背脊发凉。走到尽头，有一个专门存放遗体的房间。中颖对我说，她当时完全不敢走进去，感觉自己的身体突然不听使唤了。她在心中一个劲儿地对自己说“不要怕，那么多同事都在呢”，但脚压根儿迈不动。

同事们应该对新员工刚接触工作时的表现见怪不怪了，也没人训斥她、催促她，就开始忙活了，进入房间准备给逝者换衣服。中颖就这样一直僵在门口，但看到同事们面无表情、有条不紊地工作着，她又有点儿恍惚，感觉他们所做的工作和其他工作并没有什么不同。

那一天，直到最后的环节，她才躲在一个男同事后面走了进去，打打下手，递衣服、帽子，但始终没有勇气看逝者一眼。工作结束后，她第一个冲进更衣室，长长地呼了一口气，平复自己的心情，然后迅速脱掉防护服，在水龙头前一遍又一遍地用消毒水和除菌皂洗手、洗胳膊。

心情平复之后，她那天还想，晚上会不会再梦到这些，不由得又害怕了起来。

“想过放弃吗？”我问她。

她说：“肯定啊，刚开始实习时有五个人，三个男生，两个女生，我是这两个女生中的其中一个。实习一个多星期，另外一个女生就不干了。她说她实在无法忍受接触逝者的遗体，再好的待遇也不干。”

中颖当时也想过放弃，毕竟干什么工作不好呢？要养活自己并不难，随便找一份工作，即使只拿基本工资，也不会饿肚子。那为什么她没有放弃呢？

中颖说：“我骨子里还是觉得不甘心，不相信自己一直这么落魄，不相信自己比别人差，不相信别人能做的我做不了。当然，还有向现实的妥协。毕竟父母年纪大了，我想能更快地在城里买套房子，把父母接来一起住。”就这样，她选择了坚持下去。

“那后来你是怎么克服自己的恐惧心理的呢？”我问。

中颖说，刚开始她真是硬着头皮撑着。她早上 7 点半就开始一天的工作，早晨特别忙，要办理火化手续，接待治丧家属，提供丧葬用品购买服务。上午 10 点左右，治丧家属的亲戚朋友陆陆续续赶来吊唁，这时她要忙于制作挽联，销售花圈和香烛纸钱。午饭后的工作大部分是准备晚上的追悼告别仪式。

她最怕的仍然是给逝者沐浴更衣。有的逝者是正常去世的，还有很多是非正常去世的，比如溺水、跳楼、车祸、服毒、他杀等。工作头一年，她十分机械地跟在老员工后面，把各种原因去世的逝者经历了一遍。她说，就这样硬着头皮干了一年，那一年参与送走上百个逝者。

现在回想起来，中颖已经不记得是哪个时间节点她不再害怕了。如果非要说为什么不害怕了，她觉得是因为工作时间长了。另外，接触多了，谈论多了，对很多被自己无限放大的恐惧的事物，一下子就感觉不过如此。

“有一次经历，让我最受触动。那一天，殡仪车送来了一位寿终正寝的老奶奶。我和另外一位同事要为她沐浴更衣。这位奶奶 70 多岁，很瘦小，躺在那里的时候，和我的姥姥很像。我的姥姥去世的时候也是 70 多岁，也很瘦小。家属为这位奶奶带来了一套暗红色的碎花棉布衣，说是为她量身定做的，是她生前最喜欢的颜色和款式，他们希望奶奶穿上自己最喜欢的衣服去另一个世界。那一次，我用最虔诚的心态、最细致的手法，为奶奶穿好衣服，画好妆容，仿佛要送走的这个人是我的姥姥。姥姥走的时候我没能看她最后一眼，我想，如果姥姥走的时候也能穿上她最喜欢的衣服，画上她最喜欢的妆容，该是多么欣慰和满足。那次以后，我开始对自己的工作有了敬畏感，而且也不再害怕。突然就明白了同事以前说的话的意思：我们不是因为不害怕而干好这份工作，而是因为干好了这份工作才不再感到害怕。”中颖回忆说。

那个瞬间，幸福油然而生

真正让中颖产生职业认同感的，还有两件事。

第一件事是为一位在工地上意外去世的工人沐浴更衣。这位工人是在工地上因为砂石坍塌被砸而意外去世的，被送来的时候满身都是灰尘和石渣，整个人的皮肉已经模糊不清了。因为更衣难度太大，有同事就建议不再沐浴更衣。

“后来，工作了 20 多年的王爸爸（我很敬重的一位老同事）说：‘每个人都有权利体面地离开这个世界，我们就是帮助他们行使这一权利的人。’在王爸爸的带领下，我们开始为他沐浴更衣，这个过程十分艰难。首先，要把逝者生前穿的衣服一点点剪下来（因为都粘在了身上，无法正常脱下来），这个过程要小心翼翼，防止沙尘再次伤害皮肤。然后，用清水洗去沙尘，这个过程力度不能太大，也不能太小，太大怕再次损伤遗体，太小怕清洗不干净。最后，清洗完成，给逝者换上寿衣。穿寿衣的过程更加艰难，因为逝者身体多处骨折，穿衣难度陡增，我们得更加细心，防止再次损伤遗体。

“那天，我们六个人通力合作，忙了两个多小时。沐浴更衣后，逝者和被送来时已大不一样：穿上了崭新的衣服，显得干净整洁，面目也因为妆容显得平静、祥和，像一位平时准备参加聚会的人，出门前特意整理了一番。

“那一刻，我感到很欣慰，是我们用实实在在的努力带给了他生命最后阶段的体面。每一个人都是在祝福中来到这个世界的，也应该在祝福中离开啊！”中颖说。

另外一件事，是她参与了一位 106 岁老奶奶的追悼告别仪式。那天，中颖是追悼会的司仪，她像往常一样按照流程读完主持词，并例行邀请逝者的亲人——老人的女儿，一位 80 多岁的老奶奶上前致辞。这位老奶奶在致悼词的时候并没有悲伤，而是深情又有力量地面对家人说："亲爱的妈妈，您放心地走吧！今天，您的重孙也在现场，我们会将您勤劳、朴实、乐观、奉献的精神一代代传承下去。"

那一刻，中颖被深深震撼了。她说之前她经历的追悼会，满是哭泣声，有的家庭还会花钱请人来哭，以营造悲伤的氛围。但在这个家庭的追悼会上，她明白了告别也可以是平静优雅、温暖有力、充满希望的。

就是这两次经历，改变了中颖。她发现每一次与逝者的道别，都可以化作对生者的鼓励和爱，这么一想，这份工作并不可怕，而是充满了爱啊！

从那天起，虽然殡葬服务大都有固定的流程，但中颖都会事先主动和家属沟通，询问逝者生前的兴趣、爱好，所做的贡献，包括家属希望让大家了解的逝者的品质，然后把这些糅入主持词中。好多次，在她主持追悼会结束后，家属都会特地向她表示感谢，也有一些家属和她成了朋友。

中颖说，看到追悼会后家属感激的模样，她就感觉特别踏实，也特别幸福。这个听起来冰冷的工作，却是有温度的，可以给人带来安抚和慰藉，这种感觉是之前任何一份工作都不曾给她的。

"你听我说完这些，现在是不是也会对这份工作有所改观？往小的方面说，这份工作是送人最后一程，是在积善行德做好事；往大的方面说，就是帮助别人树立正确的对待生与死的态度，这份工作不是很有意义吗？"中颖对我说。

“对！”我有力地回答。

科普殡葬文化是一种使命

“那守护了他人的爱和幸福的你，现在幸福吗？”我问。

“当然啊！”中颖在电话那头开心地笑着说。中颖跟我说，她现在对自己的一切特别满意。当她发自内心地认可这份工作之后，她在相亲的时候不再隐瞒自己的工作，总是第一时间告诉对方自己的职业。如果对方因此拒绝她，她也完全理解。

中颖说，她与现任的丈夫也是相亲认识的，当他得知中颖的工作后，出乎她意料地说：“那很好啊，是在做好事啊！”

那一刻，中颖就知道自己遇到对的人了。果然，结婚后，他们很恩爱。中颖说：“我一点儿都挑不出丈夫的毛病，他对我特别包容，也特别支持我的工作，绝对爱妻第一名。”我真心为如今内心充满幸福和爱的中颖感到高兴。

中颖提到自己 1 岁 5 个月大的孩子时，又反复说了好几遍，她特别满意自己现在的状态，认为生活中没有任何让她想抱怨的事情。

“我都有点儿羡慕你了，难道真的一点儿烦恼也没有吗？不可能吧？”我忍不住追问。

中颖说：“这可能是这份工作带给我的影响。以前我也好强，总希望拼一拼，爱和别人比较，想过上更好的日子。现在我会觉得，人生在世，很多东西都是身外之物。不要总是忙着和别人比较，盯着别人有的、自己缺的，其实低头看一看，我们也拥有很多东西。所以，活在当下，珍惜眼前，知足常乐，很重要。这些话以前我也会觉得是鸡汤，但在送走了上千人，看到各种各样的追悼会后，我是发自内心地认可这些话了。”

中颖遇到的很多人和事提醒她珍惜眼前。她曾经接待过一对年轻的夫妻，女孩的妈妈去世了。这对夫妻手头不宽裕，丈夫过来办理火化手续，特别自责地说了一句：“我们没有钱，只能办一场很寒酸的丧事了。”

在中颖的家乡，丧事需要大办，不然容易被乡亲诟病。但那天，中颖对他们说：“治丧没有贵贱之分，只看你们有没有真心。”就是这样一句话，治愈了这对小夫妻。

还有一次，一位外婆给自己的外孙女治丧。这个女孩儿上初中，跳河自杀了。女孩儿学习成绩好，人也长得漂亮，可惜的是，年纪这么小就走了。这位外婆对中颖说，女孩儿的父母长期在外面打工，孩子从小缺少爱，她自己也不知道怎么照顾孩子。

那天，中颖默默陪着这位老人，听她说了很多，中颖觉得自己虽然做不了什么，但至少可以做一个倾听者，希望这位老人在诉说完这一切后，内心会得到释然。

中颖说，看过死亡和离别，才更能明白什么叫“珍惜眼前人”。

人要想幸福，就要看到自己所拥有的东西。对长辈最大的孝顺，是他们在世时多陪伴他们，而不是走了以后大操大办。

中颖入行6年，目前还是一个基层员工。当她谈到她的职业规划时，出乎我的意料。本以为她会说想要晋升为小组长，最终成为馆长，这也是殡葬行业的常规职业发展规划。

而中颖说，她想做殡葬行业的科普者和宣传者，让更多人摘下有色眼镜看待殡葬行业。她特别希望以后能开一个殡葬博物馆，让更多人看到殡葬行业并不是“晦气”的。相反，正是这个行业的存在，让每个生命都必须面对的“死”，以另外一种“生”的形式永存。

把正确的死亡观传递给孩子

中颖认为，更重要的是对孩子进行教育，让他们正确地看待死亡。有着这么多年的一线工作经历，中颖发现，对生死的探索和认识大多发生在孩童时期，但最容易被成人忽略。有个女孩儿的爷爷出车祸去世了。女孩儿问，爷爷去哪儿了，大人们都告诉她，爷爷变成了星星，去天上了。这听上去仿佛是一个很美的童话故事，但并没有解答孩子的疑问，相反，还给她带来了更多的困惑。也许这个小女孩在很长一段时间后，还会一直追问，为什么人去世后会变成星星，为什么会到天上去？

中颖说，困惑只会让人增加更多的恐惧，因为不知道答案到底是什么，只能揣测，这样反而让人更加害怕。

我问中颖：“等孩子3岁的时候，如果问你什么是死亡，你会怎么说？”

中颖说：“我会告诉他事实，人死了，会没有呼吸、没有心跳，我们会再也看不到他了。但爸爸妈妈死去这件事，要发生在很久很久以后，是在他当了爸爸之后。更加关键的是，我会告诉孩子：‘哪怕妈妈离开你，只要你

还记得妈妈说的话、教你的事情，那妈妈就一直和你生活在一起。'

“从事这份工作之后，我觉得死亡是有三个层次的，就像电影《寻梦环游记》中的故事情节一样。第一个层次是人没有呼吸、心跳，生理性死亡了；第二个层次是追悼会开完，社会关系结束了；第三个层次是活在世上的人没人记得你了。如果我们理解这一点，就会觉得死亡并不可怕。我们每一个活着的人都需要去思考，我们在活着的每一天，会给他人或社会留下些什么？这才是死亡教育的意义所在。所以，除了科普殡葬文化，我也特别想做死亡教育的科普工作，让更多孩子从小建立健康正确的生死观，更加敬畏生命，珍惜生活。”

说到这里，中颖顿了顿，接着说：“这些都是我的远大目标。当下，我会在日常工作中，影响每一个前来治丧的家庭，慢慢改变大家的传统观念。”

在我们的采访提纲里，有一条是：“假如有人想干这个行业，你有什么建议呢？”中颖说，这条不用写，毕竟没多少人想干这一行，但她希望自己的故事可以让更多人知道这个行业的存在，也能让更多人更加包容地对待殡葬从业者。

这个行业只是三百六十行之一，没有什么特殊性，只是一个行业而已。她很坚定地对我说，如果未来她的孩子想从事殡葬行业，只要是真心喜欢，她会不遗余力地全方位支持他，无论是从精神上、心理上，还是在行动上、金钱上。

采访到最后，我问她：“你现在还觉得自己是个晦气的人，遇到了一份晦气的工作吗？”

“哈哈哈哈……当然不是！我是一个幸福的人在做着守护幸福的工作！

“我们是生与死之间的摆渡人，维护逝者的尊严，抚慰生者的悲伤，延续生命的希望。我们在救赎别人的同时，亦在一次次被救赎，从死亡中寻得生的力量，大抵便是这世间最难得的成长。”中颖意味深长地说。

所有的职业讲给孩子听

殡葬从业者是做什么的

①扫描二维码，让孩子听职业故事
②通过《我的未来有一万个可能》阅读完整版

好好过日子，比什么都重要

本书的最后一章即将结束，感谢大家愿意读到这里。书的开篇，是一位儿科医生的故事——他们，为了人类健康地“活”而工作；而书的结尾，则是一位殡葬从业者的故事——他们，为了人类体面地“死”而工作。虽然我们无法尽览人间万象，讲述世上所有的职业，但从生到死，每个人的一生都离不开这些职业从业者的服务；每一份职业，都在服务着无数的人生。

人们工作是为了活着，但活着并不只是为了工作。我们希望孩子长大后能找到一份好工作，其实是希望他们能因为这份好工作而过上更好的生活。可是一份好工作的标准是什么呢？只讨论工作本身，是找不到答案的。我们需要和孩子一起探讨：我们究竟想要怎样的生活？归根结底，做什么工作或许并不重要，重要的是，无论从事什么工作，都能把自己的日子好好过下去。

警察杰西
独立很重要，不能事事依赖他人

- 当我第一次在自己选择的道路上，凭自己拼搏的汗水赢下一场硬仗，那一刻，我终于知道自己的人生要怎么“赢”了。
- 警察这份工作充满挑战和激情，但也有琐碎的部分，甚至更加考验人的毅力。
- 我想带领女儿建立起强大的自我，希望她在面对别人的看法和自我的选择时，能更加清晰和坚定。

律师 Janet
辩证思维能力让孩子更明智地做决定

- 律师的工作，是在法律的框架内维护委托人的合法权益。
- 律师并不是靠辩论口才赢得一场官司，而是靠逻辑策略。
- 换一个角度看世界，可能就会完全不同。我希望孩子从自己身上学会辩证地看世界。

特种兵 Seven
让孩子吃点儿苦，提前做准备，吃苦和困难是常态

- 勇敢地面对，在行动中克服困难，寻找成功的方法，是部队教给我的重要宝藏。
- 无论在哪里，都要忍耐和适应环境，想在一个环境中留下，就要改变自己，因为环境是客观存在的。
- 突破极限并不是只有痛苦，还有源源不断、汹涌澎湃的新鲜感、刺激、血性！
- 我希望孩子真正理解，人在为了集体而放下自我，成就别人和集体的利益时，才能真正找到自我的价值。

公交车司机大磊哥
不接受就不做，做就接受它

- 公交车司机看似在固定的线路上无聊地绕圈，但开着 13 米长的车，每次往返进出站 34 次，日复一日、年复一年，肩负整车乘客的安全重任，那就成了一点儿也不无聊的事。
- 当时想找的就是一份稳定的活儿，不可能钱少点儿就不干了。公交运输关系着民生安全，求职者想要稳定，公司也想要稳定，这种稳定，是可以训练出来的。
- 我让上初中重点班的儿子早晨 5 点钟爬起来跟着我上班，并不是吓唬他学习不好以后只能当公交车司机，而是让他在早班的公交车上体验干哪一行都不容易，都得付出很多。

殡葬从业者中颖
我们守护的，不只是逝者的体面，更是生者的心灵慰藉

- 我们不是因为不害怕而干好这份工作，而是因为干好了这份工作才不再感到害怕。
- 第一次接触遗体的经历永生难忘，我是硬着头皮撑下来的。很多时候，我们都会需要硬着头皮撑一撑。
- 每个人都有权利体面地离开这个世界，让他们在祝福中离开，是生者的幸福；守护这份体面和幸福，是这份职业的幸福。
- 看过了太多死亡和离别，就更能明白“珍惜眼前人”。

未来，属于终身学习者

我们正在亲历前所未有的变革——互联网改变了信息传递的方式，指数级技术快速发展并颠覆商业世界，人工智能正在侵占越来越多的人类领地。

面对这些变化，我们需要问自己：未来需要什么样的人才？

答案是，成为终身学习者。终身学习意味着永不停歇地追求全面的知识结构、强大的逻辑思考能力和敏锐的感知力。这是一种能够在不断变化中随时重建、更新认知体系的能力。阅读，无疑是帮助我们提高这种能力的最佳途径。

在充满不确定性的时代，答案并不总是简单地出现在书本之中。“读万卷书”不仅要亲自阅读、广泛阅读，也需要我们深入探索好书的内部世界，让知识不再局限于书本之中。

湛庐阅读 App：与最聪明的人共同进化

我们现在推出全新的湛庐阅读 App，它将成为您在书本之外，践行终身学习的场所。

- 不用考虑“读什么”。这里汇集了湛庐所有纸质书、电子书、有声书和各种阅读服务。
- 可以学习“怎么读”。我们提供包括课程、精读班和讲书在内的全方位阅读解决方案。
- 谁来领读？您能最先了解到作者、译者、专家等大咖的前沿洞见，他们是高质量思想的源泉。
- 与谁共读？您将加入优秀的读者和终身学习者的行列，他们对阅读和学习具有持久的热情和源源不断的动力。

在湛庐阅读 App 首页，编辑为您精选了经典书目和优质音视频内容，每天早、中、晚更新，满足您不间断的阅读需求。

【特别专题】【主题书单】【人物特写】等原创专栏，提供专业、深度的解读和选书参考，回应社会议题，是您了解湛庐近千位重要作者思想的独家渠道。

在每本图书的详情页，您将通过深度导读栏目【专家视点】【深度访谈】和【书评】读懂、读透一本好书。

通过这个不设限的学习平台，您在任何时间、任何地点都能获得有价值的思想，并通过阅读实现终身学习。我们邀您共建一个与最聪明的人共同进化的社区，使其成为先进思想交汇的聚集地，这正是我们的使命和价值所在。

图书在版编目（CIP）数据
职业的真相 / 大 J 著 . — 杭州 : 浙江科学技术出版社，2025. 6. — ISBN 978-7-5739-1772-0
Ⅰ. C913.2-49
中国国家版本馆 CIP 数据核字第 2025HH5844 号

书　　名　职业的真相
著　　者　大J

出版发行　浙江科学技术出版社
地址：杭州市环城北路 177 号　邮政编码：310006
办公室电话：0571－85176593
销售部电话：0571－85062597
E-mail:zkpress@zkpress.com
印　　刷　唐山富达印务有限公司

开　　本	710mm×965mm　1/16	印　　张	18.25
字　　数	308 千字	插　　页	1
版　　次	2025 年 6 月第 1 版	印　　次	2025 年 6 月第 1 次印刷
书　　号	ISBN 978-7-5739-1772-0	定　　价	89.90 元

责任编辑　陈　岚　　责任美编　金　晖
责任校对　张　宁　　责任印务　吕　琰

湛庐 CHEERS

与最聪明的人共同进化

HERE COMES EVERYBODY

CHEERS
湛庐

我的未来
有一万个可能

大J 著

儿科医生是做什么的?

亲爱的小朋友，你们好！

我是陆医生，你们也可以叫我陆阿姨。

你们可能会问："医生是不是那种在医院里，穿着白大褂，给我们打针、开药的人呢？"

你们说得对，但也不全是这样哦！

医生们通常是在医院里工作。当你们或者你们的爸爸妈妈、爷爷奶奶生病了，就会到医院里找医生看病。

不过平时给你们打针的人，更多的时候是护士阿姨，偶尔也会有护士叔叔。他们可是我们医生工作中离不开的好帮手。

医生的主要职责是为人们诊断和治疗各种疾病。

那么，什么是"诊断"和"治疗"呢？

简单来说，诊断就是"找出生病的人得了什么病"。

当人们感觉到身体不舒服，好像生病了的时候，就会来医院看医生。医生通过面对面的观察、询问症状，以及安排一些检查和化验，来帮助我们找出身体到底哪里出了问题，并弄清楚为什么我们觉得不舒服。

当小朋友发烧去看医生时，医生可能会安排一些小小的检查，比如用一根小棒棒从鼻子或者喉咙取一点儿分泌物，或者从手指取一点儿血来验一验。这些小检查可以帮助医生弄清楚发烧的原因。

一旦我们确定了生病的原因，就像找到了“搞破坏的家伙”，医生就能开始进行治疗了。

当然，人生病的原因有很多。

有时候，可能是因为小朋友摔倒了，或者不小心在玩耍时被小伙伴抓伤了，这些叫作“创伤”。

有时候，可能是因为我们身体内部出了问题，比如本来通畅的血管堵住了，或者本来按正常节奏跳动的心脏突然开始乱跳——这些我们身体内部本来运作得非常良好的器官，也有可能发生各种意外情况。

总之，无论我们的身体哪里不舒服，或无法正常运作，医生都需要先做诊断，确定到底是什么病，弄清楚为什么我们觉得不舒服，然后才能进行治疗。

随着医学的不断进步，在一代又一代医生的努力下，许多疾病都有了相应的治疗方法，比如该吃哪些药，是否需要打针，或者是否需要住院做手术。

不过，我们也要知道，医生并不能治愈所有的疾病。有一位医生前辈曾说过这样一句话:“医生这个职业是‘有时治愈，常常帮助，总是安慰’。”

虽然医生无法治愈所有的疾病，
但我们会尽力去帮助每一位生病的人，
安慰并支持他们，减轻他们在生病时的痛苦。

作为一名儿科医生，陆阿姨专门为小朋友们看病哦！

那么，为小朋友们看病和为大人们看病有什么不同呢？

刚才，陆阿姨已经向小朋友们介绍了医生诊断疾病的过程，其中有一个非常重要的环节，那就是“询问和回答”。

医生会问来看病的人：“你哪里不舒服呢？”“哦，是肚子疼吗？”

“那么，具体是肚子的哪个部位疼呢，可以指给我看吗？”

“哦，这里疼了多长时间了呢？是一直疼，还是疼一会儿停一会儿呢？是刺痛感，还是压痛感？”

“疼痛发作前，吃了什么东西，喝了什么东西，或者遇到什么特殊的情况了吗？”

医生会问来看病的人很多这样的问题。这些询问和老师上课时的提问不一样，不是为了考大家，而是为了帮助医生判断患者的身体出了什么问题。

不过，如果儿科医生像这样问小患者的话，可能得不到准确的答案。

刚出生的小宝宝可不会说话，甚至那些已经上幼儿园或小学的小朋友，也不容易说清楚自己的身体哪里不舒服。所以，我们儿科有时也被称为“哑科”，因为医生能从小患者口中直接问出的答案并不多。

那么，该怎么办呢?这就需要医生更加仔细地观察。当然，我们也

要向带孩子来看病的爸爸妈妈、爷爷奶奶询问。这是儿科医生的第一个特点。

接下来，我要讲儿科医生的第二个特点。大人们生病了，可以自己去医院。如果病情不是很严重，他们通常不会太紧张、害怕或担心。但是，如果家里的宝宝生病了呢？爸爸妈妈、爷爷奶奶和其他家人可能都会非常担心、紧张，可能全家人都跑到医院来找医生。

儿科医生不仅要给小朋友看病，还要尽力去安慰、支持、帮助家长，让他们不再担心、害怕或着急。

所以，下次小朋友们生病时，也别忘了安慰一下爸爸妈妈，告诉他们："没事的，每个人都会生病，这是很正常的，我们可以去找医生帮忙，爸爸妈妈，别担心！"

儿科医生还有第三个特点，那就是小朋友容易得的疾病和大人不太一样。有些疾病，小朋友会得，而大人们很少会得；有些疾病，小朋友的病情变化比大人更快，可能突然就好转，也可能突然加重。

最后，陆阿姨要特别表扬小朋友们。即使生病了，有时候很难受，小朋友们仍然会勇敢地配合医生的治疗。只要病情稍有好转，小朋友们就会重新变得开心，向医生微笑，还会对医生说“谢谢”。你们这种乐观、勇敢，充满力量的样子，让像陆阿姨这样的儿科医生感到，我们为帮助小朋友们所付出的努力是非常有意义的，也让我们感到由衷的开心。

说到这里，肯定有小朋友会说:“当医生真好，我长大以后也要当医生!”

的确，当医生是一份能够实实在在帮助他人的工作，但同时也是一份辛苦的工作，需要付出大量汗水、辛劳和努力。

人的健康是这个世界上最宝贵的东西之一。要保护人的健康，医生从上学时起，就要不断地学习，努力提升自己，汲取来自书本、过往病例以及研究论文的大量知识。

进入医院工作后，医生面对每一位患者时，都要认真对待，用心服务。虽然医学知识写在书本上，但是疾病与痛苦发生在一个个不同的个体身上，每个人都需要得到医生细心而郑重的诊治。

假如有一天，你们也想成为医生，陆阿姨会张开双臂，真诚地欢迎你们!

老师是做什么的?

职业世界大冒险

亲爱的小朋友，你们好！

我叫一笑，是一名初中语文老师。

你们每天都和老师打交道，对老师这个职业应该已经不陌生了吧？

可能有的小朋友会说：“当然了，我还当过小老师呢！可以站在讲台上发言，可以给小朋友们发小贴纸、小红花，还能收到同学们崇拜的目光……当老师可神气了！”

但是，其实老师的工作可不止你们看到的这些。今天，一笑老师就带你们重新认识一下“老师是做什么的”。

说起来，你们可能不信，老师每天的工作时间其实特别长，比你们在学校的时间还要长许多。

也许你们会说：“可我每天只看到我的语文老师上一两节课呀！”

在你们看不到老师的时间里，我们也在为工作而忙碌。

每天早上 7 点半，当你们刚刚踏进学校的大门时，老师们已经在办公室里备课了。

比如我，常常 6 点就得起床，简单洗漱一下就赶往学校。为了陪你们早读，我经常来不及吃早饭，就得在飞扬的粉笔灰中开始一天的工作。

上完课后，老师也闲不下来。回到办公室后，不是继续备课，就是批改作业。一个班有 50 多份作业，而每个老师至少要带两个班，也就是说，要批改 100 多份作业，光是完成这项工作就需要花费大量时间。

而且，在这期间，老师们还有很多其他的事情要忙。我们可能接到通知去开会，要处理各种任务，要配合上级的各种检查，要抽空找个没

人的教室，对着空气模拟上课，还要准备各种比赛和培训……

等好不容易能坐下来，老师们还总要去走廊里转上几圈。这可不是去“遛弯儿”，而是因为老师们放不下心，要去确认孩子们的课间安全。如果遇到同学间有矛盾，老师们还要及时出面调解，真有点儿像操不完心的妈妈。

下午放学后，老师们的工作也没有结束。我们还要回到办公室整理一天的工作，继续批改剩下的作业。改不完的还要带回家，有时候忙到深夜。

当你们上了小学，会比在幼儿园时起得早一些，上了初中、高中，起得就更早了。有些哥哥姐姐还要上晚自习，有些晚上还要住在学校宿舍，那么他们的老师工作时间就更长了。

老师的一天，真像一只转个不停的陀螺。

确实如此。尽管很忙，但我们仍然觉得，当老师是一份非常幸福的工作。

因为我们不仅仅教孩子们读书、写字、算数，还陪伴了许多生命的成长。每一名老师都在和孩子们共同建设他们的未来，能够给孩子们的人生带来一点一滴的影响，让我们感到幸福。

而且，你们的纯真和上进，也给老师们带来了源源不断的能量！

也许你们会说："一笑老师，你说的都是好学生吧？只有好学生才受老师喜欢呢！"但一笑老师想告诉你们，在我们老师的眼里，没有真正的"坏学生"，只有"需要帮助的好孩子"。

即便一笑老师教的是比你们大好几岁的哥哥姐姐们，他们也和你们一样单纯。他们会因为一次考试考砸了，躲在课本后面偷偷哭泣；也会因为做错了事，把头埋得低低的。但谁又能说他们不可爱呢？因为在老师眼里，每一个孩子都真心渴望变得更好。我们老师所珍视的正是这份纯真和上进。

老师们希望你们能明白，成绩只是对学习成果的一个检验。
它很重要，因为它能帮助我们找到进步的方向；
但它也不那么重要，因为它并不能衡量一个学生的全部价值。

每个人都是独一无二的，每个人都有自己的闪光点。

作为老师，比起帮助每个孩子都考到 100 分，我更愿意帮助你们发现并擦亮自己的闪光点，而不是单纯地帮助你们考到 100 分哦！

早餐店老板是做什么的?

职业世界大冒险

亲爱的小朋友，你们好！

我的名字叫范范，对，跟“早饭”的“饭”读音一样哦！

我在南方一个小城市的菜市场经营一间小小的早餐店。

小时候，我的梦想是当一名厨师，因为我特别爱吃好吃的东西。

长大后，我实现了这个梦想，开了这间早餐店，我特别喜欢我的这份工作。

小朋友们，你们每天早上通常吃什么早餐呢？是爸爸妈妈给你们做的吗？

早餐是我们每天吃的第一顿饭，吃完早餐后，爸爸妈妈就要去努力工作了，而你们就要快乐地上学或者玩耍了。

早餐很重要，而每天为全家做早餐的人通常最早起床，所以他 / 她很辛苦。

开早餐店的人通常是一座城市里起床最早的人。

每天三四点钟，当月亮和星星还挂在天上，小朋友们和整个城市还沉浸在睡梦中时，我就要起床，到店里开始工作。

我会把各种各样的豆子磨成香喷喷的豆浆；把红豆、小米、绿豆等各种各样的粮食熬成营养粥；把面粉揉成面团，加上酵母菌，让面团发酵成胖胖软软的大白团子，再做成好吃的包子和馒头；我还要炸出金黄酥脆的油条和软糯香甜的麻圆。

每天早上 6 点多，第一批坐校车的孩子们就会来我的店里买早餐。

我有三个孩子，他们在我的店里长大。在他们小时候，摇篮就放在店里，我一边工作，一边照顾他们；现在，他们每天都在店里吃早餐，然后去上学。

这份工作很辛苦，一年 365 天几乎没有休息日，所以我没机会出去旅行。

因为我的小店开在菜市场里，所以邻居们有的卖菜，有的卖肉，有的卖水果或者海鲜。我们有个共同点，那就是都起得很早，工作辛苦，每天都要守在同一个小小的地方，忙上忙下。

即使在周末和节日，其他人可以休息，带着孩子去公园、去郊游、去旅行，我们仍然要照常营业。因为无论是否放假，人们每天都要买菜做饭，要吃早餐。

即使在刮大风、下大雨的日子，市场里的积水都快没到膝盖了，我们仍然要照常营业。因为不管是刮风下雨，还是严寒酷热，人们每天都要买菜做饭，要吃早餐。

虽然这是一份辛苦的工作，但我知道，世界上每一份工作都不容易。

我的工作要求我很早起床，而做别的工作的人可能要很晚才能回家休息。

我的工作要求我每天守在这间小小的店里，而做别的工作的人可能要一直在路上奔波。

我之所以喜欢这份工作，是因为它让我能够自食其力，
并为大家做出营养美味的早餐。

人们喜欢吃我做的早餐，从而使我能够赚钱养家。

我用自己通过辛苦劳动赚来的钱，让我和家人有房子住、有衣服穿、有好吃的食物，还能给孩子们买好玩的玩具。

对了，我们还会买一辆汽车，这样在周末下午不营业的时候，我就能带着孩子们去公园、去郊游。我喜欢我的工作，因为它让我通过自己的劳动，为一家人创造了快乐的生活。

销售人员是做什么的?

亲爱的小朋友，你们好！
我是汤圆阿姨，我是一名销售人员。
销售人员是做什么的呢？

简单来说，销售人员就是把东西卖给你们的人。

不过，我和你家附近的超市、便利店里卖东西给你的人稍微有一点不同。我们一般不需要自己开店，而是在你需要买某个东西时，通过帮助你在众多商品中做出适合自己的选择，来完成我们的工作。

比如，你想让家人给你买一块电子手表，而市面上的手表可能有几十甚至上百个品牌，到底该选哪一款既能看时间，又能给家人发送准确定位，同时价格合理，外观又是你喜欢的呢？

这时，你可以询问店里的销售人员，让他们给出建议，帮助你和家人选出一款最适合你的手表。

销售这个工作似乎很简单，但其实背后还有许许多多别人不知道的辛苦和付出。

首先，我想告诉你们，想做好任何工作都需要长期的积累和学习，销售也不例外。在我们的工作中，最重要的是全面了解与自己所售卖产品相关的专业知识。

还是以手表销售为例，一名销售人员不仅需要了解自己推销的这款手表的性能，还要充分调查其他品牌的手表。只有对整个手表类目和市场有足够的了解，我们才能为消费者提供最合适的建议。

其次，我们还需要细心地挖掘，发现更多需要我们产品的消费者，从而把产品卖给更多的人。

最后，我们还需要通过和消费者深入沟通，来获得他们的信任，从而把东西卖出去。即便没有卖出去，我们也要和消费者保持联系。以上差不多就是一名销售人员的基本工作。

细心的小朋友可能会问："大家挑选自己喜欢的东西就好了，为什么还需要销售这类工作呢？"

阿姨今天还想和你们聊聊，销售这个职业是怎么来的。

很久以前，人类通过以物品交换物品的方式，来获取自己所需的东西，这种互相交换物品的过程，其实就是早期的贸易活动。

随着时间的推移，各种贸易活动变得更加频繁和复杂，人们开始使用货币，也就是钱，来代替物品进行交换，从而简化了买卖东西的过程。这时，早期的市场和贸易中心开始形成。

后来，随着生产技术的巨大进步，许多商品被大量生产出来。由于商品的数量和种类增多，这时候，就需要有专门人员把各种各样的商品推荐给不同的人，以满足人们各种各样的需求。

渐渐地，销售人员这个职业就诞生了。

随着信息传播方式的不断更新，销售商品的方式也在不断演变。

你们不仅可以在商场、超市这些地方见到销售人员，也可以通过电话、广播、电视以及网络等媒介和销售人员打交道。

阿姨所在的销售行业比较特殊，我们从事的是电气配件的销售。你们在日常生活中几乎接触不到这类商品，但本质上，我们的工作还是帮助有需求的人找到符合自己需求的商品。

从事这份工作会非常忙碌，因为我们要满足客户的需求。而这份工作本身并不要求做到完美，因此我们永远有进步的空间。有时候，我们忙得分不清白天和黑夜，而且经常需要出差。

虽然从事这份工作很忙碌，但所带来好处的也很明显。

第一，一名出色的销售人员有很多机会获得更丰厚的报酬，也就是赚更多的钱。

第二，从事这份工作，可以让我利用自己的所知、所学去与各种各样的人打交道，从而丰富自己的人生阅历。对了，我这份工作，尤其适合喜欢冒险和挑战的小朋友哦！

第三，一名出色的销售人员往往具备做好其他工作的自信。至于为什么，可能需要从事这份工作的人自己去体会。

听到这里，你想不想长大后成为一名销售人员呢？

如果你不太确定，可以自己去体验一下。比如，可以让爸爸妈妈帮你报名参加社区里的跳蚤市场活动，通过向别的小朋友推销自己的旧玩具、绘本之类的物品，来体验一下当销售人员的感觉。

相信到时候，你会得出自己的答案！

心理咨询师是做什么的？

亲爱的小朋友，你们好！

我是李楠阿姨，我是一名心理咨询师。

心理咨询师是做什么的？

你们可能连听都没听过，但有一个词，你们一定不陌生，那就是“知心大姐姐”。

没错，我们心理咨询师就像知心大姐姐一样，善于倾听人们的各种烦恼，并帮助他们抚平悲伤、化解焦虑，找到内心更积极的力量。

“善于倾听”是心理咨询师最基本的能力。
我们善于倾听，但也不只是倾听。

我们会用专业的方法去帮助需要帮助的人（我们通常称他们为“来访者”）。

通过与他们交谈，我们可以引导他们找到自己产生压力和痛苦的真正原因，从而帮助他们调整自己的内心世界。

这是不是听起来有点深奥？别着急，我来打个比方。

我们每个人的内心世界就像一个房间，是安放我们“自己”的地方。

你们可以试着闭上眼睛感受一下，当你们难过、悲伤或者喜悦时，心里是不是有各种说不清的情绪和念头在相互碰撞？即便在心情平静的时候，你们的脑海里是不是也常常有一个声音在和自己说话？

这就是我们内心世界的小房间，里面装着我们自己各种最真实的感

受。虽然它看不见、摸不着，却时时刻刻影响着我们对外界的反应。

如果一个人的内心从小就积攒了各种复杂的情绪和念头，但从未得到整理，那么他 / 她的这个房间就会就变得乱糟糟。

这个房间里面明明有很多珍宝，却因为落满灰尘，而不容易看到；相反，那些不好的东西，比如糟糕的体验和回忆，就像地雷一样埋在里面，一不小心就会踩到。

住在这样的房间里，你们会是什么感觉呢？一定会觉得很压抑、不舒服，对不对？

之所以一些大人常常说自己感到难过、烦恼，或者开心不起来，却不知道为什么，往往是因为他们内心世界的小房间已经太久没整理了。

生活中，每个人的内心房间并不是一成不变的，
有时候或多或少都会堆积一些杂物。

有些人善于通过回顾和反思来整理自己的内心房间，而有些人并不擅长做这样的整理，尤其是当他们的内心房间堆积的杂物越来越多时，整理起来就会变得很困难。

这时候，他们就需要我们这样的心理咨询师，来帮助他们找到合理的整理方法，让他们混乱的房间恢复宽敞明亮。

接下来，我们再来说说心理咨询师到底是如何通过倾听和谈话，来帮助来访者整理内心房间，并走出困境的。这主要分为以下四步：

第一步：评估。在前几次咨询中，我们主要通过倾听和提问的方式来搜集信息，也就是与来访者一起去看看他们的内心房间里堆积的杂物。然后通过拆解、除尘，找到真正造成他们内心不安和混乱的东西。

第二步：确定咨询目标。明确这次整理具体要解决什么问题，以便来访者的内心房间恢复整洁。完成这个目标需要花的时间可能很长也可能很短，因此在咨询开始前，我们要和来访者明确预期的时间和费用，并达成合作协议。

第三步：进行咨询。心理咨询师运用自己的专业技能，引导并陪伴来访者一步一步地整理。在这个过程中，我们要分析哪些东西需要丢出他们的内心房间，哪些东西需要妥善安置，以及怎样才能维持内心房间的整洁。

第四步：结束咨询，总结和回顾。当来访者的困扰得到解决之后，如果咨询师经过评估发现来访者的内心房间已经恢复整洁，就会提议结束这次咨询，并对这次整理进行总结和回顾。比如，总结这次整理的经验和方法，以便下次如果有类似的杂物堆积时，来访者知道如何整理。

这就是心理咨询师的工作内容。

听到这些，你们也许会觉得这真是一个有趣的工作，并且想知道自己是否也可以成为这样的知心大姐姐或大哥哥。

要想成为一名合格的心理咨询师，进入他人的内心世界提供帮忙，同时确保不会给对方带来新的混乱和伤害，你们需要学大量的专业知识和方法。这是一条真正的终身学习之路。而且，你们还要通过不断的实践，才能真正有效地帮助他人。

不过，现在有两点是我们力所能及，并且可以立即开始做的。

首先，从自己开始，学会倾听，练习拆解和管理情绪的能力。

比如，每当你感到伤心难过时，可以和妈妈聊一聊，回忆一下自己身上到底发生了什么，为什么会难过，自己的想法是什么，别人的想法是什么，以及下次遇到类似问题时，有没有更好的解决方法。

其次，学会共情，耐心地理解和包容他人。

除了自己的感受，我们也要倾听他人的感受，就像我们自己需要被理解和支持一样。你可以从倾听身边的人开始，比如试着听一听妈妈的感受，并给予她力所能及的支持。

只要掌握这两点，即便将来没有成为心理咨询师，你也能拥有足够的生活智慧，去获得幸福，并治愈身边的人。

摄影师是做什么的?

职业世界大冒险

亲爱的小朋友，你们好！

我是小路叔叔，我是一名摄影师。

我的工作就是拍照，拍很多很多照片！

哈哈，相信你们对拍照这件事已经非常熟悉了。在你们的成长过程中，爸爸妈妈一定经常掏出手机或者照相机给你们拍照，记录下你们成长中珍贵的瞬间。

说不定，有的小朋友也用爸爸妈妈的手机或照相机拍摄过自己的作品呢！

你们可能会想：“我经常看到大人们拿着手机或照相机对着某个东西拍来拍去，这么简单的事我也能做，那怎么还能变成一种工作呢？”

这得从摄影诞生之初说起。

人类最早发明照相机是在 1839 年。那时候，照相机又大又重，而且操作起来非常复杂。人类历史上的第一台可携式相机叫作“达盖尔类型相机”。那时候，大多数人完全不会操作这种机器。想要拍照片就需要专门的人来操作，于是产生了一种新职业——摄影师。

随着科技的进步，照相机变得越来越小。从好几个人才能抬得动的巨大机器，到一个人就能拿在手里的机器，再到如今，照相机已经小到能直接装在手机里了，而且操作也变得越来越简单。

摄影师的工作也随着照相机的变化而逐渐发生变化。一开始，会操作照相机的人就能当摄影师，后来，能拍摄出漂亮照片的人才能当摄影师。现在，各行各业都需要拍摄不同类型的照片。比如，卖衣服的店主想要拍出好看的衣服照片；医生需要拍摄记录手术过程的清晰照片；家庭过年时要拍温馨的全家福。

摄影师这个职业就演变成了可以满足各行各业拍摄需求的工作!

当然，要想说清楚摄影，必须先介绍一下照相机。

照相机是一个神奇的盒子，
它可以把我们眼前看到的一切捕捉下来，
变成一张可以保存和分享的照片。

那么，它是怎么做到的呢?

首先，照相机里有一个叫作“光圈”的东西，它可以控制进入相机的光线。光线进入相机后，会照射在相机内部一种叫作“感光元件”的东西上。感光元件会把光线转化为电子信号。

然后，这些电子信号会被传送到相机内部的芯片上。芯片通过解析这些信号，将它们转化为一幅图像。

最后，这幅图像会保存到照相机的存储卡里。

我猜你们可能没想到，只是用照相机把眼睛看到的东西记录下来，背后居然有这么多原理。不过，你们现在还不需要搞清楚这么复杂的原理。你们只需拿起照相机，选择合适的拍摄地点和角度，按下快门，就能捕捉到你们想拍下来的瞬间。

当然，这只是最简单的使用方法。对摄影师来说，还需要学习如何构图、如何运用光线、如何把握色彩，以及如何选择合适的角度，来拍出更好看的照片。

摄影师是如何工作的呢?

拍风景、人物、小动物，以及世界上其他各种有意思的事物，这些都是我们的工作内容。为了满足各行各业的拍摄需求，有时候，我们还需要跋山涉水，甚至到遥远的国家拍摄特别的风景和故事。

拍照对我们来说，其实就是一种创作，
它就像画画和写故事一样，需要智慧和汗水。

作为摄影师，我们当然可以拍摄任何自己喜欢的事物，但我们往往只能选择一两类拍摄对象，作为自己的专业领域。

小路叔叔就是一名电商摄影师，专门为在网络上售卖的商品拍摄照片。通过拍摄照片，我们可以帮助卖家展示商品信息，从而帮助每个在网上购物的人做出选择。

例如，当妈妈在网上给你们买衣服时，她没办法感受衣服的实际质感，也不知道你们穿上后是什么效果。这时候，专业电商摄影师的工作就显得非常重要了。我们会尽可能地展现衣服的颜色和大小，并通过不同的光线和角度来展示衣服的质感。

我们还会拍下不同身材模特的试穿效果，来让顾客尽量获取详细的信息。把衣服拍得清晰、好看，并展示出衣服的各种细节，对卖家非常重要。照片拍得好，可能就会吸引更多的人来购买。

当然，作为摄影师，我也要提醒小朋友们，照片好看并不代表这件衣服实际穿起来就一定好看或合适。除了看商品的照片，我们还得认真查看其他信息。这一点，你们的爸爸妈妈一定有很多经验。

我的日常工作除了拍照片，还需要不断地学习和提升。比如参加培训，学习更多摄影技巧，关注摄影行业最新发展趋势等。当然，在生活中看一看优秀的电影和图书，对我们来说也是学习，可以帮助我们提高自己的审美能力，也可以帮助我们拍出更多优质的照片。

我已经从事摄影行业十几年了。这是一项既辛苦又很有意义的工作。我非常热爱我现在的工作。我也真诚欢迎更多喜欢摄影的小朋友加入我们这个行业。

怎么样？你们觉得我的工作有趣吗？如果你们也喜欢的话，不如现在就拿起手机，拍下你们最喜欢的东西吧！

咖啡馆老板是做什么的？

职业世界大冒险

亲爱的小朋友，你们好！

我是苗苗阿姨，我是一家咖啡馆的老板。

你们可能会说："咖啡，我知道，就是妈妈经常喝的那种苦苦的水，我真不明白她为什么那么喜欢喝。"其实原因很简单，就像爷爷为什么喜欢喝茶，你们为什么爱喝酸奶一样，也有一群喜欢喝咖啡的人。

咖啡是一种"大人的饮料"，不仅可以提神醒脑，还可以让喜欢喝咖啡的人品尝到各种奇妙的滋味。

没想到吧，在你们看来苦苦的水，其实有着丰富的味道，比如花香、果香、肉桂香，以及焦糖味等。有的咖啡甚至能让人尝出甜味！这真的需要喝过很多咖啡，并且爱喝咖啡的人才能尝得出来哦！

喝咖啡也是大人们的一种社交活动，尤其是在周末，人们常常会借喝咖啡的机会聚集在一起，谈天说地、商谈事务或者结交新朋友。

我的咖啡馆就是这样一个小小的聚会地点。不管一个人是工作繁忙还是无所事事，是开心还是难过，都能在这里获得放松。

每天早上，我做的第一件事就是称咖啡豆，然后把咖啡豆倒进烘焙机里烘焙。

如果你们刚好路过我们的小村庄，闻着咖啡豆浓浓的香气，就一定能找到我。

每天的天气、温度和湿度不同，咖啡豆呈现出的风味也有所不同。所以我每天还要重新调节磨豆机，调整咖啡的做法，比如，研磨多少豆子，萃取多长时间，萃出来的咖啡液多重等。

这些细微的差别就是让咖啡展现不同风味的魔法哦!

等这一切都准备就绪后，我会打扫一下卫生，等待客人们光临，并根据客人们的喜好为他们冲上一杯咖啡。

这就是我的工作，并且我很喜欢我的工作!

你们肯定也有过这样的梦想吧? 因为喜欢玩具，于是想开一家玩具店；因为喜欢吃零食，于是想开一家零食店。我和你们一样，因为喜欢喝咖啡，才想开一家咖啡馆。

但是，仅仅因为喜欢就能开好一家店，或者仅仅因为热爱就能胜任一份工作吗? 并不是哦，在热爱的背后，还有很多大大小小的麻烦事需要解决。比如:

如何采购优质的咖啡豆?
牛奶、糖浆到底选哪个牌子好?
设备用完后怎么维护，坏了又该怎么维修?
每天要准备多少原料才够，而且不会浪费?
每个人的口味不同，我要怎么推荐，
如何调制出符合客人要求的咖啡?
如何让咖啡馆活下去，卖出更多的咖啡?
如何打理门店才能让客人在这里感到舒适?

以上每一件事，都是我每天需要思考的。所以，仅仅热爱还不够，我们必须有足够的耐心和毅力，才能够面对热爱背后的那些困难和琐碎事务。

而且，我们喜欢的工作不一定能让我们赚到钱。

有一句话，我从小就听很多大人说过，你们可能也听爸爸妈妈说过——“喜欢能当饭吃吗？”

那些我们热爱的事，常常会被大人认为是“没有用的”或“赚不了钱的”。

事实上，我的咖啡馆开到现在，曾赚过钱，也经历过赚不到钱的艰辛。从这一点来看，这份工作和其他工作并没有太多不同。

要说有什么不同，那就是我从不会为“赚不到钱”而焦虑，因为我从事的是我热爱并能让我感到快乐的工作。只要我还能保持热情，就有源源不断的动力去解决那些困难。

哪怕有一天我突然不再热爱这份工作了，我也不会后悔，因为对我来说，在过程中的收获，比结果更重要。

因此，阿姨特别想告诉你们：

“热爱”不能用“有用”或是“无用”来衡量。

只要我们依然喜欢，就坚持下去，在热爱的指引下，我们就可以从中收获更多快乐，并且可以为生活创造更多可能。当然，把喜欢的事做到极致了，赚钱也就可能是自然而然的事了。

最后，也许现在你们还不知道自己热爱什么，或者将来从事的工作并不是自己热爱的，这也没关系。我们每个人都有挖掘热爱的能力，怎么热爱、热爱什么，我们可以自己说了算！

比如，把你在玩耍、学习、工作中体验到的那些快乐的事收集起来，就可能积累成大大的热爱。

希望我们都能保持自己的热爱，成为在工作和生活中都能收获幸福的人！

空中乘务员是做什么的？

职业世界大冒险

亲爱的小朋友，你们好!

欢迎来到职业世界大冒险航班，我是本次航班的乘务长——毛豆妈妈。

在本次旅行中，我将为你们提供安全、舒适的空中旅行体验。

你们可能会问:“什么是空中乘务员? 这和公交车乘务员、列车乘务员一样吗?”

没错，我们同属于服务行业，目标都是为每位出行的旅客提供安全、周到的服务。

只是我们的工作地点比较特别，我们大部分时间是在“天上”，具体来说，就是飞机上工作。

在飞机上工作的人，除了你们熟悉的飞行员和机长，其实，还有一群人，就是我们乘务员。我们负责为大家提供飞机上所需的服务，并默默地保护大家的安全。

“现在，飞机就要起飞了，请您关掉电子通信设备，调直座椅靠背，系好安全带，收好小桌板……”如果你坐过飞机，那么你对这段话应该很熟悉了吧? 没坐过飞机的小朋友也别着急，我会一件件为你们讲解关于坐飞机的事。

你们知道为什么叔叔阿姨们要一次次广播通知，强调大家要按照我们的口令做吗? 因为，这些看似很小的“动作”背后可是大有讲究呢!

关掉电子通信设备，是为了防止干扰飞机的通信系统；调直座椅靠背、收好小桌板，是为了保证飞机上的乘客有足够的活动空间，以便在出现意外情况时能快速撤离；系好安全带，是为了防止飞机起飞降落过程中遇到不稳定气流造成的颠簸伤害。

在起飞和降落时，我们还要求大家调暗客舱灯光、打开遮阳板。这

样做是为了让乘客们的眼睛提前适应飞机外的光线。另外，一旦需要紧急撤离，这样做也可以方便大家观察飞机外的情况。

乘客上了飞机之后，我们乘务员经常会在过道里来回走动。一方面，我们为大家提供餐饮和其他服务。例如，如果有乘客正在看书、看报，我们会帮忙打开他们头顶的阅读灯。如果有乘客感到憋闷，我们会为他们打开通风口。如果有乘客怕冷，我们会递上一条毯子。

另一方面，我们也是在巡舱，例如确认每一位乘客是否都系好安全带。我们还会习惯性按一下行李架的盖子，以确保所有行李舱都已关好，以免在空中遇到气流颠簸时，行李从行李架上掉落，伤到乘客。其余时间，我们空乘人员都会守在飞机的门口，以确保这个关键位置的安全。

当然，我们要做的工作可不止你们看到的这些。在每次登机前，我们都要对客舱进行安全检查，以确保氧气瓶、灭火器等应急物品处于随时可用状态。如果发现任何问题，我们会立即通知机务，也就是维修飞机的工作人员，进行修理。只有确保客舱 100% 安全，飞机才能起飞。

还有一点很重要，那就是我们需要提前了解乘客的需求。例如，有些乘客因为宗教信仰或医疗原因提出特殊餐食需求，我们会为他们准备相应的餐食，还会为即将登机的小朋友们准备小礼物。

因此，小朋友，当你们坐飞机时，一定要好好配合我们乘务员的工作哦! 对我们来说，乘客的支持和理解真的非常重要。

有人觉得阿姨这份工作很浪漫，因为可以到处旅行，确实是这样，但这份工作同样也很辛苦。我们需要长期保持稳定的作息时间，要适应倒时差，还要控制饮食、坚持锻炼，让自己始终保持精力充沛。因为作为空中乘务员，我们最重要的工作就是保障每一位乘客的安全。

你们想成为空中乘务员吗?

如果想的话，首先你们要好好吃饭、好好睡觉、健康成长，拥有强壮的身体。长大后，可以去读一些自己感兴趣的专业，比如外语、护理、医学或心理学，这样就有机会通过面试选拔加入空乘队伍哦!

你知道吗？世界上第一批空中乘务员是从护士中选拔出来的。

不过，要想成为一名真正合格的空中乘务员，需要经过长时间的培训和考核，还要学会沟通、合作以及随机应变。

小朋友们，你们喜欢空中乘务员这个职业吗?

如果你们喜欢旅游和体验新鲜事物的话，我猜你们会对这个职业感兴趣的。

那就好好吃饭、睡觉，努力长高，好好学习，等长大后亲自去试一试吧!

会计师是做什么的?

职业世界大冒险

亲爱的小朋友，你们好！

我是 Faye 阿姨，是一名会计师，已经有超过 15 年的工作经验了，我很喜欢我的工作。

让我来给你们讲一讲，会计师究竟是做什么的。

这是一个稍微有点儿长，但又很有趣的故事，你们准备好了吗？

故事要从哪里开始呢？

不如就从你们每天早晨醒来、睁开眼睛准备起床开始吧！

让我们一起来想一想，早晨醒来时，我们能看见什么，身边都有些什么呢？

我看见了我的小被子、小枕头，起床后去卫生间看见了镜子和牙刷；吃早餐的时候，看见了桌子、椅子、面包和果酱，吃完后看见了妈妈递给我的书包……每天早晨，我能看见的东西有好多好多，阿姨，您想问哪一件东西呢？

小朋友说得非常对，我们的生活中确实有许多许多的东西。从小小的扣子到大大的房子，从你们喜欢吃的巧克力糖果到天空中飞过的飞机……真的非常多。

你们有没有想过，为什么我们周围会有这么多东西呢？

没错，因为我们在生活中需要这些东西啊！

那么，阿姨接下来又要问你们，我们在每天的生活中需要的这些东西，都是从哪里来的呢？

一个小朋友会说：“阿姨，我知道，是从超市买来的！”

另一个小朋友会说：“阿姨，我也知道，还有从商场买来的，或者从自由市场买来的。有时候，爸爸妈妈会在手机上或电脑上动动手指，快递员叔叔就把东西送到我家了！”

小朋友们说得很对！

那么商场和超市里的这些东西，又是从哪里来的呢？

一个小朋友会说：“阿姨，这个我知道，我的爸爸是一名蛋糕师，他做出来的蛋糕，会放在他的店里卖，也会放在超市里卖，妈妈还说要把爸爸做的蛋糕放在网上卖……所以，超市和商场里卖的那么多东西，一定也是其他小朋友的爸爸妈妈做出来的！”

太棒了！阿姨要恭喜你们，因为你们刚刚已经找到了人类社会最厉害的法宝！

我们人类能够通过自己的劳动，创造出生活中所需要的千千万万种东西。这个过程，我们可以理解为“生产”。

当然了，只靠一个人是做不到的，有些东西可以由一两个人来生产，而许多东西则需要很多人一起来生产。

世界上有 80 多亿人，大家可以组成很多很多小团队，有些专门生产食品和饮料，有些专门生产衣服、书籍等。我们在生活中需要的东西都能通过大家的分工合作来生产。

好了，故事讲到这里，让我们停下来复习一下。在刚才的故事里，我们一起找到的人类社会的第一件法宝是什么?

对!是生产!生产可以创造出一切我们需要的东西。

记住这个法宝，我们来继续讲故事。

阿姨又要提问了，那个小朋友的爸爸是蛋糕师，他能生产蛋糕，但他还需要别的东西。如果我们自己有很多蛋糕，而别人有好玩的玩具，我们想要玩具，那应该怎么做呢?

没错，我们可以交换!

我们可以用爸爸做的蛋糕，去交换别人做的书本、玩具、衣服，或者其他各种各样的东西。

现在，小朋友们，我们已经找到了人类社会的第二大法宝，那就是交换!

虽然我们每个人只能生产一两种东西，但我们可以通过交换，来获得更多别人生产的东西。世界上有很多很多人，生产着各种各样的东西，只要我们能够与他人进行交换，我们就什么都不缺了。

你们看，交换这个法宝多厉害!不过呢，要想让交换更好地发挥作用，我们还需要一个小帮手。

这个小帮手是谁呢?

那就是钱!

爸爸妈妈用钱买东西，他们还会去工作挣钱。正是钱这个小帮手，在帮助我们完成交换。

小朋友们想一想，如果没有钱，我们直接用蛋糕去换东西，会怎样呢？比如，我们想换一本书，但是有书的小朋友并不想要蛋糕，他 / 她想要一辆玩具汽车，而有玩具汽车的小朋友既不想要蛋糕也不想要书，他

/ 她想要别的东西。

哎呀，这可怎么办呢？原来，用蛋糕直接去换别的东西，这么麻烦啊！这时候，就轮到我们超级厉害的小帮手——钱登场了。

我们所有人可以约定好，不管自己生产的是什么东西，
都可以先把它换成钱，然后再用钱去换任何自己想要的东西。
这样，大家无法自由交换的难题就解决了！

蛋糕师生产了蛋糕，可以换成钱，再拿着钱去买自己需要的东西。

有了钱这个小帮手在中间发挥作用，人类的第一大法宝“生产”和第二大法宝“交换”就紧密连接在了一起。

好了，故事讲到这里，小朋友们和阿姨一起找到了人类社会的两大法宝，一个叫作生产，一个叫作交换，还发现了在生产和交换之间发挥作用的小帮手——钱。

可是，阿姨今天不是要讲会计师是做什么的吗？怎么讲了这么多，会计师还没有出场呢？哈哈，别着急，会计师马上就要出场了！

我们继续讲蛋糕师的故事。小朋友们已经知道了，蛋糕师生产出来蛋糕，要先换成钱，然后再用钱去换别的东西。

这就引出了一系列问题：一个蛋糕能换多少钱呢？是1块钱，10块钱，还是100块钱呢？一个蛋糕换的钱是和一个玩具换的钱一样多，还是和一辆汽车或一座宫殿换的钱是一样多呢？

一个小朋友会说：“阿姨，我觉得一个蛋糕换一个玩具，好像还行，但是一个蛋糕要是换一辆汽车，就不太公平了。”

小朋友说得很对！

要想让世界上的每个人都愿意交换，
并且愿意把自己生产的东西先换成钱，
再用钱去买别的东西，就必须确保交易是公平的。

我们需要有一套公平的计算方法，来算出玩具、蛋糕、汽车以及城堡可以换成多少钱，世界上大大小小的每一种东西，可以换成多少钱。

到了这一步，就需要我们会计师出场了！

一个蛋糕可以换成多少钱呢？让我们会计师来帮大家算算看！

第一步，会计师要做的是记录：

生产一个蛋糕需要多少原料，比如面粉、牛奶、鸡蛋等，各需要多少。

生产一个蛋糕需要哪些工具，比如碗、勺子、盘子、烤箱等，各需要多少。

生产一个蛋糕需要多少能源，比如水、电等，各需要多少。

还有生产一个蛋糕究竟需要几个人，工作多长时间，需要多大场地，等等。

第二步，会计师要计算，生产一个蛋糕所需的原料、工具、能源，以及蛋糕师们的报酬一共需要多少钱。

把这些项目详细地记录并计算出来，这就是我们会计师的工作，而我们的工作成果就是一本“蛋糕店的账目”。

想要交换蛋糕的人可以通过查看这本账目，来了解生产一个蛋糕需要多少钱，以及换多少钱给蛋糕店老板才算公平。

当然，除了生产蛋糕、玩具、汽车这些看得见摸得着的东西，人们还可以提供各种各样的服务，比如航空公司提供的是“让人乘坐飞机去旅行”的服务；老师们提供的是“把知识和技能教给小朋友们”的服务。这些服务也可用于交换。

我们会计师的工作就是帮助大家做出“账目”。

世界很大，不同的人生产不同的东西，有一些比较简单，一两个人就能生产出来。有一些却非常复杂，需要世界各地的数万人组成一个巨大的跨国公司，用很长的时间才能生产出来。

为了让全世界的人能方便地互相交换，让最简单的东西和最复杂的东西都能公平地交换，于是聪明的会计师们就发明了会计准则。

无论生产什么，会计师们都必须按照会计准则的要求来做出账目。

由于会计师们都按照同一个准则来做出账目，因此我们就能知道别人生产的东西，付出了多少钱，换成多少钱才公平；自己生产的东西，付出了多少钱，换成多少钱才合理。

你们看，我们会计师的工作就是为生产各种东西的人们做出账目。在这个过程中，我们必须按照会计准则，详细记录和认真计算。

但如果有会计师粗心大意，把账目弄错了怎么办？或者如果有会计师贪心，故意夸大生产蛋糕所需要的钱，以便交换更多的钱呢？这样交换就会变得不公平。

这就意味着有些人会占便宜，而另一些人会吃亏。如果不制止这些错误行为，大家就不愿意交换了，甚至不愿意继续生产东西了。

如此一来，人类社会的两大法宝“生产”和“交换”就会遭到破坏，这是会计准则所不能允许的。

因此，会计师除了“记账”，还有一项重要工作叫作“审计”，就是检查自己做的账目有没有错误；或者检查别的会计师做的账目有没有错误。

“认认真真记账，仔仔细细审计”，这就是我的工作准则。

我有一个7岁的女儿，以前有人问她：“你妈妈是做什么工作的呢？”

她总是回答：“我妈妈帮公司算钱，算公司赚了多少钱。”

我相信，当她听完我讲的这个故事之后，再有人问她这个问题时她就能回答：“我妈妈是一名会计师，就是帮公司做账目的人。妈妈做的账目能够让人和人、公司和公司进行公平的交换，让人们愿意努力去生产出让生活更美好的东西。”

职业经理人是做什么的？

亲爱的小朋友，你们好！

我是 KK 叔叔，我家里有两个孩子，可能和你们差不多大。我从事的工作是“职业经理人”，听起来可能有些陌生吧？那么，让我来告诉你们这个工作究竟是做什么的。

简单来说，我负责管理公司，就像幼儿园的园长，园长管理老师，而我则在大人工作的公司中管理员工，这个工作就叫作“职业经理人”。

这个职位很重要，因为我要管理别人，那么肯定要懂很多，才能确保别人有不懂的地方来问我的时候，我可以帮助他们解决问题。

那么，该如何锻炼这种能力呢？

当你做作业的时候，就可以尝试锻炼这种能力。你可以试着把自己的解题思路讲出来。如果别的小朋友遇到不懂的地方，你可以试着教会他们。这样，你就可以锻炼自己解决问题的能力。

假如有一天，你也要管理别人，别人来求助的时候，你就能像我一样给予他们帮助了。

那么，管理公司又是什么意思呢?

公司有很多不同的部门，就像我们的手、脚和眼睛，而负责指挥它们的就是我们的大脑。如果我想要骑自行车，我的手、脚、眼睛等全身各个部分都需要协同工作，才能让自行车往前走。那么，如何锻炼管理能力，做好公司的“大脑”呢?

首先，我们要学习和了解公司各个部门都是如何工作的。只有这样，我们才能确保它们能够更好地合作。例如：

手长什么样，能做什么，不能做什么？
脚长什么样，能做什么，不能做什么？
眼睛为什么能看到东西，怎么才能保护好眼睛？

其次，我们要对整个世界保持好奇。

我觉得在你们这个年纪，应该尽量扩大知识面，而不仅仅局限于自己已经知道的或喜欢的东西。我先后在三家不同的公司工作过，先后了解了零食、饮料、衣服是如何制作出来的，而这三类东西的制作过程大不相同。

我的好奇心驱使我去了解不一样的东西。而且掌握新知识能带给我很大的成就感。因此，不要只看课本或自己喜欢的课外书，尽量广泛阅读，尤其是历史、科技和人物传记类的图书，这样你们就会发现，这个世界比你们想象的更加丰富多彩。

最后，我们要不断地思考，面对众多选择时，为公司做出最好的决策。

这一点并不容易做到，因为我们都没有预测未来的魔法。就像你们在日常生活中所面临的选择，例如，周末是选择和好朋友一起去打球，还是和爸爸妈妈一起去郊游，到底哪一个选择能让你收获更多快乐呢?

我每天也要做这样的选择，而且不能只根据自己能否收获更多快乐来做决定，还需要考虑怎样做出选择才能让公司发展得更好。这么一想，做决定是不是很难呢?

不过，做决定的能力也是可以锻炼的。我从小就喜欢做关于假设性问题的练习。例如，周末和好朋友去打球，有哪些好处? 有没有坏处呢? 而和父母去郊游，又有哪些好处? 有没有坏处?

你可以把每个选择后面的可能性、好处和坏处都列出来，然后再来做决定。等到这个周末结束后，你再回头看一看，你选择和朋友去打球，结果如何? 如果你对结果满意，思考一下你做对了什么；如果你对结果并不满意，想一想你哪里做得不对。

当你习惯了这样全面地思考问题之后，你就能更好地做出决策。

这就是我的工作——职业经理人。你们会喜欢这份工作吗?

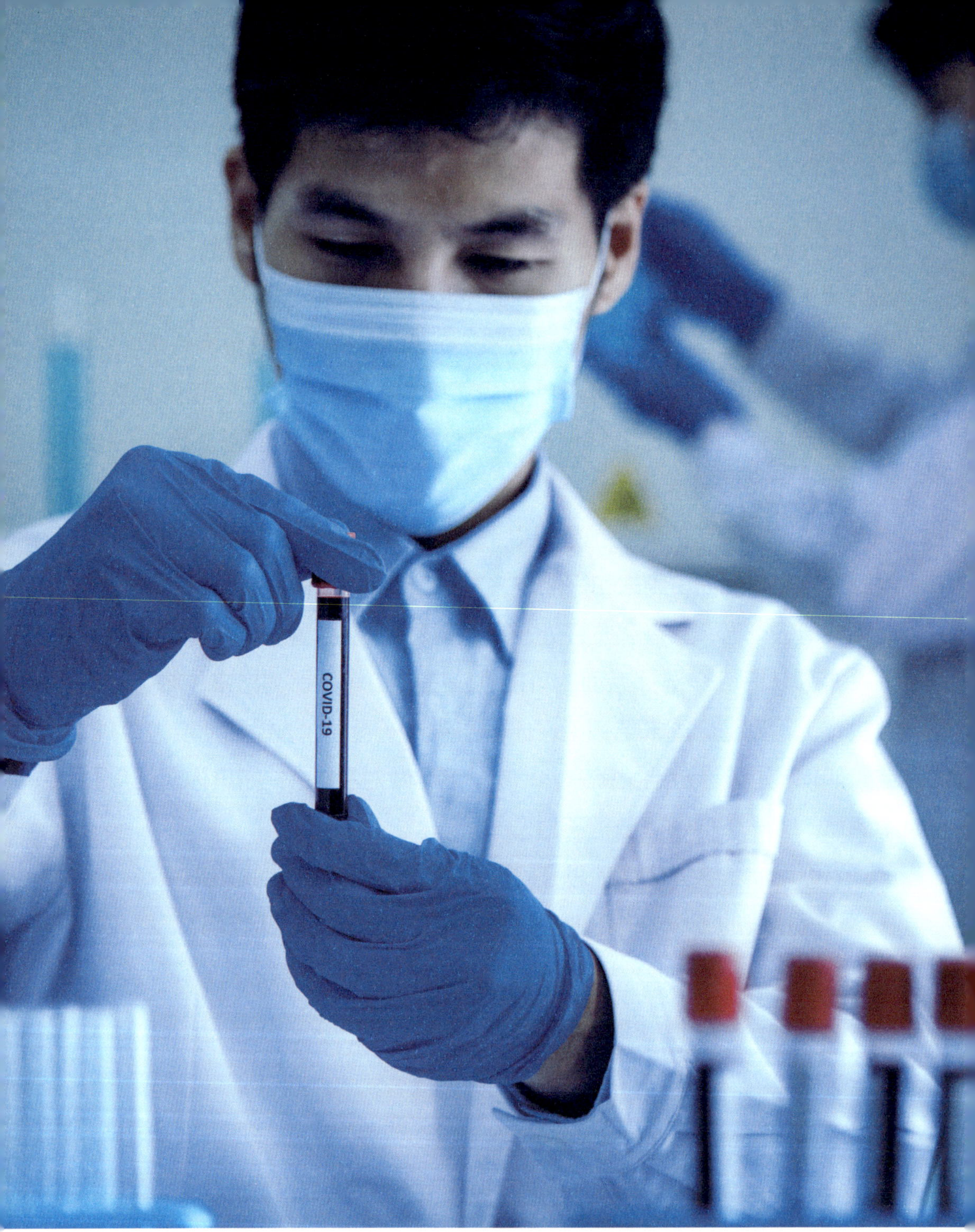

药物科研经理是做什么的？

职业世界大冒险

亲爱的小朋友，你们好!

我是丫丫阿姨，我是一名研发药物和疫苗的药物科研经理。

听到这里，可能会有小朋友皱着眉头说:“吃药太苦了，我不喜欢;打疫苗不就是打针吗?好疼!”

确实，药物和疫苗可不是什么好吃的、好玩的东西，但我们人类要想健康地生活，小朋友们要想健康地长大，这两样东西是必不可少的哦!

人会生病，而我们生病的原因有很多。比如，一些细菌和病毒非常微小，小到我们用肉眼根本看不到，一旦它们进入我们的身体里“搞破坏”，就有可能导致我们生病。

我们生病，也有可能是因为身体内部出了问题。例如，身体内部的废物太多了，排不出去，或者本应该保护我们的免疫系统，突然开始攻击我们的身体等。

药物可以帮助我们治疗疾病，而疫苗可以帮助我们预防疾病。

目前，人类已经研发出了很多药物和疫苗，能够治疗和预防很多疾病，但仍有很多疾病没有可以有效治疗的药物或者可以有效预防的疫苗。

丫丫阿姨的工作就是研发新的药物和疫苗，希望能够治疗或预防更多的疾病。

药物和疫苗的研发是一项很艰巨的工作，需要很多人一起努力，并且要投入大量资金和时间。现在，让我带你们了解一下药物研发的过程：

第一步，我们需要确定要对付的是哪种疾病。

假设现在我们遇到了一种非常厉害的细菌，常规抗生素已经无法打败它了，这时我们就需要研发一种新的药物。

小朋友们可以问问爸爸妈妈，你们生病的时候，医生有没有让小朋友们吃过一种叫作抗生素的药物，例如青霉素或者头孢菌素？

抗生素就是一种能够杀死细菌的药物。100 多年前，青霉素在它刚刚被发明出来的时候，几乎能横扫各种细菌，使人们很快就恢复健康。

可是细菌有一个很厉害的本领，那就是它们变异得特别快，它们和青霉素“打过一次架”后，哪怕输了，活下来的少数细菌却学会了如何对付青霉素。这些办法在细菌中一个传一个、一代传一代，很快就出现了不怕青霉素的细菌。所以人类需要不断研发新的抗生素。

目标确定了之后，我们就要找到一种能够对付这种细菌，并治疗细菌感染的新药。

第二步，我们需要选一个研发方向。

青霉素是从一种青色的霉菌中“借来的武器”。霉菌和细菌一样，是一种十分微小的微生物，它们之间经常因争夺地盘而“打架”，所以青霉菌演化出了青霉素这种武器，而人类则借用了这种武器。

沿着从微生物里借武器的思路，人类还找到了红霉素、氯霉素以及头孢菌素等一大批抗生素。

因此，找微生物借武器是一个方向，
新药的研发可以考虑走这条路。

当然，还有其他可选择的方向，比如，我们也可以从很多植物中提取出能够杀灭细菌的化合物。

我们还可以考虑加强防守来对抗细菌。也就是说，我们不去寻找能直接杀死细菌的药物，而是寻找一种能提高人体免疫力的药物。

你们看，光是选定方向这一步，就有这么多的工作需要做。

第三步，正式启动研发。接下来，让我们开始进行大量的搜索和测试吧！

假如我们选定的研发方向是找微生物们借武器，那么我们就需要从几百、几千、几万，甚至更多种类的微生物中去寻找。实验人员们会一种一种地寻找和测试，完成这一步可能需要很多年的时间。

当然，也有运气特别好的时候。比如，我们刚试了几种微生物，就发现了某种“好运霉菌素”，它能杀死多种致病菌。

不过，这只是开始。接下来，我们需要确定这种“好运霉菌素”对人体是否安全。我们会先在实验室的培养皿中进行初步测试，然后再转向动物实验。你们可能听说过小白鼠这种经常出现在实验室里的小动物。

为了测试“好运霉菌素”在动物体内是否还能有效杀死细菌，以及在杀死细菌的同时，是否会对动物造成其他伤害，需要通过在小白鼠或其他小动物身上进行实验来验证。

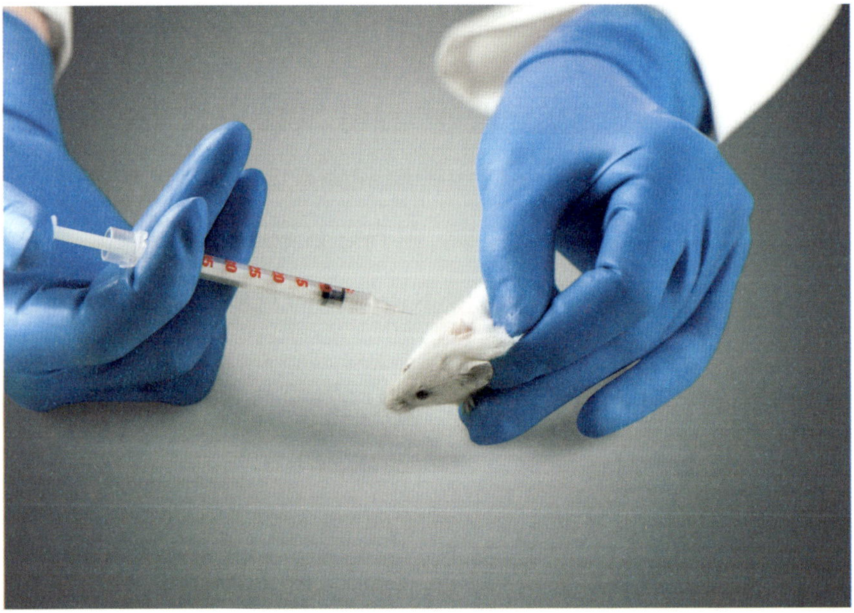

如果各种实验和测试结果都很理想，下一步就是临床试验。也就是把实验药物交给医生们，然后在真正的患者身上进行测试。从Ⅰ期到Ⅲ期临床试验，从最初参与测试新药的几个人、十几个人，到最后参与测试的几万人都完成了测试，并且效果都符合规定，这种新药才算基本合格。

光是研发过关还不够，药物的生产也必须遵循非常严格的规范。在研发过程中，我们还需要解决如何生产这种“好运霉菌素”的问题。

如果我们的新药“好运霉菌素”的研发和生产都过关了，这款药物就可以准备上市了，不过它仍需要通过有关部门的严格审批才能正式进入市场。因为药品直接关系到人们的健康，所以在全国界各个国家，一款新药要想获得政府的批准，必须经过非常严格的审批程序。

当新药真正上市后，医生和患者们开始使用这种药物时，还需要做Ⅳ期临床试验，来收集更多的数据，以了解人们使用了这种药物之后，是否存在副作用或潜在问题。刚才阿姨介绍的这个新药研发过程，可能需要 10 ～ 15 年的时间。而且阿姨和小朋友们一起找到的这种“好运霉菌素”，只有在运气极好的情况下，才能取得成功。

实际上，在新药研发的过程中，
每 10 种甚至 100 种新药里，可能只有 1 种能研发成功。

丫丫阿姨作为科研经理，负责新药和疫苗研发的整个过程。这个过程从我们选定一个“目标疾病”，并确定研发方向开始，一直持续到一种新药真正能够上市，让患者使用才结束。当然，阿姨和团队的小伙伴们也很有可能付出了 10 ～15 年的努力，却未能找到一款合格的新药。

药物和疫苗的研发过程凝聚了无数人的心血，每一个步骤都需要严谨的科学实验来验证。因此，当你们打开一个药盒时，会看到药品说明书上密密麻麻写着很多字，有的说明书上还标有图示和各种符号。药品说明书可以告诉我们，这种药能够治疗哪些疾病，应该如何服用，如何保存，吃了这种药可能会有哪些感觉，以及可能产生的副作用等。

这张药品说明书承载着许许多多人的努力，
其存在的目的是保护人们的健康，
并尽量降低用药带来的风险。

所以，你们要记得提醒爸爸妈妈，在使用任何一种药物之前，都应该咨询医生或者认真地阅读药品说明书哦！

丫丫阿姨的故事就讲到这里。虽然我不是医生，但作为一名药物科研经理，我最终的目标也是守护人类的健康。我非常热爱我的工作！

建筑师是做什么的？

职业世界大冒险

亲爱的小朋友，你们好!

我是 Daniel 叔叔，我是一名建筑师。你们知道建筑师是做什么的吗? 一定会有小朋友说:“知道啊，建筑师就是盖房子的人，就像我们用乐高积木搭出大房子一样。”其实，建筑师更像是设计房子的人。

建筑师不仅设计房子本身，还负责设计很多别的东西。

让我们看一看广阔的大地，高山、河流、峡谷、平原、湖泊……这些都是谁创造出来的呢? 对，是大自然。我们人类就在大自然给我们的环境中生活。为了生活得更方便，我们会在开阔的平地上盖房子，房子越盖越多就逐渐形成了城市。

我们会在高山中开通隧道，在河流上架设桥梁，沿着湖泊修建公园。为了从一个城市到另一个城市，我们还会建造飞机场和火车站等。

房子、城市、隧道、桥梁、公园、飞机场、火车站……这些为了更方便的生活而建造的东西，都可以称为建筑。

建筑师就是参与建造这些东西的人。要想建造这些东西，就需要建筑师先来进行设计，然后再组织大家进行建造。因此，要想建造一座建筑，光有建筑师的设计是不够的，还需要很多合作者。

那么，建筑师在“创造人类生活的世界”这个大项目中，到底要做哪些工作呢？让我们从很久很久以前说起。

在中国的古老传说中，第一个学会建造房子的人叫有巢氏。他观察到鸟儿们用树枝在树上给自己筑巢，这样它们就能够躲避天敌，并且不必生活在黑暗潮湿又难以找到的山洞里。因此，他带领大家像鸟儿一样，用树枝和藤条在树上建造房子。

由于他让人们有了像鸟巢一样的房子，人们称他为有巢氏。

有巢氏就是中国最早的建筑师，他都做了哪些工作呢？

首先是观察，接着是思考，然后是设计，最后是实施并持续改进。

1. 观察：有巢氏发现人们需要一个安全、舒服的住所。他还通过观察发现动物们会自己建造“房子”，比如鸟儿在树上用树枝筑巢。

2. 思考：他思考了人住的房子需要具备哪些功能。比如，房子要安全、要明亮、要通风，要能遮风挡雨，还要暖和，等等。那么，鸟巢一样的房子能满足这些需求吗？要怎样才能实现这些需求呢？

3. 设计：经过一番思考，有巢氏决定像鸟儿一样建造房子。那么，这个房子应该是什么形状的呢？是像鸟巢一样圆圆的吗？需要多少树枝才能建造好呢？需要多少人来帮忙呢？如果房子是圆形的，那么这个圆应该多大才合适呢？……

怎么才能让一起盖房子的人都知道房子应该盖成什么样子呢？对了，可以画张图，把脑中构思的房子画出来，让大家都看到。

这就是建筑师们的法宝——建筑设计图。

从那时起，一代又一代的建筑师们，都会通过画图纸，或制作小模型之类的办法，来带领大家一起盖房子。

就像小朋友们玩的乐高积木一样，里面也会附有一张图纸，告诉你们，怎么拼才能搭起一个大乐园。

4. 实施并持续改进：图纸画好了，大家都明白了要用树枝和木头，盖一个像鸟巢一样的房子。于是建筑师有巢氏就带领大家开始施工。在施工的过程中，大家各有分工。

有人负责找最适合盖房的大树。有人负责收集盖房子用的树枝。有人负责把树枝搭在一起。还有人提出，可以找一些泥土混在树枝里，这样一层叠一层，房子就更结实，还可以把野兽的皮毛围在房子里面，让房子更暖和。可能还有人专门负责提醒大家，干活时要注意安全啊！渐渐地，还有人提出：爬树太麻烦了，不如就在地面上盖房子吧！

这些帮忙盖房子的人各自负责的工作，后来逐渐演变成了今天与建筑师合作的其他职业。比如，建筑工人、水电工程师、建筑材料工程师，以及工程监理等。他们就是今天和 Daniel 叔叔这样的建筑师一起工作的人们。

当然了，房子盖好之后，建筑师的工作还没有完全结束。当人们开始使用这些房子和建筑时，可能会发现有不方便的地方。建筑师们就会开始新一轮的“观察—思考—设计”，努力改进房子。

你们可能会说：“哇，建筑师的工作原来这么有意思啊！”

是的，建筑师的“设计”工作确实很有意思。而且，想要建造出一个让我们的生活更美好的东西，可以说是我们与生俱来的本能。

提到中国最早的建筑师有巢氏，其实全世界很多地方都留下了远古时代人们建造的房屋。这些房子看起来都差不多，用稻草和泥混在一起做墙，用竹子和木头做屋架。

人类天生就会把最容易获得的材料结合在一起，
进行组合和搭建。

在很久很久以前，人们就发现，纸张虽然很柔软，但是卷成纸筒可以承受很大重量，木头需要用榫卯或者钉子连接在一起。每种材料都有相应的利用方法，可以用于建筑，也可以用于创造其他很多东西。比如，木头可以用来盖房子，可以用来做家具，还可以用来制作我们手中的笔杆……

所以，我们建筑师除了设计房子、桥梁、图书馆、公园、飞机场之类的建筑，也可以设计其他很多东西。比如，乐高积木或漂亮又好用的文具盒等。

或许有些小朋友会想：“等我长大了，也要当建筑师！”

那真是太好了！Daniel 叔叔准备了一个四步小游戏，来帮助以后想当建筑师的小朋友们像建筑师们一样观察、思考、设计以及实施并改进。

我们每个人都有自己的家，都住在一个房子里。小朋友们可以先来观察一下：在我们每天住的房子里，爸爸妈妈每天都要做哪些事？你们自己每天都要做哪些事？

记录下这些事以后，再思考一下：

爸爸妈妈做的事中，有哪些对方对他们来说不方便呢？

你们自己每天做的事中，有哪些地方让你们觉得不够方便呢？

思考完之后，我们邀请爸爸妈妈一起来做个设计：怎样才能改进这些不方便的地方。

最后，你和家人一起实施这个计划，看看是不是真的让一家人的生活更方便了。

如果能完成这个小游戏，你就是一个小小建筑师了哦！

猎头是做什么的?

职业世界大冒险

亲爱的小朋友，你们好！

我是 Ming，我是一名猎头。

你们可能没听说过这个职业吧？那么，我先来告诉你们，“猎头”这个词是什么意思。

“猎头”这个词是从英文 headhunting 直接翻译过来的。

这个词最早源于美洲食人部落的一种野蛮习俗。当两个部落打仗时，赢的一方就会把输的一方的头颅砍下来，挂在腰间，以炫耀自己的战绩。

你们可别害怕，阿姨可不会砍谁的脑袋！你们想一想，我们的头脑是不是我们整个身体中最聪明的器官？阿姨的“猎头”工作，就是“找到聪明的头脑”，也就是在众多大人中，为公司找到聪明、有才能的人。

这么一想，猎头这个词是不是还挺生动的呢？

那么接下来，我就给你们具体讲一讲，我的工作是做什么的。阿姨这份工作就像你们决定“今天吃什么”一样，分为三步：

第一步，想一想，今天这顿饭要满足哪些条件？通常，大公司需要阿姨帮忙“猎头”一个人才的时候，会给阿姨一份需求清单。这就像我们要决定“今天吃什么”之前，也需要在脑中列出具体的需求。比如，妈妈今天告诉你，明天晚上是你的生日，你已经邀请了 5 个最好的朋友来家里吃饭。那么，你就得想一想究竟该吃些什么呢?

我们来试着一起做一个需求清单:

1. 准备足够多的食物。
2. 一定要有蛋糕。
3. 在家里做饭，就无法做太难、太复杂的饭菜。
4. 是我的生日，那么一定要有我最爱吃的鸡腿。
5. 其他需求。

考虑得越细，这份需求清单上的条目就越多。你看，这顿饭该吃些什么，我们至少要考虑谁来吃饭和谁来做饭这两大方面的问题。要招聘人才的公司就像“来吃饭的人”，而要找的人才就像“来做饭的人”。

第二步，需求明确之后，我们就得着手实现这些需求。

怎样才能满足“够 5 个小朋友吃、有生日蛋糕、饭菜不能复杂、还要有鸡腿”等需求呢？

我们要先收集信息。比如，这 5 个小朋友一顿能吃几碗饭？要去哪里订生日蛋糕？番茄炒鸡蛋和红烧肉，哪个菜算是不复杂的？鸡腿多少钱一斤？……

阿姨的猎头工作也是如此。比如，有一家卖生日蛋糕的公司要招聘一名出色的蛋糕师，我就得尽可能多地收集生日蛋糕的相关知识，搞清楚蛋糕师是怎么工作的，然后看看能找到哪些蛋糕师，他们各自有哪些特点，最终找出满足这家公司需求的那位。

第三步，做好中间人。

好了，现在阿姨已经明白了蛋糕公司需要一名怎样的蛋糕师，而且发现了一名很适合这家公司的蛋糕师，但我的工作，并不是到此为止，我还得做好“中间人”。

我需要把这家公司介绍给蛋糕师，同时也把蛋糕师介绍给这家公司，就像介绍两个新朋友一起玩一样。有时候，虽然阿姨付出了很多努力，以为自己找到了最合适的人才，但到了实际工作的时候，才发现并不合适。

这时候该怎么办呢？没关系，总结经验教训，从头再来！

你们看，阿姨这份工作中包含了很多重要的能力。比如，逻辑思维能力、分析问题和解决问题的能力、抗挫折能力以及阅读能力等。

阿姨特别想告诉小朋友们，在你们的学习中，尽量不要偏科。
千万不要只喜欢语文，而不喜欢数学，
或者只喜欢英语，而不喜欢劳动。

阿姨在为各种公司寻找人才时，发现职场中最厉害的那些人通常都具有强烈的好奇心。因为好奇，他们愿意学习各种各样的知识和技能，慢慢地，他们的思维和眼界都变得更加开阔。

所以，希望你们在听完阿姨的讲述之后，记住这一点：不要轻易就说自己不喜欢某一门课。你们不喜欢可能只是因为还没有掌握。

咬咬牙，努力掌握它，没准儿你就会喜欢上它，然后你就会发现，学习真是一件奇妙的事情啊！

程序员是做什么的?

职业世界大冒险

亲爱的小朋友，你们好！

我是一名计算机工程师，你们可以叫我 Jim 叔叔。

你们可能听说过建筑工程师或机械工程师，而我就是网络世界的工程师。当你们和智能电视对话，或者在手机上和同学聊天时，都离不开计算机工程师的努力哦！

你们能用键盘打出自己的名字吗？我每天都在通过键盘和计算机“对话”。

我们用计算机能听得懂的语言，
告诉它们需要帮我们做什么，这就是编程。

这就像你们告诉爸爸妈妈“请帮我拿一个好吃的苹果”一样。

平时，我们用中文或其他语言进行交流，而在和计算机进行对话时，就要使用编程语言，通过在开发软件里写一段代码，来指挥计算机做事情。

比如，如果你家刚好有智能电视，你可以对它说：“×× 电视，我想看《汪汪队立大功》，我想看 20 分钟。”

这时候，你家的电视就会按照你的“指令”去执行：打开电视，搜索

《汪汪队立大功》，电视在 20 分钟后关闭。

在这个过程中，电视里的计算机收到并执行了你发给它的这句指令。

你们和妈妈出门买菜时，手机“滴”的一声就完成了支付，这个过程叫作移动支付。这个神奇的功能也是因为我们这个职业的出现才得以实现的。

我也有一个孩子，他是一个调皮的小男孩，总喜欢盯着叔叔手机里的游戏。这些有趣的游戏，同样是由很多计算机工程师叔叔阿姨和游戏发明家一起开发出来的。

如果你们已经开始上网课了，那么你们每天登录的那个应用程序，也是由许多叔叔阿姨用计算机开发出来的。这个应用程序里面的每一级页面、动画以及各种功能，都依赖于编程这种神奇的语言。

你们平时玩的玩具，例如那些会跳舞的机器人、遥控赛车等，都是通过你们的操作向计算机发出指令才动起来的。我们不仅像发明家一样创造这些有趣的东西，当发现这些游戏或网课系统出故障时，我们还需要紧急抢修，直到它们恢复正常。

怎么样，这份工作是不是很酷？你们长大后，想不想从事这份工作呢？其实，叔叔小时候也不知道自己会成为一名计算机工程师，从事这份工作完全是因为从学校学到了这些知识。叔叔小时候非常喜欢数学和物理。我发现这两门功课学得好，确实能够帮助我们更好地理解和进入计算机的世界。

如果你们对计算机感兴趣，并且有一些英语基础或者已经识字，可以让你们的爸爸妈妈在电脑上打开一个叫作 code.org 的网站。这是一个全世界的小朋友都可以使用的编程学习平台，你们可以在这个网站上试着学习设计一款小游戏。

这份工作虽然很有趣，却也很辛苦。
世界上每天都有更厉害的工程师出现。
为了在激烈的竞争中不被淘汰，一名程序员需要花很长时间，
甚至一辈子的时间来提升自己，因而也就很少有时间玩了。

如果你是个对科学感兴趣的孩子，相信这一点并不会吓住你，反而会让你觉得这份工作就像你的玩具一样有趣。

MCN 机构老板是做什么的?

职业世界大冒险

亲爱的小朋友，你们好!

我是小飞叔叔，我是一家 MCN 机构的老板。

你们一定很好奇，MCN 是做什么的呢? 要回答这个问题，我们得先聊聊，“网红”是做什么的。

你们平时在抖音之类的平台看过短视频吗? 那些出现在视频里的人，虽然很多都不是明星，但他们就像明星一样受很多人喜爱。他们中有的人对着镜头吃饭，有的人跳舞，有的人解说影视剧……他们发布的视频会吸引成千上万，甚至几十万、几百万的人去观看、点赞，以及成为他们的粉丝。这些人就是大家口中的“网红”、达人。

作为 MCN 机构的老板，我就是专门负责发现这些“网红”，并帮助他们做得更好的人。

我会带着团队，为他们出谋划策，帮助他们变得更“红”，然后通过发布视频来赚钱。听到这里，你们可能会想:“这份工作看起来好轻松啊! 随便拍一拍自己吃喝玩乐，喜欢什么就拍什么，还能挣很多钱，这简直比上学和上班要有意思千百倍。那么，我是不是也能成为一名‘网红’呢?”但是，叔叔要告诉你们，其实真正的“网红”们一点儿都不轻松。

他们需要高度自律才能干好这份工作。

虽然很多超级“网红”能赚很多钱，但他们一年 365 天中要直播 300 多场，有些人甚至从晚上 7 点直播到凌晨 1 点。有些人为了介绍化妆品，试色各种口红最后擦到嘴唇几乎都快裂开了，吃饭都火辣辣的疼。所以，要想成为一名“网红”，首先得做好吃苦的准备。其次，要想清楚自己想成为哪种类型的“网红”。

“网红”有很多种，仅靠外貌和搞怪走红的，只是其中的一小部分，而且往往只是昙花一现，很快就会被淘汰。只有那些有才华、有知识、有扎实功底的创作者，才能更持久地获得关注。

所以，要想成为一名“网红”，就要掌握一技之长，要积累足够丰富的阅历和知识，拥有把热爱坚持到极致，直至能够影响他人并让他人喜欢自己的能力。

最后，要清楚一个好的“网红”是什么样子。

好的“网红”不仅自己很出色，他们还特别擅长带给别人积极的影响，帮助别人变得更好。他们的作品之所以受欢迎，正是因为他们擅长思考他人的需求，能够在创作中不断提供美、快乐、灵感和知识等，并传播对自己有用，对他人有益，甚至让世界变得更美好的内容。

在生活中，你能像小太阳一样，为周围的人带来温暖和光亮吗?

了解到这些之后，如果你依然坚定地想成为一名“网红”，那就告诉爸爸妈妈，拿起手机，从拍自己的第一条短视频开始吧!

整理师是做什么的?

亲爱的小朋友，你们好！

我是艺恩阿姨，我是一名整理师。

你可能听过厨师、工程师、老师……那么，整理师是做什么的呢？

我的主要工作是帮助别人整理物品，让他们的家变得更干净、整洁，更重要的是，让居住在里面的每一个人都过得更开心。

你们可能会问：“啊？原来整理物品也是一种工作啊！我妈妈每天都在整理啊，这也是一种工作吗？”

是的，妈妈整理物品也可以说是一种工作，但阿姨做的事情比一般的日常整理要多一些，甚至还有人说我们是“生活魔法师”呢！

那是怎样一种“魔法”呢？

可以说，整理师其实是一份帮助别人好好生活的工作。

这么说吧，在家里，你们和妈妈一起整理过衣服或者玩具吧？一开始，你们会把所有需要整理的东西拿出来，再对它们进行分类，积木和积木放在一起，玩具车和玩具车放在一起，上衣和上衣放在一起，袜子和袜子放在一起……然后再把它们放在对应的地方。

妈妈可能会在显眼的位置贴上带有物品名字的标签，这样你们就能很快找到自己每天要换的衣服或想玩的玩具，并且使用完之后，还能方便地把东西都放回原位。

这就是“整理魔法”的一部分，但其中更重要、更神奇的一部分是整理好每个家庭成员之间的关系。

一个家里有爸爸、妈妈的东西和孩子的东西，还可能有爷爷奶奶的东西，把这些东西合理安排好之后，每个人都能生活得更舒服、开心。

阿姨在开始工作之前会先到需要帮助的人家里去看一看，了解一下房子有多大、有多少需要整理的东西、家里住着几口人，以及每个人有哪些生活需求……

把这些问题了解清楚之后，我们会派一个团队到对方家里去整理，一边整理一边告诉他们，为什么要把小朋友的玩具放这里，为什么要把厨房整理成这样。

我们希望整理完之后，不仅各种物品看起来很整齐，用起来也很方便。因为只有这样，这个家才能一直保持干净整洁，并让生活在这里的人感到舒适快乐。

怎么样，你们想成为整理师吗？

对我来说，成为一名整理师，其实算是实现了我小时候的梦想。小时候，我还不知道有整理师这个职业，我那时候的梦想是长大后当妈妈。

我小时候最喜欢玩的游戏就是给布娃娃搭配衣服。我也很喜欢布置自己的小床，以及变换家具摆放的位置。比如，将长长的茶几推过来移过去，或者把椅子挪来挪去。就连玩捉迷藏的时候，我也最喜欢躲进衣橱，因为这样我就可以偷偷地把妈妈不小心放乱的裙子叠整齐。

上学时，我最喜欢当“卫生委员”，也就是在班级里专门组织大家打扫卫生的人。放学后，我会带领值日生打扫教室的卫生，将椅子归位，将课桌摆整齐，将黑板擦干净，让教室里的一切都井然有序、干干净净。

如果当天打扫卫生的小朋友做得不到位，我还会把自己打扫卫生的方法告诉对方，最后确保教室已经干净整洁后，我才安心回家。

小时候，我觉得能和别人一起打扫好卫生是件值得骄傲的事，慢慢地我在这方面做得越来越出色。你们是不是也有一些小癖好呢？你的某个小癖好说不定以后也能变成你的工作呢！

我也有一个女儿，她还不到 3 岁。我很希望她也加入我这个行业，从事我喜欢的这份工作，当然，前提是她也热爱这份工作。

自理能力，对一个人的生活帮助很大，
但这并不一定要发展成职业。

最后，阿姨想送给你们一句话：无论将来你们想做什么，只要认真生活、认真学习，认真对待自己生活里的每一件小事，一定会让你们收获很多，并且让你们更好、更快地成长！

美甲师是做什么的?

职业世界大冒险

亲爱的小朋友，你们好!

我是 JoJo 阿姨，我是一名美甲师。

你们可能都见过妈妈或者阿姨、姐姐手上五颜六色的漂亮指甲，又或者你们也是爱美的小姑娘，已经拥有人生第一套属于自己的指甲油了。阿姨的工作就是让每一位走进店里的顾客都拥有自己喜欢的、漂亮的指甲。

阿姨工作的店铺每天 10 点开门，但阿姨早上 9 点就要开始准备一天的工作了。

第一项任务是打扫店铺。打扫卫生和做美甲有什么关系呢?

干净和健康是美的基础。没有干净和健康的美丽是假象，
不仅不能给人带来快乐，还可能给人带来伤害。

我们每天打扫店铺，除了要保持店内干净卫生，还要把店里几百瓶各式各样的指甲油，以及几十种大大小小的工具按照编号整理好。这样一来，无论顾客想要涂什么颜色的指甲油，阿姨都能很快找到。

妈妈每天带你们收拾玩具和书包，也是一样的道理。这能让我们的生活和学习变得又轻松、又开心。

有的小朋友可能会说：“阿姨，爸爸妈妈不让我涂指甲油。他们说小孩子不能臭美，长大了也不能天天光想着打扮，要努力学习，做有意义的事。”

真巧啊，阿姨小时候，爸爸妈妈也这样说过。当我长大了，真正成为一名美甲师之后，才发现“臭美”其实也是一件很有意义的事。

让我来仔细说一说，想要做出漂亮的美甲，需要哪几个步骤：

第一步：修剪。

这个小朋友们都熟悉，你们的指甲长了，爸爸妈妈就会给你们修剪。长指甲容易积存污垢，不仅看起来不干净，还可能会在做游戏时，抓伤别的小朋友。

所以，美甲的第一步，其实就是前面提到的要保持“干净和健康”。没错，变美第一步就是保持干净和健康，所以不管你们几岁，是男是女，会不会去美甲店，都要养成定期修剪指甲的好习惯。

第二步：去死皮和保湿护理。

人人都会剪指甲，但很多人往往忽略了接下来的去死皮和保湿护理。大人们的手平时需要做很多工作，难免有干燥或者堆积了很多死皮的情况。阿姨会用一把很小的铲子或者剪刀，把这些死皮清理掉，让手变得更加细腻光滑。

那么，如果我们不这么做，手就不健康吗？不是的。

当我们想要更漂亮的双手和指甲的时候，我们才会认认真真地观察自己的手。这时我们就会发现，原来我们的手指、指甲是长成这样的，有些地方受过伤，留下了小小的疤痕，这里有点干燥，那里堆了死皮……

我们的手每天帮助我们做了那么多事，我们却总是忘了去关心它。

这就是“臭美”的第二个价值。想要变美，不仅会让我们更重视自己的健康，也会让我们更关心和爱护自己。

阿姨建议你们去摸一摸爸爸妈妈的手，感受一下他们的手是粗糙的还是细腻的。

第三步：涂颜色。

阿姨小时候，家里可没有指甲油，但一个大姐姐曾带我们摘过凤仙花，把花瓣捣碎了在指甲上一擦，指甲就变成红红的，可好看了!

不过并不是每个人的指甲都适合涂成红色。比如，曾有一位老师阿姨来找我，说她想把指甲涂成车厘子那种红色。我就告诉她，孩子们上课的时候，要是看见那么红、那么亮的指甲，说不定会分散注意力，没法专心上课了。

后来，我给那位老师阿姨推荐了好几种别的颜色。她最后选了一种她既喜欢，又能体现老师气质的颜色，她十分满意。

变美除了可以让我们保持干净健康和自我关照，还是我们与这个世界互动的一种方式。

我们把自己漂漂亮亮的样子分享给世界，并且希望用我们自己独特的方式带给身边的人快乐，就如同兰花为这世界带来芬芳，苹果让这个世界变得红润香甜一样。

你们发现了吗?原来“臭美”也可以是一件美好且有意义的事。

美本身就是价值，而追求美和创造美都是很有意义的事。

阿姨作为一名美甲师，为了能带给顾客们漂亮的指甲，需要学习很多技术。比如，怎样才能修剪出好看的形状，怎样才能把指甲油涂得很均匀且颜色干净，以及最重要的，在整个美甲过程中，怎样才能让每位顾客都感到舒服自在、轻松快乐……这些都需要付出努力，一次又一次、一天又一天地练习。

美甲师这个职业很平凡，但是，当看到顾客为崭新的美甲而感到开心时，我感觉很幸福。

警察是做什么的？

亲爱的小朋友，你们好！

我是杰西阿姨，我是一名人民警察。

你们知道警察到底是做什么的吗？

我猜，你们可能会说："我知道！警察就像打怪兽的奥特曼，解除危机的汪汪队，还有能机智破案的屁屁侦探！他们穿着帅气的制服，拿着厉害的武器，还能抓住所有坏人，威风极了！"

没错，保护好人、抓捕坏蛋是警察的工作，但还不止这些。其实，警察分好多种，他们的工作内容也各不相同。

比如，你们在马路上看到的交警叔叔，他们是道路安全的守护者，负责指挥交通，维持交通秩序。

你们在电视上、故事里看到最多的是刑警，他们的主要工作是侦破案件、抓捕坏人。

你们在街头见到的四处巡逻的警察，一般是巡警，他们的工作是预防和制止犯罪行为，保护大家的安全。

除此之外，还有网警、特警、缉毒警等。

警察的种类多到一只手都数不过来。
但无论是哪一种警察，
他们的职责都是保护人民的生命财产安全，维护国家的安定。

杰西阿姨就是一名巡警。那么，巡警每天都要做什么呢?

我们啊，要保障一座城市的安全，开着冲锋车，骑着警用摩托，穿梭在城市的各个角落，震慑坏人。在发生突发情况时，我们会第一时间赶到现场，维护治安。

当然，大部分时间里，巡警并不是在打击犯罪，而是在默默守护大家的安全，并不那么威风。就像桥上的栏杆，虽然你们也许并没有注意到它，但正是因为有它的存在，你们才能够安心、踏实地过桥啊!

在没有外勤任务的时候，我们的一天其实和你们的爸爸妈妈一样，也是守在办公室里，处理一堆又一堆文件，参加一场又一场会议。

同时，我们还要不断地学习、考试和训练。很多训练是封闭式的，时间长短不一，有时候持续几天，有时候持续几个月，直到训练结束才能回家。

说到不能回家，这也是警察工作的常态哦！

周末，我们常常需要加班，节假日人流量最大的时候，我们要坚守岗位，保卫大家的安全。像疫情防控期间或重大活动期间，我们必须冲到第一线去支援和战斗。这就是警察的职责。

警察这份工作不仅意味着荣耀，也意味着要付出很多辛苦。

对杰西阿姨来说，这是一份我热爱的工作。
我每天都在努力做出自己的贡献，这让我感到非常幸福！

如果你也想成为一名警察，那么有几件事是你从小就要开始做的：

首先，要坚持锻炼。只有拥有强健的身体，你才能更好地保护自己和他人。

我不仅是一名女警察，还是警校的实战技能教官。我从小就非常热爱运动，不怕苦、不怕累地练习，还获得过国际空手道冠军哦！要论单打独斗，很多男人都不是我的对手！

其次，要乐于助人。从帮助你身边的人开始，比如你的朋友、老师、家人。如果你能够做到在自己力所能及的时候挺身而出，那么你就具备了成为一名人民警察的重要素质。

最后，学习也很重要。因为要考上警察学校，取得警察资格，都需要好成绩。

当你坚定了理想，找准了方向，接下来，就要毫无畏惧、踏踏实实地走好每一步。只要你足够努力，所有的困难都会为你让路。

律师是做什么的?

职业世界大冒险

亲爱的小朋友，你们好！

我是 Janet 阿姨，我是一名律师，一名法律工作者。

你们可能会好奇，律师是做什么的呢？法律又是什么呢？

要想说清楚律师的工作，我们得先聊聊，法律是什么？

从小到大，无论在家、幼儿园，还是学校，爸爸妈妈和老师都会告诉你们：做事情要守规矩，要遵守行为规范。

比如，幼儿园和学校都规定了每天几点上学、几点放学。老师们要求你们上课的时候要安静坐好，不要打闹，和小朋友们一起玩游戏的时候，不可以打架，不可以骂人。

在家里，爸爸妈妈可能会要求你们吃饭的时候不可以看电视，睡觉前不可以再吃零食，睡觉前要刷牙……

细心观察一下，你们就会发现，家、学校、游乐场以及任何其他地方，都有一些“规矩”和“行为规范”需要遵守，也就是规定了我们能做什么和不能做什么。

如果违反了这些规矩，我们就可能会受到批评或惩罚，并且需要改正。

其实，不单单是家、学校和公共场所有各种规矩，在我们与 14 亿中国人共同生活的这个超级大家庭里，也有着各种各样的规矩。

那些由国家来制定或认可的，并由国家强制力保证实施的，
并且每一个生活在这个国家的人
都必须遵守的规矩，就叫作法律。

简单来说，法律规定了我们每个人的权利（可以做什么）和义务（必须做什么），以及违反法律会受到的惩罚（不可以做什么）。

比如，爸爸妈妈带你们过马路时，一定会叮嘱你们要看红绿灯，要走人行横道。

这些关于道路交通秩序的规矩，就是由《中华人民共和国道路交通安全法》及相关的法律法规规定的。

我们所有人、所有在路上行驶的车辆，都要遵守这些法律规定。只有大家都做到红灯停、绿灯行，才能保证每个人的安全。

如果有人闯红灯会怎样？那么他 / 她就可能会被交通警察叔叔（阿姨）发现，并受到处罚，还要要求他 / 她改正错误行为。

每个人必须遵守法律规定，同时需要有专门的人来管理和监督。

国家设立了法院、检察院、公安局以及监狱等很多与法律相关的部门，里面有很多专门的法律工作者。他们可以帮助大家认识法律，更好地遵守法律。当有人违反了法律规定的时候，他们可以及时发现、制止和惩罚这些错误行为，并监督违法的人改正。

律师也是一种法律工作者。他们的主要工作，是帮助有需要的人“使用法律手段来维护自己的权利”。

那么，为什么人们需要律师的帮助呢？人们不能自己使用法律手段吗？

首先，法律条文有很多很多。我们通常所说的“法律”，其实是所有规范性法律文件的总称，包括具体的某部法律、行政法规、地方性法规、自治条例和单行条例、规章、司法解释等。

在这些法律文件中，法律的等级最高，是由全国人大和全国人大常委会制定的。截至 2023 年 3 月，我们国家现行的有效法律有 294 部之多。行政法规、地方性法规、自治条例和单行条例、规章、司法解释等等，加起来则比法律还要多几十倍。

就算是我们律师，也不可能掌握全部法律条文。

因为人们可能对法律有搞不清楚的地方，或者忙于其他事情，无法处理与法律相关的事务，所以他们会找律师来帮忙。

在我们的生活中，用到法律的地方可多了，例如：

爸爸妈妈去公司上班涉及《劳动法》；

你们去幼儿园、学校上学涉及《教育法》；

你们去饭店吃饭涉及《消费者权益保护法》；

你们去买笔记本涉及《民法典》中的买卖合同；

你们画的画受到《著作权法》的保护。

人们要想了解法律是如何规定的，以及如何保护自己的利益，可能就需要律师的帮助。

有时候，两个人在生活或者工作中产生了一些纠纷，互不相让，自己又解决不了，这时候可能需要根据法律规定来解决。

当双方无法达成一致的时候，那就可能需要到法院提起诉讼，或到仲裁委申请仲裁。在律师的帮助下，大家可以向法官或仲裁员说明情况。例如双方的矛盾是什么，各自都有什么诉求，然后由法官或仲裁员根据法律来做出公正的裁决。

你们一定听过“犯罪分子”这个词。其实，只有经过法官审判并且定罪的服刑人员才称作“罪犯”。在此之前，他们应该称作“犯罪嫌疑人”。爸爸妈妈常常叮嘱我们“小心坏人”，那么什么是坏人呢?

从法律的角度来看，认定坏人是需要证据的，不能随意认定。如果某人因做了拐卖儿童、抢劫或打伤他人之类的坏事而被警察逮捕，那么检察官就会代表国家，向法院起诉这个人。检察官需要收集证据，并向法官证明这个人犯了罪。

与此同时，这个人可能会寻求律师的帮助，提供一些证据，向法官证明自己没有做过这些坏事，或者自己做了一些坏事，但情节并不那么严重，不应该受到严厉的惩罚。

总之，律师的职责就是在现行法律的框架之内，
尽力为当事人争取最大的合法权益。

为了完成这一任务，律师必须认真学习法律知识，深入理解法律的精神，同时耐心倾听当事人的诉求，细致地搜集资料。

此外，良好的沟通能力也很重要。比如，当两个人因纠纷而咨询律师时，律师会根据了解到的情况向他们解释法律规定。在律师的帮助下，两个人的矛盾就有可能通过协商来解决，而不必上法庭打官司。

即便最后仍需上法庭或仲裁庭打官司，律师也会不断跟法官或仲裁员及双方当事人沟通，努力做到在法律规定的框架内，保护当事人的合法权益。

Janet 阿姨小时候，并没有想到自己有一天会成为一名律师，而现在已经做律师超过 15 年了。我很喜欢这份工作。

作为律师，我不仅能帮助别人，还能锻炼自己从多个不同角度看待问题的能力。

最后，阿姨想告诉小朋友们一句话，相信你们在日常生活中都能感受到：

如果人人都遵守法律，这个世界将会变得更加美好。让我们一起学习法律，遵守法律，维护法律吧！

特种兵是做什么的?

职业世界大冒险

亲爱的小朋友，你们好！

我是一名热爱美食的特种部队退役军官，所以给自己取了个网名叫“特种吃货”。

我来给大家讲一讲特种兵是做什么的。

特种兵是军人的一种。那么，你们知道军人是做什么的吗？军人就是保卫祖国和人民的武装力量。

我们的祖国就像一个大家庭。在这个大家庭里，有超过 14 亿中国人民生活在一起。

有家就需要有人保护家。

当你们发现有小偷、强盗或行为可疑的陌生人要闯入自己家里时，你们会怎么做呢？

对，报警，让警察叔叔阿姨来逮捕坏人并保护好人。

保护一个个小家庭以及维护社会治安的主要是警察叔叔阿姨们。保护我们祖国这个大家庭和 14 亿人民的就是强大的中国人民解放军。

可能有小朋友会说：“我明白了！要保护我们国家的土地，就得有陆军；要保护我们国家的海洋，就得有海军；要保护我们国家的天空，就得有空军。”

没错，不过我们的中国人民解放军不仅有海陆空三军，还有火箭军部队、战略支援部队、联勤保障部队，以及武装警察部队等多个军种。但无论哪个军种，它们都有一个共同的目标：保卫祖国和人民！

那么，什么是特种兵呢？是特别厉害的军人吗？

特种兵并不是特别厉害的军人，而是执行特殊军事任务的兵种。

特种兵通常以由少数几个人组成的战斗小组为单位，执行一些与大部队不同的任务。

当然了，要想成为一名特种兵需要付出特别多的努力哦！

一定有小朋友会说：“做一名特种兵简直太酷了，我长大后也要当特种兵，保卫祖国和人民！”

你们有这样的志向真的很棒，不过叔叔希望你们思考以下两大准则：

1. 军人的天职是绝对服从命令，一切行动听指挥。

2. 军人是捍卫和平的人。

在部队里，我们要穿一样的军装，住一样的营房，连被子都要叠成豆腐块的样子；

在规定时间起床、训练、吃饭以及睡觉；

站的姿势、坐的姿势、走路的姿势都有严格的标准；

一旦成为军人，我们就要和其他千千万万名军人团结得像一个人。

你们能猜到军人为什么要这样做吗？

如果你想成为一名军人，你能够做到这些吗？愿意这样做吗？

虽然军人是为战争而存在的，但战争并不是我们想要的。你们知道为什么世界上会有战争吗？

我们可以想一想，如果在幼儿园、学校或者其他任何地方，两个小朋友起了冲突，会怎么样呢？

爸爸妈妈和老师一定会告诉大家，要讲道理，不要吵架，更不要打架，因为打架会让你们受伤，还有可能影响甚至伤害到周围的小朋友。

不过，一定会有一些小朋友，仗着自己身强力壮、嗓门大喜欢欺负别人。所以，爸爸妈妈和老师一定也教过你们，要学会保护自己，假如受到欺负，一定要大声制止对方、呼救、求助或跑开，但也要做好还手的准备，以保护自己。

当国家和国家之间发生冲突，到了不可调和的地步，就有可能爆发战争。

请小朋友们想一想，如果一个国家想要更好地保护自己，应该怎么做呢？

作为保卫国家的军人，我们必须拥有强大的武器，例如枪、炮、战斗机、航空母舰和导弹等，但拥有这些武器并不是为了发动战争，而是为了捍卫和平。

公交车司机是做什么的？

职业世界大冒险

亲爱的小朋友们，你们好！

我是大磊叔叔，我是一名公交车司机。

可能有小朋友会说："我最喜欢坐公交车了！"

你们喜欢坐公交车，叔叔非常开心。不过你们知道公交车司机是做什么的吗？

你们可能会说："知道啊，公交车司机就是驾驶公交车的司机。"

没错，公交车司机就是公交车的驾驶员，但每天开着那么大一辆公交车，还要安全地把很多乘客送到目的地，可并不是一件很容易的事哦！

公交车司机必须非常重视安全驾驶。每天早晨，叔叔上班后的第一件事就是进行酒精呼气检测。我们要对着一个神奇的机器，"呼"地吹一大口气，然后这台机器能检测出我们有没有喝酒。

小朋友们一定要记住，只要喝了酒就绝不能开车。因为酒精会影响大脑的判断力和身体的反应速度。如果喝了酒还开车，很可能会造成交通事故。

因此，不仅是我们公交车司机，你们在生活中也要提醒身边的人：

喝酒不开车，开车不喝酒。

检查完司机的状态之后，还要检查公交车的状况。在确定一切都准备就绪之后，我们就要出发啦！

公交车总是按照固定的线路行驶。比如大磊叔叔负责的这条路线，总共要经过 34 个站点，全程 16.5 公里，正常情况下 1 个多小时就能跑完。

跑完一圈后，我们还能休息一下，同时给车消消毒。每天跑 3 圈，我就可以下班了。

我负责的公交车路线，每天早晨 5：20 开第一班车，然后一辆接着一辆发车。

我开着这辆公交车，就像与乘客达成了一种约定。

我们约好了，无论晴天还是雨天，无论春夏秋冬，每天在这个时间段，在这个站点，在这条路线上，会有公交车送大家去上学、去上班、去公园、去机场等任何乘客需要去的地方。

这是一个我们和许多人达成的约定，其中包括老人、孩子、孕妇，以及生病的人。对我们公交车司机来说，安全驾驶，保证每个人平安到达目的地才是最重要的。

叔叔的孩子今年已经上初中了。为了让他体验公交车司机这份工作是怎样的，叔叔曾经带着他坐了一整天公交车。

回家之后，叔叔问他：“体会到爸爸工作的辛苦了吗？”

他说：“其实我们每天上学也是这样坐一整天，也很辛苦的。”

叔叔对他的回答很满意。

世界上每一份工作都是辛苦的，并且都是在为了实现某个约定而付出努力。

你们的学习也很辛苦，但只有通过付出努力、经历这些辛苦，你们才能实现自己与梦想之间的约定。

殡葬从业者是做什么的？

职业世界大冒险

亲爱的小朋友，你们好!

我是中颖阿姨，我是一名殡葬从业者。

你们可能会说:“殡葬从业者是做什么的? 这个词听起来既拗口，又陌生。”

不光你们会觉得陌生，就连大人们也不太了解我这份工作。

我的工作就是送别死去的人。

要想讲清楚我的工作，我们就得先聊一聊“死”是什么，以及为什么人死了以后需要和他们告别。

死是什么?

阿姨首先要特别严肃地告诉你们，死可不像动画片里那样。例如，海绵宝宝被踩瘪之后又能复原，或者奥特曼可以一次又一次复活。

人死了以后，就没了呼吸，不能说话，无法活动，再也不能玩游戏、读书或去游乐场了。

听到这里，你们可能会担心，自己或者爸爸妈妈死了怎么办?

其实，你们不必太担心，我们大部分人都会很健康地活很久哦!

虽然每个人最终都会经历死亡，但这件事通常要在很久以后才会发生。

比如，阿姨会好好生活，陪着我的孩子长大，等他做了爸爸，而我变得很老以后，才会死去。

对你们来说，要等你们长大，先做了爸爸妈妈，再做了爷爷奶奶、外公外婆，很久以后，才会死去。

听到这里，你们可能还是有点害怕。阿姨想告诉你们，害怕是正常的，我也害怕，所有人都害怕面对死亡。

害怕也是死亡的一部分。
人会出生，也会死去，这是自然规律，
就像冬天草木会凋零，而我们无法改变这一规律。

我们害怕死，所以我们会更珍惜活着的每一天。

活着多美好啊！

因此，我们要多做对身体有益的事情。比如，早睡早起、多锻炼，以及吃营养均衡的食物，这些都有助于让我们保持身体健康。

我们还要多做对头脑有益的事情。比如，学习新本领、掌握新知识，以及多去了解我们所生活的这个世界，这些都能让我们活得更充实。

我们还要多做对他人有益的事情。比如，尊老爱幼，力所能及地帮助他人，爱护动物和环境，这些都能让我们活得更开心。

为什么要告别死去的人？

我们现在知道了，人终究会死去，而阿姨的工作就是帮助大家告别死去的人。为什么我们需要告别呢？

看完一集动画片，就是一次小小的告别，我们下集再见；

爸爸妈妈上班去了，也是一次小小的告别，下班以后回家再见；

好朋友搬家或幼儿园毕业，是一次大一点的告别，但我们仍可以和好朋友及以前的老师通过电话或视频保持联系。

尽管这些都是“小小的告别”，
但我们还是会感到难过，不舍且不愿分离。

阿姨想告诉你们，我们的难过、不舍、不愿分离都是正常的，因为我们爱他们，在乎他们，才会有这样的感受。

那么，你们想一想，如果一个人死去了，我们再也见不到他 / 她了，这就是世上最大的告别。

我们会非常难过，非常不舍，甚至没办法正常地生活和学习。我们需要找到一些方法，来帮助我们缓解难过的情绪。举行告别仪式就是一个好方法。

阿姨的工作就是帮助那些失去亲人的家庭举行告别仪式。

我会帮助大家在自己的亲人去世后，最后一次郑重地聚在一起，和他 / 她道别，并把自己怀念他 / 她的话说出来。人们还可以在这个仪式上尽情地哭，尽情地表达不舍之情。

最后，参加仪式的所有人都会向去世的人说声再见。

我猜你们会问："有了告别仪式，大家就不难过了吗？"

大家还是会难过的，就像爸爸妈妈要去上班了，安慰我们说"晚上会早早回来”，我们还是会不舍，仍然会有些难过。不过，至少我们知道爸爸妈妈会准时回来，就比什么都不知道要好得多，对不对？

告别仪式也是这样，在世的人聚在一起，有个安全的空间一起哭泣和怀念，就会好一些。难过就需要表达出来、哭出来，而不是憋在心里。

今后，你们有任何情绪，无论是难过、害怕还是高兴，也记得及时表达出来，让爸爸妈妈知道，并以安全的方式痛快地释放自己的感受。

一定要记住，当告别结束了，哭完了，我们要擦干眼泪，并告诉自己：生活还会继续。这也是成长的一部分哦！

谈到这里，你们是不是对我的工作有了一点了解了？我猜你们的小脑瓜里会有一个很大的疑问：送别死去的人，殡葬从业者会感到害怕吗？

当然会了，每个人都害怕死亡，阿姨在一开始时也会害怕。但是，小朋友们，这就是各行各业存在的意义。

如果没有环卫工人，街道就会变得脏乱不堪。

如果没有司机，我们就没有公交车和地铁可以乘坐。

如果没有殡葬从业者，那么在人们离开这个世界之后，他们的亲人就无法好好送别。

最后，阿姨想告诉你们，在你们的长大过程中，一定会遇到很多人告诉你们什么是“好”工作，什么是“坏”工作，但阿姨希望你们知道，世界上的每一份工作都有它的价值。

那么，你们将来想从事什么职业呢？

只要你们从现在开始，敞开内心，尽情去了解、去体验、去学习以及去尝试，然后，在将来的某一天，做出真正发自内心的选择，那么无论你们选择从事哪一种职业，都一定能为自己创造幸福的生活。